中国出版集团重点图书出版资助项目

《中国出版集团成员单位发展史研究》编辑出版委员会

新中国美术出版从这里开始……

尽真尽美

人民美术出版社 60 年

1951 ~ 2011

本书编委会 编

人民美術出版社

前言

引领风华六十载，再铸辉煌新纪元

曾经有一位历史学家理查德·霍夫施塔特这样表述某些历史现象："我们命中注定是一个没有意识形态的国家，我们就是意识形态。"这种主宰历史的自豪之情，恰恰也是人民美术出版社60年风雨历程的写照。

遥想新中国刚刚成立百废待兴，人民美术出版社的奠基者们怀着"人民美术出版从这里诞生"的高远志向开始了一个全新时代的美术工作追求。60年的时间弹指一挥，昔日人们心中的艺术圣殿——人民美术出版社社址变成斑驳残破的狭小院落，但是岁月剥蚀的无情却永远无法抹杀几代人美人所谛造的美术出版事业的恢弘和璀璨。这里成为美术出版史上被人铭记和称道的、屡屡创造奇迹的地方。

第一本作为国礼赠送外国元首的彩色画册，第一次新中国在国际书籍艺术博览会夺取金奖，第一套发行量超过亿张的新年画，改革开放之后，第一个走出国门与发达国家合作的出版项目，迄今为止最大的国家标志性文化工程《中国美术全集》和《中国美术分类全集》的倡导与出版……它们如同一个个夺目的瑰宝，通过时光一缕一缕串接起人民美术出版社伟大的光环。

人民美术出版社是创造许多美术名家的地方，是许多年轻人憧憬艺术胜景的园地。在当下狭小的空地间，依然风光美好，春有洁兰，夏有青藤，秋有火柿，冬有苍柏。四季景移，永远不变的是这里人们对美术事业的执著和顽强。曾经有上千名员工在这里与出版社休戚与共，为共同的理想而奋斗。他们肩负着新中国美术的诞生、复兴与繁荣的使命，他们的眼光永远注视着更壮阔的前方。当第一代党和国家领导人号召用新连环画、新年画替代旧文化后，人民美术出版社创造出每三天出版一册新连环画的骄人纪录，使得长期被认为不入流的通俗文化成为新中国的主导艺术形态，由此开创了中国新时代美术事业的民族风格、民族气派、民族美学的新篇章。

流淌时光，荏苒冬春，人民美术出版社发展的路途也曾坎坷起伏，但是引领中国美术出版事业的责任没有变，敢为中国美术出版事业开创未来的能力没有变。近十年来，人民美术出版社的出版规模和发展速度得到快速提升，许多国家重点文化工程项目和重要文化典籍不断问世，多次荣获国家级出版大奖。它依然是无数美术工作者和广大读者景仰的美术圣地。人民美术出版社的艺术品位没有褪色，国内美术出版的核心地位没有动摇。

在当前深入文化体制改革的大潮中，人民美术出版社年轻的一代要继承老一辈艺术家、出版家60年来辛勤耕耘的丰硕成果，永远坚守"人民的美术"的优秀出版传统，为中国的美术出版坚守一块净土，让人民美术出版社成为中华民族永远的艺术丰碑。

人民美术出版社社长　常汝吉

我们的作者

萨空了　　　郑振铎　　　黄洛峰　　　江　丰

邵　宇　　　张　仃　　　华君武　　　叶浅予

邹　雅　　　安　靖　　　徐燕孙　　　刘继卣

牛　犇　　　墨　浪　　　曹辛之　　　卢光照

蔡若虹　　朱 丹　　徐悲鸿　　王朝闻

任率英　　陈叔亮　　林锴　　彦 涵

王叔晖　　田郁文　　刘 迅　　古 元

秦岭云　　力 群　　王式廓　　沃 渣

我们的前辈

阿 老　　　　　　白 宇　　　　　　曹 洁　　　　　　陈惠冠

姜维朴　　　　　蒋淑君　　　　　李文昭　　　　　李 炎

平 野　　　　　沈 鹏　　　　　施 唯　　　　　苏庆恒

吴兆修　　　　　肖翠梅　　　　　阎大方　　　　　杨先让

陈允鹤　　侯恺　　胡文秀　　黄苗子

刘宝芝　　刘永凯　　刘玉衡　　罗尔纯

谭云森　　王里　　吴葆仑　　吴锦男

游允常　　张朝同　　赵筠　　张汝济

目录

寄语

第一章　时代呼唤　应时而生　1949—1951

002 / 第一节　建国初期我国文化市场的迫切呼唤

005 / 第二节　紧锣密鼓的筹备工作

007 / 第三节　应时而生的人民美术出版社——开启新中国美术出版的新篇章

第二章　稳步开拔　调整提高　1951—1957

024 / 第一节　计划经济体制下的规划和调整

029 / 第二节　以"年、连、宣"为主的大众美术出版迅速普及

040 / 第三节　美术专业出版步入正轨

047 / 第四节　期刊出版奠定基础

051 / 第五节　尝试对外出版交流合作

第三章　执著坚守　曲折发展　1958—1976

056 / 第一节　"大跃进"下的出版工作

066 / 第二节　"文革"时期的单一出版

第四章　恢复振兴　重获新机　1977—1984

078 / 第一节　拨乱反正背景下的恢复和调整

084 / 第二节　延续美术出版传统优势

098 / 第三节　拓展新兴美术出版种类

107 / 第四节　期刊方阵的形成：美术期刊的恢复与开创

111 / 第五节　国际交流与合作的深入

第五章　欣欣向荣　稳步前进　1985—1997

116 / 第一节　大好形势下的出版改革与创新

118 / 第二节　捷报频传的美术出版：清晰的出版格局逐步呈现

133 / 第三节　丰富多样的国际出版交流与合作

141 / 第四节　电子出版的探索与初兴

第六章　抓住机遇　做大做强　1998—2011

146 / 第一节　做大做强的美术出版

151 / 第二节　新平台上的美术出版

177 / 第三节　十大期刊的壮大与发展

181 / 第四节　国际出版合作与交流的不断拓展

第七章　品牌建设　文化分析

184 / 第一节　"人美"品牌的塑造与发展

186 / 第二节　"人美"品牌的核心要素

190 / 第三节　"人美"品牌的经营与管理

193 / 第四节　"人美"品牌的未来发展

第八章　六十华诞　继往开来

198 / 新中国美术出版从这里开始

　　　　——人民美术出版社成立六十年出版成就展前言

199 / 庆祝人民美术出版社成立60周年系列展

参考文献及附录

210 / 参考文献

212 / 附录1：甲子华诞　历史回顾——大事年表

257 / 附录2：琳琅满目　美不胜收——60年获奖图书目录

279 / 附录3：蓬勃向上　追求至美——工作团队

299 / 附录4：充满活力　代代相承——职工名录

305 / 附录5：披荆斩棘　胆魄舵手——历任社领导

中共中央政治局常委李长春同志贺信

欣闻人民美术出版社成立60周年，谨向全社干部员工表示热烈祝贺！

60年来，人民美术出版社始终坚持为人民服务、为社会主义服务的方向和百花齐放、百家争鸣的方针，牢牢把握正确出版导向，推出了一大批高品位、高质量的美术出版物，涌现出了一批成就卓著的出版编辑人才，在普及美术知识、推动美术创作、弘扬民族传统文化、促进中外文化交流等方面作出了积极贡献。特别是近年来，认真贯彻中央关于深化文化体制改革的决策部署，顺利完成转企改制任务，为加快发展注入了新的生机活力。

当前，全国各族人民正在以胡锦涛同志为总书记的党中央坚强领导下，为实现"十二五"规划目标而努力奋斗。希望你们高举中国特色社会主义伟大旗帜，以邓小平理论和"三个代表"重要思想为指导，深入贯彻落实科学发展观，发挥自身优势，勇于改革创新，不断提高编辑出版质量，加快走出去步伐，多出优秀作品，多出优秀人才，努力做大做强，建设具有国际竞争力的一流美术出版社，为促进我国美术事业发展，推动社会主义文化大发展大繁荣作出新的更大贡献。

2011年8月10日

李长春同志贺信

中共中央政治局委员中央书记处书记
中央宣传部部长刘云山同志贺信

　　在人民美术出版社成立六十周年之际，谨向全社员工表示热烈祝贺，向为中国美术事业做出贡献的出版工作者致以深深的敬意！

　　人民美术的历史，就是新中国的美术发展史。六十年来，人民美术出版社遵循党的出版方针，坚守先进文化阵地，在向大众普及美术知识的同时，着力传承中国传统艺术、弘扬优秀民族文化，不仅出版了大量美术精品，而且培育了大批优秀美术工作者。长期以来，人民美术出版社已成为中国美术界的公认品牌。希望人民美术出版社站在新的历史起点上，高举中国特色社会主义伟大旗帜，深入贯彻落实科学发展观，坚持和发展人民美术出版社的光荣传统，深化改革、开拓进取，为推动中国美术出版更大繁荣做出新的贡献。

刘云山
二〇一一年四月

刘云山同志贺信

人民美术出版社建社60年来，牢记使命，
继承创新，出版了大量优秀的美术图书，
培养了一代代优秀的美术工作者，为宣传党的
国家方针政策，弘扬中华文化作出了积极贡献。
希望人民美术出版社以这次建社60周年为契机，
更坚持把深入贯彻科学发展观，发扬优良传统，
坚持改革创新，不断打造图书精品，
努力推动中国美术出版更好地服务社会，
服务社会，繁荣出版事业，面向未来，走
向世界，再创辉煌。

刘延东 30/5

刘延东同志贺信

全国人大副委员长民进中央主席
严隽琪同志贺信

　　欣悉人民美术出版社成立60周年，谨致热烈祝贺！人民美术出版社成立60年来，始终遵循党的出版方针，牢记历史赋予的使命，着力打造美术书刊品牌，为现当代优秀美术家立传，向大众普及美术知识，为新中国的美术出版事业做出了重要贡献。在几代出版人的共同努力下，人民美术出版社已经形成了社会公认的品牌和学术影响力。希望你们高举中国特色社会主义伟大旗帜，以邓小平理论和"三个代表"重要思想为指导，深入贯彻落实科学发展观，再接再厉，与时俱进，开拓创新，进一步做大做强，建设具有国际竞争力的一流美术出版社，为繁荣和发展社会主义先进文化做出更大贡献！

严隽琪

2011年8月10日

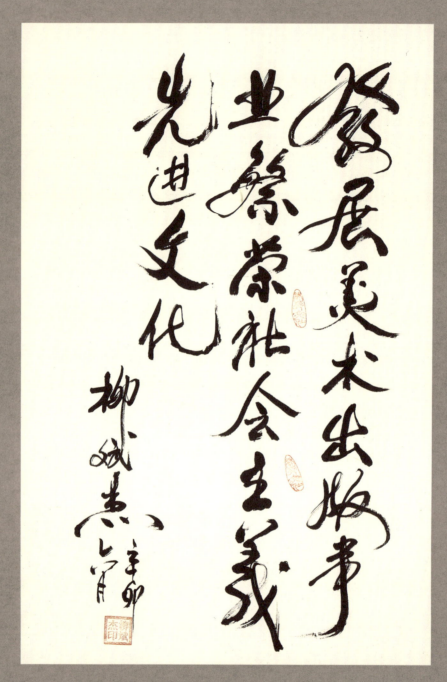

发展美术出版事业，繁荣社会主义先进文化

柳斌杰

柳斌杰同志题词

画坛挚友

贺人民美术出版社成立六十周年　刘大为恭题

刘大为同志题词

六十年人民美術
甲子壽再創輝煌

人民美術出版社成立六十年誌慶

聶震寧

辛卯年夏

聶震寧同志題詞

画为源美
书以言情

二〇〇卯春二夏长海

张海同志题词

第一章
时代呼唤　应时而生
1949—1951

　　1949年10月1日，毛泽东主席在天安门城楼上向世界庄严宣告，一个伟大的、崭新的中国诞生了！新中国的建立，是华夏民族历经百难后的艰难蜕变，是炎黄子孙千百年来的翘首企盼。人们载歌载舞，为一个新的社会主义国家屹立在世界的东方而欢喜雀跃；人们争先相告，为这一永镌史册的神圣时刻而激动不已。

　　新中国的开拓者和建设者们，在激动而欣喜的同时，更清醒地认识到，建立在这片满目疮痍的土地上的新中国，面对的是一个百废待兴的艰难局面。这不仅体现在政治、经济领域，更体现在社会和文化层面。在这一建国初期的特殊阶段，与政治、经济层面的改革相应而生的文化出版层面也正在蕴育着划时代的变革。人民美术出版社，正是在这样的历史背景下应时而生的。

第一节　建国初期我国文化市场的迫切呼唤

一、建国初期我国图书文化市场亟待改善

建国初期，文化领域处于百废待兴的局面，我国图书文化市场上适合新时代人们阅读的图书十分短缺。当时北京的大街小巷，不少书摊摆放的大部分是旧时代质量低下的武侠、言情等内容的小人书。这些宣扬旧思想、旧观念的出版物，不仅很难适应新形势下人们的阅读需求，也不符合新中国文化发展的客观需求。我国图书文化市场的旧局面亟待改善。

当时国内民众普遍文化程度不高，识字率较低。图画类出版物，特别是以绘画和文字相结合的传统的连环画，通俗易懂，雅俗共赏，老少咸宜。年画则一直以来都是中国人民过春节的必需品。年画和连环画出版物，以其"图画语言的广泛适用性"的优势和原有的市场基础而更符合当时广大人民的文化水平和阅读能力，也更适合当时我国文化市场的需求。

二、党和国家领导人的重视和关怀

对于当时国内文化市场的现状和紧迫需求，党和国家领导人深为重视和关心。1949年10月3日，"全国新华书店出版工作会议"在京召开。毛泽东主席于9月份为此次会议题词"认真做好出版工作"，并于10月18日晚接见了参加会议的百余位代表。这是中华人民共和国成立后在北京召开的第一个全国性专业会议，也是新中国成立后，毛主席接见的第一批全国性会议的代表。

建国大典后不久（11月），文化部成立后召开的第一个会议就是新年画工作会议。中央人民政府出版总署、中华全国美术工作者协会等单位出席会议，就如何在全国范围内开展1950年新年画工作的有关问题进行了讨论，文化部起草了文件稿送审。1949年11月23日，中央人民政府文化部颁发了以沈雁冰部长署名的《中央人民政府文化部关于开展新年画工作的指示》，这是中央政府文化部颁发的第一个文件。其中提到"发展新连环图画与新年画，改革旧连环图画与旧年画，这是美术工作方面的重点"。这份文件11月22日经陆定一和胡乔木报送毛泽东、刘少奇、周恩来审批，11月23日毛泽东亲笔批示同意，27日由《人民日报》公开发表。它开启了新中国美术史和美术出版史的第一个篇章，并迅速在全国范围内掀起了一场"新年画创作运动"。

对于中国民间艺术中流行的形式之一的年画的出版工作，毛泽东主席深为关心。建国后的第一个春节前夕，创作新年画、改造旧年画的工作首先被提到了日程上。据人民美术出版社原社长邵宇回

忆："建国后的第一个春节前夕，毛主席把有关同志找去，当面指示要抓开展新年画的工作。毛主席说，年画这一形式在群众中影响很大，反动统治阶级拿它来散布反动思想，我们要用这种形式去宣传革命思想，并要我们帮助旧艺术人员改造思想，还对年画定价不要高、要普及到农村等做了指示，充分体现了毛主席对新年画工作、对美术出版工作的巨大关怀。"

在连环画出版方面，1950年初，毛泽东指示当时的中共中央宣传部副部长周扬："连环画不仅小孩看，大人也看，文盲看，有知识的人也看，你们是不是搞一个出版社，出版一批新连环画，把那些宣扬神怪、武侠、迷信的旧连环画去掉？"在党和国家领导人的关怀和指导下，文化部很快建立了专门出版连环画册的大众图画出版社。

三、全国第一届出版会议关于出版专业化的精神

1950年9月15日至25日，"第一届全国出版会议"在京召开。朱德副主席到会做了重要讲话。中央人民政府出版总署署长胡愈之在会上做了《论人民出版事业及其发展方向》的报告并致闭幕词。会议最后通过了关于发展人民出版事业的基本方针的决议和关于改进和发展出版工作，改进和发展书刊发行工作，改进期刊、书刊印刷业的五项决议。"为人民大众的利益服务是人民出版事业的基本方针"得以确立。

10月13日，胡愈之署长在政务院第54次政务会议上做了关于第一届全国出版会议的综合报告，其中在第二部分"公私出版、发行、期刊、印刷业的调整和分工合作"中介绍了出版分工专业化的具体

设想，除了对商务、中华、三联等原有出版机构的专业分工进行调整外，还涉及少儿出版、教育出版等专业出版领域。同时，提出"文学与艺术方面亦准备建立公营的或公私合营的专业的出版社"，并指出"以上各种专业出版社均由各专业机关分别加以领导。如是可使各出版家各自发挥其特长，配合实际需要，有计划地出书，并减少重复浪费与乱出书的现象。但专业化是指发展的方向，要有步骤地进行，专业化也不是专利或垄断"。

1950年10月28日，出版总署公布了第一届全国出版会议关于改进和发展全国出版事业的五项决议，同时公布了《关于国营书刊出版印刷发行企业分工专业化与调整公私关系的决定》。同一天，中央人民政府政务院总理周恩来签署公布了《关于改进和发展全国出版事业的指示》，指出："书籍杂志的出版、发行、印刷是与国家建设事业、人民文化生活至关重要的政治工作。第一届全国出版会议决定本着'统筹兼顾，分工合作'的原则调整公私出版业之间的关系，并逐渐清除出版发行工作的无组织、无计划的现象，以求有计划地充分供给为人民所需要的各种出版物。这个方针是正确的。"为了在这个方针下改进和发展全国出版事业，政务院做出十点指示，这是中华人民共和国成立后中央人民政府发布的关于出版工作的第一个纲领性文件。

该月，中央人民政府出版总署根据全国第一届出版会议关于出版专业化的精神，决定成立人民美术出版社，并发布了《关于决定成立人民美术出版社的决议》。

四、大众图画出版社成立

在党和国家领导人对连环画册出版工作的关怀

和指导下，文化部很快建立了专门出版连环画册的大众图画出版社。在人民美术出版社成立前的一年时间里，大众图画出版社在缓和当时图书文化市场的迫切需要、为社会提供精神文化食粮方面做出了很大贡献。

大众图画出版社在著名美术家蔡若虹的领导下，经过一年多的努力，出版了一批思想健康、艺术形式新颖的新连环画册，为新中国连环画事业的改革和发展开了一个好头。如蔡若虹改编、刘继卣绘的连环画《鸡毛信》、《东郭先生》和《新儿女英雄传》（一、二集）、《三打祝家庄》、《刘胡兰》等，都以富有教育意义的内容和刻画了鲜明个性的人物形象而获得了社会的好评，在连环画界影响很大，也为后来人民美术出版社成立后开展工作打下了良好的基础。

第二节　紧锣密鼓的筹备工作

一、人民美术出版社的筹备

1950年10月《关于决定成立人民美术出版社的决议》发布后，11月，紧锣密鼓的筹备工作就马上开始了。负责人有萨空了、朱丹、邵宇、邹雅、刘北方、安靖等。当时，编辑部（筹备处）设在建国门内大牌坊胡同，经理部（筹备处）设在王府井大街，两处工作人员共计约三十多人。

1951年夏，由新闻总署摄影局、人民画报社、出版总署出版局美术室及文化部艺术局领导的大众图画出版社抽调部分人员组成人民美术出版社基本队伍，社址迁入灯市口原北辰宫旧址。

二、下属单位的成立和改组：北京美术印刷厂、人民画报社、荣宝斋新记

人民美术出版社的筹备工作开展的同时，为了满足美术出版的特殊要求，专业的美术印刷厂——北京美术印刷厂也开始筹建。

1950年7月，人民画报社成立。萨空了任社长，同时任出版总署副署长。朱丹任总编辑，胡考、丁聪任副总编辑。毛泽东主席为画报题名。期印总数为4万份，8开本，月刊。1951年以后，开始出版英文、蒙古文、维吾尔文和俄文版。1952年，确定对外为主的报道方针，又陆续增出多种外文版。一度属人美社，1953年6月，脱离人民美术出版社，归外文局管理。

1950年秋天，由新华书店总店管理处木印科即原石家庄大众美术社与原私营"北京荣宝斋"实行公私合营。合营后称"北京荣宝斋新记"，由郭沫若同志题写斋名。洽谈工作和接管事宜由邹雅、侯恺具体负责。合营后由侯恺（公方代表）任经理，王仁山（私方）任副经理，隶属人民美术出版社。后来业务领导分工由邵宇负责。

三、美术期刊的创刊——《连环画报》

1951年5月，《连环画报》（半月刊）正式创刊，邹雅担任主编。文化部部长沈雁冰（茅盾）题写刊名。当时，《连环画报》每期印数高达50万份。

《连环画报》创刊号封面

随

第三节 应时而生的人民美术出版社——开启新中国美术出版的新篇章

一、人民美术出版社的诞生

1951年9月15日，人民美术出版社成立大会在中山公园举行。〔原定9月1日举行，后因全国出版行政会议延迟至9月15日，关于此事新闻摄影局还专门向出版总署和文化部、中央宣传部递送报告，并附报《人民美术出版社暂行组织条例》（草案）〕。出版总署署长胡愈之、副署长叶圣陶、文化部副部长周扬出席大会并讲话。周恩来总理为人民美术出版社题写了社名，他对人民美术出版社第一任社长萨空了说：要尽快多出为青少年和劳动人民服务的好书好画，占领文化阵地。人民的出版事业，主要任务不是为了赚钱，而是为了满足人民精神上的需要，为了培养青少年一代。如果钱赚多了，那就要研究一下是否方向出了问题。

1951年9月，《人民美术出版社暂行组织条例》经中共中央宣传部、文化部、出版总署修正批准试行。条例中规定：人民美术出版社为国营企业机构，受中央人民政府文化部、出版总署共同领导。业务范围包括：1.出版各种美术出版物，以通俗的美术出版物为主。2.领导管理北京美术印刷厂、荣宝斋新记。同时，条例还对人民美术出版社的组织机构、分工进行了详细的规定。

由政务院批准成立社务委员会，委员7人：郑振铎、黄洛峰、江丰、严文井、蔡若虹、萨空了、朱丹。正副主任由正副社长兼任。由出版总署批准委任的编审委员会委员有徐悲鸿、王冶秋、张仲实、江丰、胡蛮、王朝闻、蔡若虹、蔡仪、张仃、华君武、叶浅予、胡考、邹雅、石少华（以上两个委员会中，大部分委员是聘请有关领导机关的负责人及有关的社会知名人士和专家担任）。

人民美术出版社的出版方针任务是：通过形象与艺术形式宣传马克思列宁主义、毛泽东思想，进行爱国主义及国际主义的教育；适应国家经济建设与文化建设的需要，提高人民群众思想文化、科学知识水平；以出版通俗的工农美术读物为主，有重点地编选介绍有代表性的艺术作品、民间艺术、历史文化遗产。

萨空了任社长，朱丹任总编辑。机构的设置方面，出版社下设编审部、美术研究室、经理部，另辖人民画报社、北京美术印刷厂及公私合营的北京荣宝斋新记。人员队伍也有所扩展，除北京美术印刷厂和荣宝斋新记外，工作人员由最初的30多人发展到158人。同时，成立了党支部和团支部。一个崭新的美术出版社终于诞生了！

二、新中国美术出版事业揭开了新的篇章

早在人民美术出版社成立之前，大众图画出版社、人民画报社、《连环画报》就已经开启了新中

周恩来总理题写的社名原件

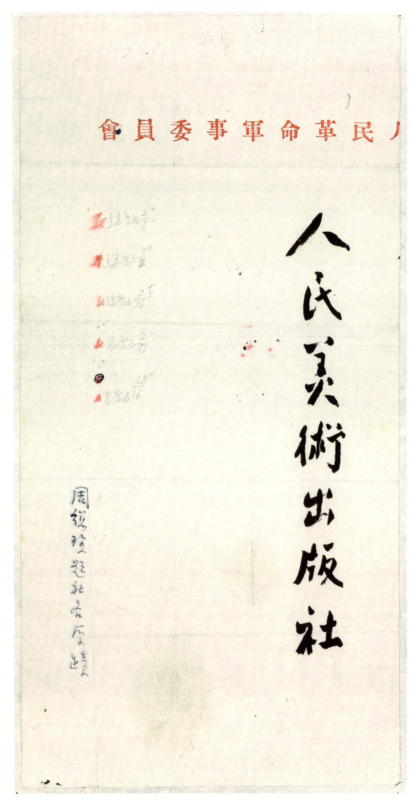

当月《人民日报》有关人民美术出版社成立的新闻报道

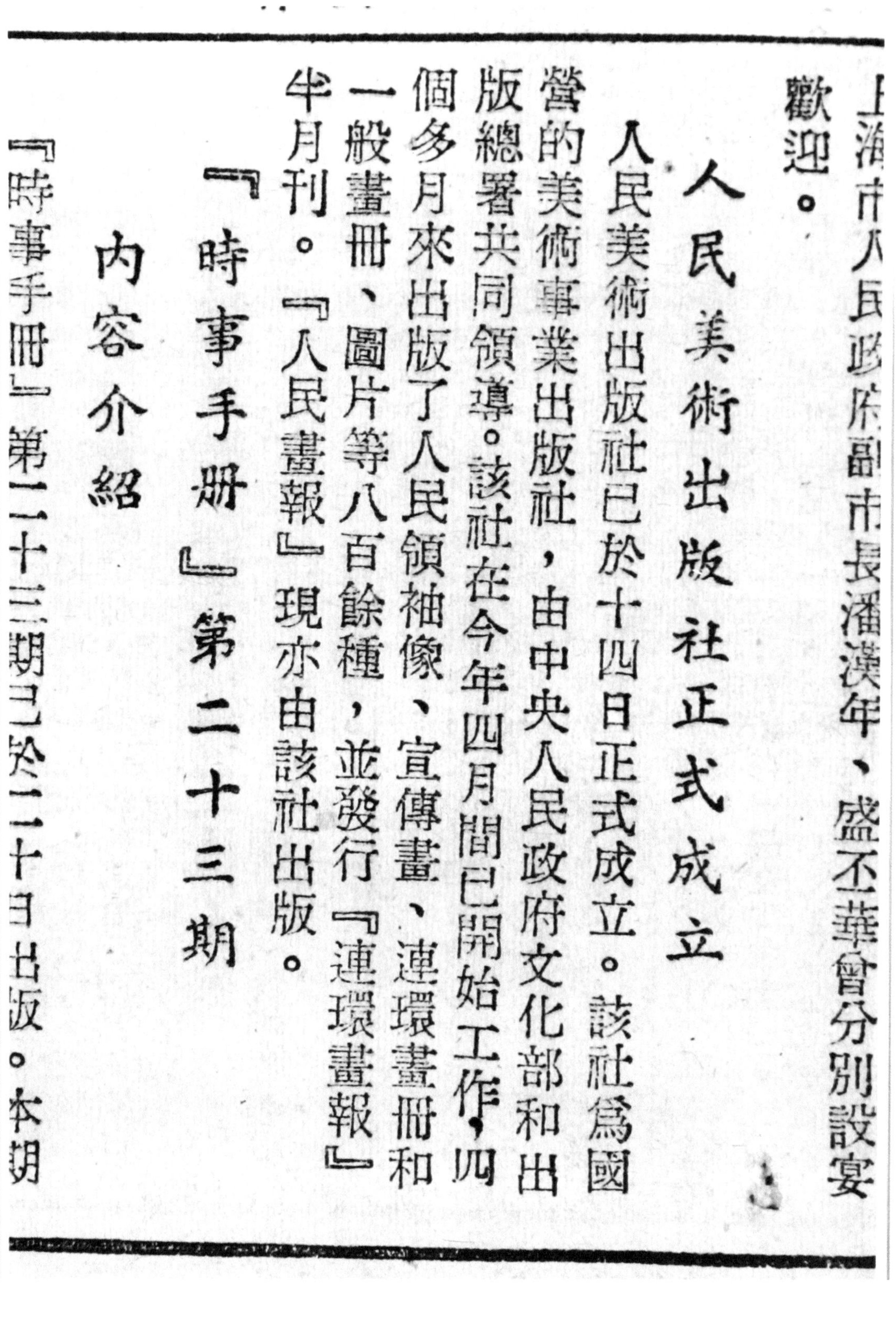

人民美術出版社正式成立

人民美術出版社已於十四日正式成立。該社為國營的美術事業出版社，由中央人民政府文化部和出版總署共同領導。該社在今年四月間已開始工作，四個多月來出版了人民領袖像、宣傳畫、連環畫冊和一般畫冊、圖片等八百餘種，並發行『連環畫報』半月刊。『人民畫報』現亦由該社出版。

内容介紹

『時事手冊』第二十三期

『時事手冊』第二十三期已於二十三日出版。本期

上海市人民政府副市長潘漢年、盛丕華會分別設宴歡迎。

国美术出版的大门。新年画、新连环画册的出版，毛主席像及其他中外领袖像的绘制等工作有条不紊地逐渐铺开。1951年，针对当时革命领袖像的出版比较混乱的情况，出版总署决定，革命领袖像均应以人民出版社和人民美术出版社印发的图像为标准。

人民美术出版社，从诞生之日起，就承担了发展中国美术出版事业的重任。20世纪50年代初期，以副社长邵宇为代表的一些从烽火岁月中锻炼出来的"老延安""老八路"为骨干组成的编辑出版队伍，继承解放区的革命传统，开拓业务，艰苦创业，团结、组织全国美术创作队伍进行创作，出版了一大批新年画、连环画、宣传画和美术书刊。

针对当时北京图书市场上出版物匮乏的现状，

邵宇提出"美术出版社应该着手出版有益于青少年身心的、反映新中国文化的读物"，并确立了"改编古典名著、革命小说或创作具有革命内容和教育意义的连环画"的出版任务。大家热情高涨，很快就出版了一系列连环画读物。最多的时候，曾达到每三天就出一本内容新颖的连环画。一时间，北京的新华书店和各书摊出现了许多新型连环画和人民大众喜爱的小人书，如刘继卣画的《鸡毛信》以及《水浒》《西游记》等优秀题材的连环画，取代了书摊上那些旧有的出版物。当时，除了出版连环画外，还出版不少单幅宣传画和年画，如《我们热爱和平》《开国大典》《主席走遍全国》等。除出版通俗读物外，人民美术出版社还出版了齐白石、徐悲鸿、傅抱石、古元等一些著名画家的画集。

20世纪50年代的《水浒》

精心筹备、众望所归的人民美术出版社，肩负着开拓新中国美术出版的历史重任，也必将谱写出新中国美术出版的绚丽篇章。

毛泽东主席像

毛泽东主席像

朱德同志像

刘少奇同志像

刘少奇同志像

周恩来同志像

周恩来同志像

马克思像

恩格斯像

列宁像

斯大林像

《鸡毛信》连环画封面 刘继卣 绘 华山 脚本 大众图画出版社
1950 年 9 月第 1 版

《我们热爱和平》 阙文 摄影 人民美术出版社 1951 年

《毛主席走遍全国》 李琦 绘 中国美术馆藏 1960 年

《西游记》之《水帘洞》 刘继卣 绘 人民美术出版社

第二章

稳步开拔　调整提高

1951—1957

　　自成立伊始，人民美术出版社逐渐进入了调整、提高及发展的时期。编辑出版工作贯彻"普及与提高并重"的方针，扩大了题材范围，形式也较多样化，克服了某些作品中概念化、公式化的倾向，装帧设计和印刷质量也普遍有所提高。在民族遗产、民间美术、艺术论著的整理与介绍工作上，有了一个良好的开端。

第一节　计划经济体制下的规划和调整

建国初期，我国实行计划经济体制，国家在生产、资源分配以及产品消费各方面，都由政府事先进行计划。新生的出版事业也不例外，各出版社在选题规划、印刷用纸等方面都严格受到上级主管部门的领导。

一、"计划化"背景下的出版规划

早在1951年出版总署的工作计划大纲中，就强调要"消除全国出版事业上的无组织无计划现象，加强有组织的领导，走向逐步计划化"。之后，特别是在经过反贪污、反浪费、反官僚主义的"三反"运动后，出版总署决定把厉行增产节约、提高出版物质量、发展通俗读物、加强对全国公私营出版事业的管理和指导并逐步推行出版工作计划化作为工作的重点。人民美术出版社在这一时期以"计划化"为出版工作的指导方针，调整组织机构，制定发展规划。

1. 出版计划化

1952年10月，出版总署召开了以"出版计划化"为主题的第二届全国出版行政会议。会上，胡愈之署长做了《为进一步实现出版工作的计划化而奋斗》的报告，指出"当前工作的缺点是有盲目性，计划性不够，人力物力缺乏有效的组织……出版工作必须进一步计划化"。

在这个指导思想下，自1952年起，人民美术出版社编辑出版工作实行了计划化。各编辑部门都制订了编辑方针、任务及选题计划，确定了本社出版物以普及为主，并明确了与地方美术出版机构的分工。领袖像及专门进行国际宣传的期刊和画册，由人民美术出版社出版。1954年，为进一步贯彻发稿与出版计划化，还颁布了《制订、检查发稿计划与出版计划试行办法》。

2. "十二年编辑出版规划"

1956年，中央发布《全国农业发展纲要（四十条）》，全国振奋。人民美术出版社同其他兄弟出版社一样，掀起了制定长远规划的热潮。社务委员会和编审委员会经过多次会议讨论，拟定了同为四十条的人民美术出版社"十二年编辑出版规划"。"规划"提出人民美术出版社将有计划地、系统地出版我国及外国的美术作品，其中包括中国美术全集、民间美术选集、少数民族艺术选集、世界美术选集、中国美术史、中国历代画论、"五四"以来有代表性的美术作品及根据现代和古典文学名著改编的连环画等。

3. 美术作品的出版工作是艺术事业

1957年6月，出版局和美术家协会联合召开了美术编辑、出版、发行座谈会，会上讨论了美术出版的性质问题。著名版画家力群认为，"在利润与事业的问题上，应当把对美术作品的出版看作是艺术事业，而不能只重利润"。人民美术出版社的出版物是代表国家艺术水平的，应当着力提高出版物的质量。

二、组织机构调整和工作制度完善

1952年2月，根据中央调整机构和紧缩编制的精神，国家新闻总署撤销。原新闻总署新闻摄影局主管的画报等美术出版工作（包括画报印刷厂）归并人民美术出版社。该年，人民美术出版社进行了组织机构调整。经理部由张朝同任经理；将原期刊编辑室改为《连环画报》编辑室，刘迅任主任；原图书编辑室改为图片画册编辑室，邹雅任主任，安靖任副主任；原美术工作室改为创作室，邵宇任主任，古元任副主任；增设了总编办公室。全社工作人员增加到260人。同年10月，还增设了副牌朝花美

术出版社，以增加美术出版物品种，进一步满足人民群众不断增长的文化需要。

在制度建设方面，出版总署根据第一届全国出版行政会议的精神，向各行政区出版行政机关下发了《关于公营出版社编辑出版机构及工作制度的规定》，提出要建立、健全编辑机构和工作制度。人民美术出版社制定了《人民美术出版社人事工作暂行条例》《人民美术出版社劳动保险暂行办法》等，成立了工会及其他文体组织，召开职工运动会，成立业余京剧团、乐队，丰富了职工的业余生活，建立了党、政、工、团联席会议制度，加强了领导与职工群众的联系。

部分职工1954年香山留念

人民美术出版社1955年度优秀工作者合影

三、对大众美术创作与出版的探索

　　人民美术出版社创社之初，为落实党的文艺政策，安排好来自老解放区和老北京一些已有相当艺术成就的专业画家，成立了两个创作室。一个俗称辛寺胡同创作室，以来自老解放区的画家为主，由古元任主任，人员有夏风、苏晖、苏坚、陈兴华、叶洛等。一个以《连环画报》创作组为主体，后扩建为社创作室，主要为年画、连环画、宣传画出版服务，人员有徐燕孙、盛此君、王叔晖、刘继卣、墨浪、卜孝怀、方菁、任率英、江莹、林锴、费声福、张汝济、沙更思等，先由阿老、李书芹任正副

组长，后由沃渣任主任。直到1957年"反右"运动开始，两个创作室才分别解散。其中部分成员被分配去艺术院校和画院，部分分配到各编辑室任编辑，并担负创作任务。

　　这时期，人民美术出版社为加强连环画、年画、宣传画等通俗读物的创作力量，还先后成立了"连环画脚本研究会""连环画脚本创作研究组""年画工作委员会"等创作组织，集中了创作队伍，培养了创作人才，创作了优秀作品，把美术创作与美术编辑、美术出版有力地结合起来，进行了富有成效的尝试。

建社初期部分编辑人员在灯市口北辰宫人民美术出版社旧址前合影

四、从灯市口北辰宫到北总布胡同

建社初期的人民美术出版社办公地点是灯市口的北辰宫旅社旧址，1956年迁到北总布胡同32号。这座院子曾是著名的国立北平艺专旧址，建国后又成为新中国出版总署机关，这似乎预示着"美术"与"出版"将会产生某种联系。如今，这里已成为中国美术出版的重镇，周恩来总理手书的"人民美术出版社"匾额历尽时间的打磨依然寂静端庄，与院子里的藤萝玉兰、苍松翠柏一同见证着我国美术出版事业的发展壮大。

1956年迁入此办公楼，被称为"圈楼"（1982年被拆除）

第二节 以"年、连、宣"为主的大众美术出版迅速普及

在新中国诞生之初，深受人民群众喜爱的年画、连环画、宣传画这几类通俗易懂的出版物，既是改造旧艺术的良好形式，又能密切配合时事政治宣传，有利于普及教育与文化知识，受到了党和政府的高度重视，遂占据了主流艺术的地位。

一、"新年画运动"与年画出版

新中国成立后，文化部颁发的第一个文件就是《中央人民政府文化部关于开展新年画工作的指示》，要求在建国后第一个春节把开展年画工作作为春节文教宣传工作的重要任务之一。其中提到"发展新连环图画与新年画，改革旧连环图画与旧年画，这是美术工作方面的重点"。这份文件经陆定一和胡乔木报送毛泽东、刘少奇、周恩来审批，并由《人民日报》公开发表，开启了新中国美术史

《开国大典》 董希文 绘

的第一个篇章，在全国范围内掀起了一场"新年画创作运动"。

为加强年画出版工作，1952年人民美术出版社成立了"年画工作委员会"，专门负责年画的出版工作。这一时期出版的优秀年画作品有《开国大典》《全国各民族大团结》《群英会上的赵桂兰》《毛主席和农民谈话》《劳动模范游园大会》《菜绿瓜肥产量高》《赶先进》等，广受人民群众欢迎。

《群英会上的赵桂兰》　林岗 绘

《毛主席和农民谈话》 古元 绘

《中华各民族大团结》 叶浅予 绘

《和平万岁》 费声福 绘

《全中国的儿童都热爱你》 阿老 绘

《打纸老虎》 墨浪 绘

《劳动模范游园大会》 李可染 绘

20世纪50年代人美版《水浒》连环画

二、"连环画改造运动"与连环画出版

连环画作为一种普及读物是大众美术的重要组成部分，在建国初期受到了国家领导人的重视。1950年，毛泽东同志指示中宣部副部长周扬："连环画不仅小孩看，大人也看，文盲看，有知识的人也看，你们是不是搞一个出版社，出版一批新连环画，把那些宣扬神怪、武侠、迷信的旧连环画去掉？"当时，所谓"新连环画"，首要的是思想内容健康，富有教育意义，有益于青少年德、智、体的健康发展，而艺术形式又是丰富多彩、生动活泼而富于审美价值的。

1952年，人民美术出版社成立了"连环画脚本研究会"，吸纳出版社有关人员参加脚本创作及改编工作，向文学界呼吁编写连环画脚本，以解决连环画脚本不足问题，进一步占领旧小人书市场。1953年人民美术出版社成立连环画册编辑室，1954年成立连环画脚本创作研究组，专门从事连环画的编辑出版工作。

1954年，胡乔木写信给人民美术出版社，指出"连环画的编辑出版应开拓选题，可以根据古典文学改编，如《西游记》《南北东西四游记》《济公传》等都可以有计划地改编，以满足群众多方面的需要，从而占领思想文化阵地"。1955年，人民美术出版社的长篇连环画库《水浒》（共26册）开始出版发行，这是建国以来我国第一部根据古典文学著作编绘的连环画库。

此外，这一时期出版的优秀作品还有反映农民孩子高玉宝渴望读书的《我要读书》，成功地塑造了一个勇于向厄运斗争的儿童的可亲可爱的形象。该书曾在1963年全国首届连环画评奖中获得绘画一等奖，连续3次印刷，印数超过100万。采用白描手法绘制的连环画《西厢记》，7次再版重印，总印数达40万册。还有《穷棒子扭转乾坤》《东郭先生》《劈山救母》《孔雀东南飞》《志愿军英雄传画库》《戏曲画库》等。

不同版本的连环画《我要读书》

连环画《西厢记》 王叔晖 绘

《东郭先生》 刘继卣 绘 1955年

《穷棒子扭转乾坤》 刘继卣 绘 1962年

三、宣传画出版紧扣时代脉搏

宣传画是通俗出版物之一，自20世纪30年代抗日战争开始后，因其宣传鼓动之效，发行量一直很大。从1938年中国共产党成立的第一个艺术院校"延安鲁艺"开始到1949年新中国成立，是我国宣传画发展的第一个阶段。题材以描绘八路军、新四军抗日战争和解放战争为主，创作手法以木刻为主。从20世纪50年代新中国成立之初到60年代前期，大约15年的时间里，宣传画以新中国建设成就为主题，苏联风格和上海月份牌风格并存，是宣传画发展的第二个阶段。这个时期出现了如哈琼文、翁逸之、吴敏、游龙姑、吴性清、钱大昕、杨文秀、张汝济等影响力较大的宣传画画家，他们多集中在北京、上海、天津进行宣传画创作，此三地遂成为出版宣传画最集中的地区。

1951年，正值我志愿军抗美援朝取得重大胜利之际，《人民日报》刊登了名为《我们热爱和平》的摄影图片。这幅照片中的儿童十分天真可爱，经选定由人民美术出版社彩印出版，第一版就印了500万张。这幅作品作为50年代极具影响力和震撼力的艺术作品之一，不仅在中国大受欢迎，也在朝鲜广为流传，成为鼓舞志愿军保家卫国、浴血奋战的巨大精神力量。

此外，还有《把学习成绩告诉志愿军叔叔》《春节大联欢》《祖国万岁》《祖国建设花怒放提高警惕防虎狼》等带有鲜明时代特色的宣传画作品，表达了人民在新的社会制度下对美好生活的向往。

宣传画《把学习成绩告诉志愿军叔叔》　蒋兆和　绘

宣传画《办好托儿所解放妇女劳动力》　黄胄　绘

第三节 美术专业出版步入正轨

进入调整、提高、发展时期的人民美术出版社，除了大量出版"年、连、宣"等通俗美术出版物外，同时注重搜集整理中国传统美术精品，在专业出版方面扎实起步，创造出诸多优质作品。

一、画册、画集出版

20世纪50年代，人民美术出版社以弘扬民族文化为己任，出版了如《伟大的艺术传统图录》《中国历代名画集》《宋人画册》《永乐宫壁画》《敦

煌藻井图案》《中国锦缎图案》《中国建筑彩画图案（清式彩画）》《古铜鼓图录》《中国美术作品选集》等，还有李可染、叶浅予、刘开渠、王式廓、石鲁、李少言等画家、雕塑家专集，以及《苏加诺藏画集》《芬奇作品选集》《伦勃朗》《雪

《苏加诺藏画集》获1959年莱比锡国际书籍艺术博览会金奖

《伦勃朗》

《雪舟》

舟》《印度阿旃陀石窟绘画》等外国绘画作品。

1.《苏加诺藏画集》

1954年，周恩来总理代表中国参加了在印度尼西亚万隆召开的亚非会议。在这次会议上，周恩来以卓越的外交能力与多个亚非国家首脑缔结了友好关系，其中就包括印度尼西亚总统苏加诺。苏加诺总统喜欢绘画，收藏了很多美术作品。周恩来总理了解之后，提出为苏加诺出版藏画集，并委托时任人民美术出版社总编辑的邵宇专赴印尼与苏加诺当面商讨出版事宜。当时日本也提出为苏加诺出版藏画集，但最后他选择了由中国出版。周恩来非常重视此事，拨了专款和外汇。

人民美术出版社接到这项重要任务后，全社组织动员了最得力的编辑设计人员和全国最好的

印刷、装订等力量，总投资共计72万元。总编辑邵宇、画册编辑室主任、摄影家安靖、新华印刷厂厂长姜信之等人，曾3次亲赴印度尼西亚拍照、编辑。

当时，第1册、第2册要赶出200套，在1956年国庆苏加诺访问北京时由国务院作为国礼亲自赠送。这样，从发稿到全部印出仅有4个月的时间。为保证质量，全社从领导到编辑、设计、出版、校对等各部门人员集中在印刷力量基础较好的上海办公，每天向北京汇报进度，形成大会战的场面。最后在国庆节前两天，用上海到北京的特快专车将书送达北京，由周恩来总理亲手赠送给苏加诺总统。此书共6卷，每卷收图百幅左右，全部彩色精印，彩色印刷基本达到了五六十年代世界先进水平，在1959年的莱比锡国际书籍艺术博览会上获得金奖。

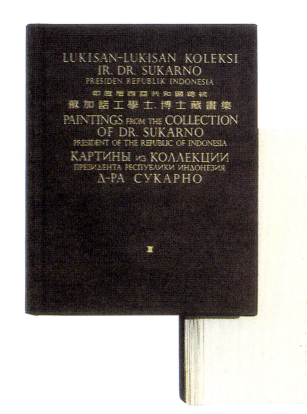

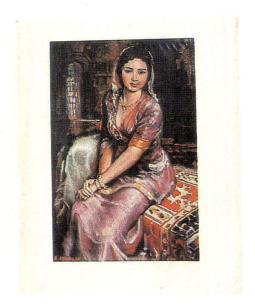

《苏加诺藏画集》封面及内页

2.《伟大的艺术传统图录》

1956年，人民美术出版社增设副牌——中国古典艺术出版社，出版了若干中国古典美术精品和考古文物图录，如《清明上河图卷》《汉画》《唐代画家人名辞典》《太原圹坡北齐张肃墓文物图录》《全国基本建设工程中出土文物展览图录》等。其中，《伟大的艺术传统图录》由著名学者郑振铎先生编辑，使用8开本，优质道林纸珂罗版单面印刷，原色版浮贴。此书用深蓝色布面精装，两册一起装在纸盒内。该书除有两篇序言和目次外，还有中英文说明，是建国初期具有代表性的中国艺术史图录。

3.《宋人画册》

1957年出版，共收入故宫博物院收藏的宋代作品100幅，多为团扇绘画精品，内容有人物、山水、花鸟、走兽、草虫等。书前有专家作序，介绍画家风格、作品特征及流传情况。作品全部彩色精印。此书在1989年重新设计再版，并获得莱比锡国际图书艺术博览会金奖。

4.《中国画家丛书》

1954年，人民美术出版社与中国美术家协会联合召开会议，决定编辑出版一套展现我国现当代优秀画家作品的丛书，定名为《中国画家丛书》，并陆续出版了李可染、叶浅予、石鲁、李少言等十余册画家专集。此后，上海人民美术出版社也出版了同体例的丛书，推动了现当代画家作品的纂辑工作。

5.《艺用人体解剖学》

此书1956年出版，选用人体摄影图例多幅，图文并茂，采用16开精装，为我国美术技法书的出版做出了好的开端。此后，人民美术出版社还出版了《怎样画速写》《怎样画铅笔画》等数十种普及本技法丛书，影响遍及全国。

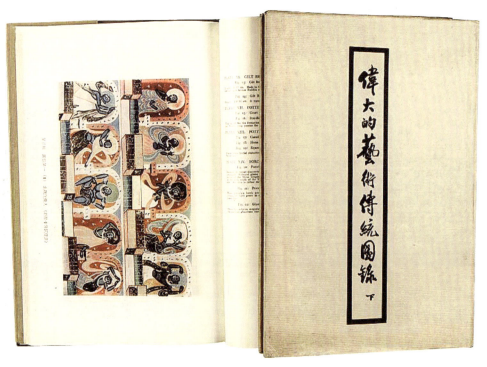

郑振铎编辑的《伟大的艺术传统图录》

《宋人画册》获 1989 年莱比锡国际书籍艺术博览会金牌奖

二、荣宝斋"木版水印"定名

新中国成立后，经过公私合营后的荣宝斋焕发了新的生机，并开始谋划开发新的印刷品种。当时，绘画大师徐悲鸿带着自己的《奔马》找到荣宝斋经理侯恺，提到："一个英国朋友想要这匹马，但这匹马我也很喜欢，有点舍不得。不知你们可不可以用木版印一下，再送给他？"侯经理立即表示可以试试，随即领徐悲鸿到刻印车间，看了勾、刻、印全过程。半个多月后，新荣宝斋的首幅木版水印徐悲鸿的《奔马》印制成功。徐悲鸿非常满意，还谢绝稿费，并在开始售卖时亲笔签名以示支持。

自木版水印《奔马》获得成功后，荣宝斋继续在木版水印名画上努力。20世纪50年代，荣宝斋先后印制了徐悲鸿的《芋叶双鸡》《鱼鹰》《漓江春雨》《风雨鸡鸣》等共18幅作品，大小不同规格版本20多种。在中国画大师齐白石的具体指导下，又成功地完成了其水墨画《花卉》的木版水印。之后，白石老人的很多作品都经荣宝斋木版水印后，得以广泛流传。故有荣宝斋的木版水印画是靠"徐、齐起家"之说。其实，好多名家的画作也早就被荣宝斋木版水印，如吴作人的《鹰击长空》和《金鱼》、黄胄的《新疆舞》、吴冠中的《故乡》等。

荣宝斋的木版水印技术不仅神形兼具地复制了名家名品，并且以低廉的价格让寻常百姓可以购买、收藏。《奔马》《花卉》在国际国内都取得了很好的评价，荣宝斋"木版水印"由此定名。

木版水印徐悲鸿《奔马》

第四节　期刊出版奠定基础

　　人民美术出版社成立后，除了出版年画、连环画、宣传画等大众普及读物，古今中外优秀画册，美术技法读物以外，还主办主编了若干美术期刊，如影响较大的《连环画报》《美术》《漫画》《中国摄影》《群众诗画》等，形成了一定的规模，在不断的探索实践中，形成了自己的特色。

一、《连环画报》

　　1951年，还处在筹备期的人民美术出版社便酝酿创立一本以连环画为主要内容的美术期刊。在时任副社长、总编辑的朱丹同志和社长萨空了的共同努力下，半月刊《连环画报》应运而生。首任主编由邹雅同志担任，文化部部长茅盾为刊物题写了刊名。

　　1951年5月27日，《人民日报》对即将问世的《连环画报》做了报道："人民美术出版社决定将出版一种《连环画报》半月刊。以连环画为内容来出版期刊，这还是创举。为向广大不识字的和识字不多的劳动群众进行教育，各地应帮助这个刊物的发行推广。"

　　到1960年7月一度停刊为止，《连环画报》共出版了219期。所刊连环画大多紧扣当时国内外政治经济形势，如抗美援朝、土地改革等，风格多样，是当时重要的文化宣传工具。同时，《连环画报》聚集了一批当时人们熟知的优秀连环画作者，如张乐平、叶浅予、徐燕孙、任率英、卜孝怀、墨浪、陈少梅、贺友直、华三川、赵宏本、钱笑呆、王弦力、贲庆余、王绪阳、罗工柳、詹建俊、孙滋溪、罗盘、程十发、刘继卣、董洪元、颜梅华等，为新中国连环画的发展团结了众多的创作力量。

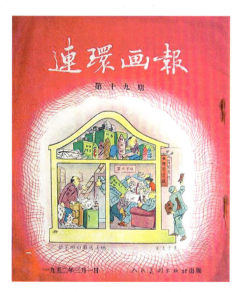

《连环画报》第十九期 1952 年 3 月

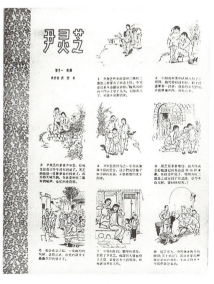

50 年代《连环画报》

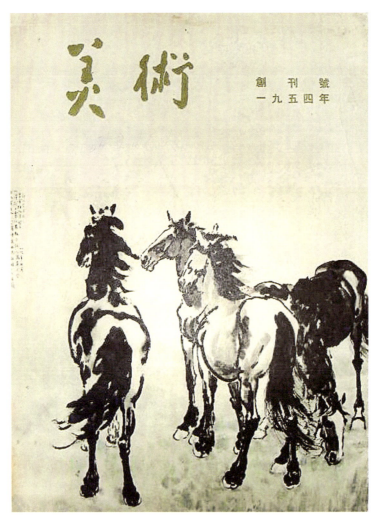

《美术》创刊号，封面为徐悲鸿遗作《群马图》

二、《美术》

《美术》1954年1月创刊，由人民美术出版社出版，前身是中华全国美术工作者协会会刊《人民美术》。在《人民美术》时代，它为宣传毛泽东思想、贯彻党的文艺政策、发展我国美术事业做出了一定贡献。1954年，中华全国美术工作者协会更名为中国美术家协会，《人民美术》也随之更名为《美术》，成为中国美术家协会主办的专业性机关刊物，由王朝闻任主编，力群任副主编。

《美术》杂志在当时是全国美术动态的权威性刊物，在20世纪50年代中后期开展了关于中国画的特点及如何推陈出新的讨论，至1966年1月"文革"前奉令停刊。

三、《漫画》

中国现代漫画与上海有着密不可分的联系。20世纪30年代，上海的漫画创作在《上海漫画》的带动下，呈现出空前繁荣的景象，大批漫画刊物相继出现，如《时代漫画》《漫画大观》《漫画生活》《漫画界》等达二十余种，涌现了一批优秀的漫画家和大量有影响的漫画作品，老上海遂成为中国漫画的中心。解放后，著名漫画家米谷、张乐平、沈同衡等在上海创办了新中国第一本漫画月刊《漫画》，由米谷任主编，在华东人民美术出版社出版。

1955年，该杂志转至北京，交由人民美术出版社管理，致力于提高漫画的思想表达和艺术水平及培养青年漫画作者，至1960年停刊，历时十年，发表了大量优秀漫画作品。

《漫画》杂志封面节选

《中国摄影》创刊号封面

四、《中国摄影》

1956年7月，新中国成立了第一个也是唯一一个全国性的摄影工作者团体——中国摄影学会。在当年12月召开的学会第一次全国代表大会上，主席石少华提出"目前，我们还缺少一本公开的全国性的摄影杂志来作为摄影艺术百花齐放和百家争鸣的园地"，"要出版全国性的摄影杂志"。随后，经过几个月的筹备，新中国第一本摄影艺术刊物《中国摄影》杂志诞生，高帆任主编。

1957年第一季度，《中国摄影》在人民美术出版社出版了创刊号，创刊初期的中心任务是"团结全国职业和业余摄影家，繁荣我国的摄影创作，提高我们的摄影艺术水平"。1959年，由最初的季刊改为双月刊，并请毛主席题写了刊名。1966年4月，受"文革"影响，《中国摄影》停刊。

第五节　尝试对外出版交流合作

　　新中国成立初期，我国主要与以苏联为首的社会主义国家及亚非拉友好国家，在文学、艺术、教育、体育、卫生、科技、新闻、出版、广播、电影等领域开展交流与合作。其中，在出版方面，人民美术出版社积极参与，在促进文化交流、对外友好方面做出了应有的贡献。

一、《苏加诺藏画集》增进中印（尼）友情

　　《苏加诺藏画集》在印度尼西亚公开发行后，引起的不仅是惊奇，更是赞美。画集在印刷上的精美完全出乎印尼国内的预料，他们认可中国的印刷技术已具有世界先进水平。画集中的二百多幅画竟然全都是彩色的，这使他们感到很兴奋，觉得当时世界上任何一个国家都还没有这样的画集。雅加达一家专印彩色画片且被认为规模最大、具有国际水平的荷兰印刷厂的一位专家说："一幅彩色画在我们这儿要印15天至20天，而在中国，这样大的一部画集却只用半年就印出来了，这是不可想象的。"

　　画集不仅展示了新中国处于国际先进水平的印制技术，还对促进中国与印尼的友好往来，开展两国文化交流发挥了积极的作用。苏加诺总统本人在为画集专门作的序言中提到："这并非是因为我的藏画水平很高，而只是说明了我对艺术的爱好，同时也为了使中国人民和印度尼西亚人民之间的兄弟般的友谊更加密切。"可以说，《苏加诺藏画集》使新中国美术出版第一次走向国际出版舞台，并获得了良好的声誉，它既以高超的品质展示了我国建国之初出版事业的技术水准，又以友好的姿态表明中国出版事业在国际出版交流中的重要作用。

二、参加莱比锡社会主义国家出版会议

　　在西德、东德时代，法兰克福书展和莱比锡书展是资本主义国家与社会主义国家出版事业的两个阵营。1957年4月，中国受邀参加在莱比锡举行的社会主义国家出版会议，文化部派出以王益、邵宇为正副团长的代表团参加讨论博览会筹备事项。这次会议共有苏联、阿尔巴尼亚、保加利亚等12个社会主义国家的220人参加，是新中国出版界第一次参加国际会议。在会议上，各国代表建议同类型出版社之间要建立直接的联系，组织共同的出版物展示，既交流了经验，增进了友谊，又可以促进社会主义国家出版业的团结。

　　是年，人民美术出版社与苏联国家艺术出版社及美术家出版社建立了样书交换关系。

1956 年 9 月 30 日，毛泽东、朱德等同印度尼西亚共和国总统苏加诺观看《苏加诺总统藏画集》

PRESIDEN
REPUBLIK INDONESIA

Kata sambutan.

Djumlah lukisan dalam kolleksi saja selalu bertambah-tambah. Kini telah bertambah dengan beberapa puluh lagi. Sebagai saja katakan, dalam kata-pengantar edisi pertama, hal demikian itu disebabkan karena alam kemerdekaan memang membuat seni subur-berkembang. Kemerdekaan adalah ibarat Ibu jang amat subur.

Saja mengharap edisi jang sekarang ini mendapat penghargaan dimana-mana, sebagaimana djuga edisi jang terdahulu. —

Djakarta 1 Djanuari '65
Soekarno. —

苏加诺总统致人民美术出版社函

　　在人民美术出版社诞生的第一个五年，围绕出版计划化和文艺作品为大众服务的方针政策，新生的人民美术出版社完善了组织机构和工作制度，制定了"十二年出版规划"（1956—1968），干劲十足地憧憬着未来。这一阶段出版了大量以年画、连环画、宣传画为代表的大众美术作品，在宣传、教育、科普上起到了很好的作用。这时期，人民美术出版社还出版了以《苏加诺藏画集》《宋人画册》《中国历代名画集》《齐白石作品集》《徐悲鸿》《李可染山水写生册》《杨柳青木版年画》等一批专业美术画册，在国际性的图书博览会上屡屡夺冠，向世界展示了新中国出版业的实力与水准。同时，一批我国美术界的专业期刊也在此时滥觞，《连环画报》《美术》《漫画》《中国摄影》纷纷创刊，在一个万事俱新的时代探索并引领着新中国的美术出版事业。

第三章
执著坚守　曲折发展
1958—1976

　　经过调整、提高与发展时期的人民美术出版社，羽翼正将丰满，然而从20世纪50年代末到"文革"结束，国内政治运动不断，出版工作受政治影响较大。这期间人民美术出版社与多数出版单位一样，人员、物资以及出版物种类、质量都受到了不同程度的影响，但由于美术出版在宣传、号召等方面所具有的特殊功能，人民美术出版社仍然在历史的浪潮中前行，既为那个时代也为自身烙上了鲜明的印记。

第一节 "大跃进"下的出版工作

1958年3月7日，在全国工业、农业全面跃进的形势下，上海人民出版社在出版工作"大跃进"的高潮中，首先发出倡议书，向全国兄弟出版社挑战。全国各地方出版社立即制订跃进指标，积极应战。仅仅三天后，即3月10日，文化部就在上海召开了为期五天的全国出版工作跃进会。在跃进会上，文化部副部长陈克寒提出，要"通过整风运动和反右派斗争来进行出版'大跃进'"，"要鼓起革命干劲，为生产'大跃进'，为社会主义建设服务"。会议期间发布了《全国出版跃进会议倡议书》，要求各出版社要在本年5月底之前制定出今后五年的远景规划；反对关门办社，要与有关团体、机关、学校、工矿、合作社加强联系，扩大组稿对象；要贯彻勤俭办社方针，紧缩机构，减少人员，提高工作效率，缩短出书时间三分之一。出版界要开展反浪费、反保守的"双反运动"，要在继农业、工业之后，也来一个"大跃进"。

一、"奋战三年，成为世界上一流的美术出版社之一"

人民美术出版社根据《全国出版跃进会议倡议书》的号召，在1958年下半年提出了"奋战三年，成为世界上一流的美术出版社之一"的奋斗目标。

具体是：第一，以社会主义、共产主义的内容教育人民，与我国的社会主义建设、工业生产和斗争密切结合；第二，要具有民族风格；第三，再苦战一个月，改变本年下半年出版物的面貌，使反映现实斗争和政治运动的出版物达到80%以上。

在这种指导思想下，1958年下半年，人民美术

人民美术出版社《农村"大跃进"壁画》 1959年出版

出版社以宣传总路线为题的出版物占据了绝对的优势。只7月、8月两个月配合政治运动的宣传画即由55种增至172种，其他宣传总路线的选题增加了119种，并创造了3天画出大幅农村壁画8张、1天创作反对美帝国主义侵略黎巴嫩宣传画4张的纪录。为粮食局创作的3张宣传画，取得了销售323万张的成绩，而之前的政治宣传画一般只销售1万张左右，甚至更少。

在编辑出版过程中，缩短出版时间，宣传画1天编发10天出版，单色通俗画册1天编发4天出版，13种出版物提前5天到100天出版，300种出版物提前3个月到半年发稿，7天内完成过去1年以上的工作量。反映现实斗争的美术出版物，定价下调7.7%—37.5%。此外，社里成立了"红专夜校"，培养又红又专的编辑队伍，设立毛主席著作学习班、艺术理论班、出版业务班等，开展"七天跃进活动"。

1958年，部分人员在八达岭参加文化部组织的植树劳动

二、调整组织机构，完善规章制度

1958年，在组织机构上，人民美术出版社先后撤销了创作室和美术部，部分人员并入连环画册编辑室及图片画册编辑室图片组。

1. 组建人民美术出版社印刷厂

1957年5月至6月，文化部召开印刷工作座谈会，人民美术出版社刘北方参加座谈并建议出版社办厂。他谈到："人美的主要任务是复制美术作品，需要研究哪种性质的美术作品必须用哪种复制方法，研究哪种印刷工艺更能表达原作的全部，因此有必要建立一个规模不大的、具有各种印刷工艺配备的印刷厂。"

在这个提议下，1958年由原北京美术印刷厂及工人书厂、印刷技术研究所合并组建了人民美术出版社印刷厂，加强了彩色印刷技术，成功制造了国产凹印机，提高了美术出版物的印刷质量。

2. 企业单位改制为事业单位

1960年底，文化部党组在《关于大力提高图书质量，改进书籍出版工作的情况报告》里提出了改进出版工作的八项措施，其中第五条为"改革出版社企业为事业单位，不再作为一般生产单位看待。今后考核出版社成绩，主要应看其完成的政治任务的情况，出版了多少好书，培养了多少新作者、编辑，同各方面的写作情况及勤俭节约情况"。以此为指导，人民美术出版社于当年11月由企业改革为事业单位。改制之后，仍执行经济核算制。

3. 系列规章制度的出台

根据1958年全国出版工作跃进会《倡议书》的号召，人民美术出版社制定了《人民美术出版社方针任务及五年基本任务》（1958—1962）、《人民美术出版社1958年增产节约方案》、《人民美术出版社计划工作管理办法》、《人民美术出版社人事工作条例》等，在一定程度上完善了规章制度，加强了出版工作的计划化。

三、"反右派斗争"与"干部下放"

1957年，首都出版界开展了整风运动和"反右派斗争"。从7月15日起到9月25日止，共召开20次"反右派斗争"座谈会，讨论出版工作是走社会主义道路还是资本主义道路、谁胜谁负的斗争问题。1957年底，文化部《关于今后文化工作的方针任务和改进体制下放干部问题的报告》提出，要"改进体制，精简机构和下放干部"，并且应把此作为文化部及所属单位当前整改的中心工作之一，分期分批进行。

人民美术出版社按照干部下放劳动制度的要求，1958年第一批干部分别下放河北遵化、江苏高

1959年6月，卢光照、刘永凯、张金路等在人民大会堂工地劳动

1960 年 1 月，萨空了和社全体红旗手合影

邮劳动及参加文化队。1959年，第二批干部下放四川广汉劳动。1960年，第三批干部下放陕西，并抽调干部5人参加"万人下放大军"，去苏北农村做基层工作。1964年，一批干部下放山东沂源县农村劳动一年，后继续参加农村"四清"工作。至1966年"文革"前，经过历次调整精简，全社人员减少到120余人。

四、美术出版的短暂"繁荣"

新中国成立初期，新的政治条件要求党和政府需要使用文艺的形式来宣传先进的意识形态。在当时的情况下，我国5.5亿人口中有80%是文盲，农村文盲率更高达95%以上。年画、连环画、宣传画作为通俗易懂、群众基础好的美术读物有着广泛的市场。

1. 连环画扩大农村发行

从1958年到1960年，人民美术出版社根据群众需要，先后出版了长篇连环画《岳飞传》、《杜甫》、《关汉卿》、《戏曲连环画库》（《昭君出塞》等20种）、《志愿军英雄传画库》（《杨根思》等11种）、《青年近卫军》、《钢铁是怎样炼成的》等优秀作品，受到了读者的好评。

1960年11月，文化部发出《关于选拔出版一批连环画册支援农业的规划》的通知，建议由人民美术出版社从全国历年来出版的连环画中选拔一批有较高政治思想水平和艺术水平的作品，以人民美术出版社名义重印出版，向全国农村发行。这批连环画作品共计12种，分别是《为了六十一个阶级兄弟》《童工》《东郭先生》《鸡毛信》《王孝和》《钢铁运输兵》等。

2. 第一届连环画评奖

全国第一届连环画评奖早在1956年就已开始酝酿。时任人民美术出版社连环画编辑室主任的姜维朴曾写信给文化部相关领导，拟搞一次全国性的连环画评奖，但不巧的是这时"反右"运动即将展开，没有进行。直到6年后，文化部发出《1963年春季举办连环画评奖办法》的草案，全国第一届连环画评奖才开始。当时制定了三项评奖标准：一是有较高的思想水平和艺术水平，受到群众热烈赞赏的作品。二是教育意义显著，艺术上也有一定水平，在群众中有一定声誉的作品。三是在脚本改编和绘画创作方面具有独创性的作品。

人民美术出版社邵宇、姜维朴参加了大会的评选委员会，任率英、阎大方、蒋淑均获连环画工作劳动奖。

3. 全力保障年画印量

这一时期，由于用纸紧张，很多报刊减少了印量。如1961年1月，中央决定压缩中央一级报刊的发行份数，《人民日报》在1960年第四季度的基数上压缩5%，4月《参考消息》发行份数减少35%。但中央仍对人民群众对年画的需求高度重视。当年，文化部下发了《关于适当解决年画用纸，争取增加年画印数的通知》。《通知》中提到，1958年我国年画印数为1.8亿张，1959年为1.3亿张，1960年为9100万张，仅相当于1955年的水平，1961年分配给年画的用纸只能印5000万张。为此特从文化部仓库，并从外贸部商调出专门用纸200吨，分配给人民美术出版社和中国电影出版社，专项印制年画。

1963年3月，文化部发出通知，人民美术出版社和上海人民美术出版社从1963年起出版少数民族文字版年画，并要求最好能出版一些反映少数民族人民生活的题材，加印少数民族文字。同年，经中央宣传部、文化部党组批准，人民美术出版社出版了刘文西创作的《毛主席和牧羊人谈话》木炭画的单幅画。

木炭画《毛主席和牧羊人谈话》

20世纪60年代人民美术出版社的工笔重彩年画全国闻名。当时全国年画发行量为3亿张，而人美版年画就有7000多万张，年利润达400万元，因此有以"年、连、宣"等普及出版物来补贴高中级画册出版的说法。

4.画册出版古今兼具

这一时期，人民美术出版社出版的画册，有古代美术方面的《清明上河图》（长卷）、《中国历代名画集》（上下）、《北京法海寺明代壁画》《石涛山水册页》、《中国古代绘画选集》等。1964年，人民美术出版社与故宫博物院合作，在院长吴仲超的主持下，编辑出版了《故宫博物院藏画》（隋唐部分）大型画册，人民美术出版社印刷厂将照相机制版机搬到故宫用原作直接分色制版。

在近现代美术方面，有《徐悲鸿素描》《徐悲鸿彩墨画》《唐一禾画集》《傅抱石画集》《吴昌硕画集》《于非闇工笔花鸟选集》《陈半丁画册》《李可染水墨山水画集》《米谷漫画》《任伯年画集》《王式廓素描集》《吴作人画集》《黄宾虹山水册》等。1959年，周恩来总理参观了齐白石画展后，特指示出版齐白石作品，人民美术出版社即编辑出版了《齐白石作品集》（三大册）。1963年，出版了中国美术家协会与廖承志共同选编的《何香凝诗画集》，正逢时任中国美协主席的何香凝90岁

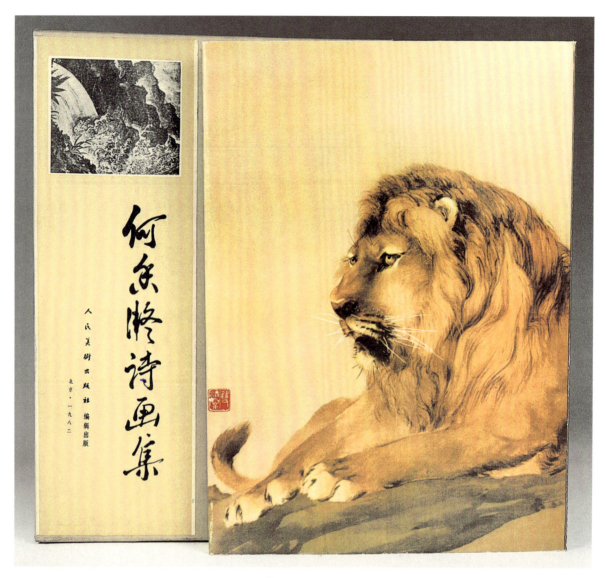

《何香凝诗画集》

寿辰，在全国和华侨界取得了很好的反响。

　　在革命题材的画册方面，有《长征路线写生图》《长征画集》《解放区木刻》《革命历史画选》等。此外，还出版了《杨柳青年画资料集》《藏族木刻佛画艺术》《敦煌彩塑》等专题美术图书及《印度尼西亚华侨美工团美术作品选集》《杜米埃》《印度尼西亚民间雕刻》《日本浮世绘木刻》等国外美术作品，以及纪念建国十周年的《中华人民共和国十周年纪念画册》《十年中国绘画选集》。其中，《杨柳青年画资料集》还在1959年的莱比锡国际书籍艺术博览会上获得银奖。

5. 木版水印达到历史高峰

　　木版水印源于我国古代雕版印刷的套印技术，是我国特有的集绘画、雕刻、印刷为一体的复制工艺。早在唐代就有人用此技术刻《金刚经》扉页插图，现尚流传于世。荣宝斋早在1896年就开设了

"荣宝斋帖套作"机构，发展木版水印事业。

新中国成立后，荣宝斋从印制小幅作品发展到印制大幅作品，从印制纸本发展到印制绢本，木版水印技术日臻成熟。人民美术出版社会同荣宝斋召开编辑会，编选出版古代木刻插图、百花谱，郭沫若书万字配诗，陈毅为画谱撰写序言。1958年，荣宝斋先后成功临摹、复制了古代名画《韩熙载夜宴图》《簪花仕女图》等作品。在1959年8月的莱比锡国际书籍艺术展览会上，荣宝斋的孙日晓、田永庆还在展会现场表演了木版水印工艺，为我国木版水

印画获得了良好的国际声誉。至此新中国木版水印达到历史高峰。

6. 明信片出版助力对外宣传

1964年3月，文化部、外文局发出通知，要求有计划地出版美术明信片，加强对外宣传和对内进行爱国主义及社会主义教育，并列为常年出版任务之一。在具体分工上，人民美术出版社和上海人民美术出版社着重出版美术作品，也可以出版各地的风景片；文物出版社着重出版文物方面的作品；人民教育出版社着重出版教育方面的作品。

1958年2月，邵宇陪同周恩来总理参观齐白石画展

人民美术出版社 1962 年出版《革命历史画选》盒装共 28 张

《杨柳青年画资料集》获莱比锡国际书籍艺术博览会银奖

第二节 "文革"时期的单一出版

　　这一时期，人民美术出版社正常美术出版工作处于停顿状态，《美术》《中国摄影》等刊物相继停刊，出版物品种骤降。

一、"文革"时期的出版管理

　　1967年1月9日，文化部机关被"造反派""夺权"，包括出版事业管理局在内的各部门业务工作全部陷于瘫痪。中央成立"文革小组"，下设宣传出版、艺术电影、教育三组，出版局归出版组管理。

1. 划归出版口

　　人民美术出版社在这一时期划归"出版口"领导，正常编辑出版工作基本处于停顿状态，仅出版毛主席像和《毛主席语录》及少数连环画、挂图等。荣宝斋在"文革"一开始就被批判为"外汇挂帅，只要钱，不要线"，改名为"人民美术出版社

"文革"初期的王府井和平画店

邵宇在湖北咸宁干校拉车

1971年，在湖北咸宁干校的劳动场地

第一门市部",王府井和平画店则被改名为"人民美术出版社第二门市部"。到1970年时,全社三分之二以上的人员被下放湖北咸宁文化部"五七"干校,仅余39人留守。

1971年,出版工作在周恩来总理的关怀和指示下有所恢复。当年下半年,国务院出版口陆续将直属单位大多数干部从"五七"干校调回。1972年,人民美术出版社下放湖北咸宁干校人员开始陆续回社工作。到1974年12月,文化部湖北咸宁干校结束,在干校人员除调出者外全部回社工作。

2. "开门办社"

早在"大跃进"时期,文化部出版工作就提出了关于反对关门主义,提倡"开门办社"的思路。"文革"后期的1975年,根据"工业学大庆,农业学大寨"的宣传需要,人民美术出版社分别设立了"大庆编辑组"和"大寨编辑组",先后派遣多人驻大庆、大寨工作,编辑出版了《大庆》摄影画册,《大庆版画作品选》《大庆红旗》《大庆在前进》《周总理在大庆》《大庆速写》《大寨速写》等年画、宣传画、小画册。

人民美术出版社编创人员在大庆和1205钻井队队长王铁人合影

连环画编创人员在山西大寨体验生活

1966 年 8 月 18 日，毛主席在天安门接见红卫兵（摄影像）

二、美术出版品种单一

"文革"十年间，全国共计出版图书9万余种，而"文革"前的1965年，全国出版图书20143种。"文革"期间出版物品种骤降，毛泽东著作、毛泽东画像以及单张的语录、诗词占很大比重。美术出版在这种大环境下，正常的出版工作基本停滞。

1. 毛主席像创造单张发行量最大奇迹

有资料显示，从1951年至2000年的50年中，毛主席像总计印制了44亿多张，其中95%是在"文革"期间印制的。人民美术出版社作为中央直属出版单位，早在1951年出版总署《关于印制毛主席像应注意事项的通知》中就被指定为毛主席像出版的主要单位。

"文革"开始后，仅1966年上半年人民美术出版社在北京、上海安排印制毛泽东像就达1亿张，相当于"文革"前16年总数的60%。毛泽东像成为20世纪我国印制数量最多、发行范围最广的图片类

出版物，也成为最具有鲜明时代特色的单页美术出版物。其中最著名的一张是根据1966年8月18日毛主席第一次接见红卫兵的照片印成的彩色摄影像，在"文革"初期发行范围极广。

2. 样板戏连环画一枝独秀

"文革"前期即1966年至1970年期间，由于特殊的社会形势以及红卫兵运动带来的负面影响，连环画出版几乎停滞。大批的优秀连环画作品在一夜之间被列为文化领域中的"封资修毒草"，老一辈画家和骨干力量也遭受了不同程度的迫害。

直到1971年2月，周恩来总理召见当时出版部门负责人开会时，指示尽快恢复连环画的编创工作，以解决下一代没有精神食粮的问题，连环画出版工作才开始恢复，出版了以八个样板戏题材为主的连环画。样板戏连环画在充分发挥其批判性的同时，把对正面人物的歌颂发挥到了极致。这类连环画共计出版了10种，先期出版了6种，即《红灯记》《智取威虎山》《红色娘子军》《海港》《沙家

电影连环画册《智取威虎山》 人民美术出版社　1971年6月

《红灯记》连环画 人民美术出版社

《平原游击队》连环画　人民美术出版社　1976年12月 印数100万册　　　　　《白求恩在中国》连环画　人民美术出版社　1975年

浜》《白毛女》，后又出版有《奇袭白虎团》《龙江颂》《平原作战》《杜鹃山》。人民美术出版社这时期出版了《红灯记》《智取威虎山》《海港》《平原游击队》《龙江颂》等。1974年人美版《无产阶级的歌》绘画水平较高，在当时连环画界引起了比较大的反响。此外还出版了一批歌颂少年英雄的系列彩色连环画册，如《刘胡兰》《刘文学》《张高谦》《草原英雄小姐妹》等。

除了样板戏连环画这一特殊历史时期的连环画品种之外，人民美术出版社出版的《白求恩在中国》是此间少有的精品，获得了全国第二届连环画创作评奖一等奖。此外，人民美术出版社还出版了《列宁在十月》《列宁在1918》《英雄小八路》《黄继光》等。

3. 考古出版有所成就

1970年，文物出版社留守人员十余人合并于人民美术出版社。第二年，原由文物出版社出版的刊物《文物》《考古》《革命文物》在人民美术出版社复刊。

"文革"十年虽然常被称为是一场浩劫，但我国的考古事业却迎来了一个黄金时期。在这短短的十年间，完成了20世纪中国十大考古发现的近一半。文物出版社配合当时的考古发现，出版了质量上乘的考古画册。

1972年，长沙马王堆汉墓被发现、发掘。根据周总理指示，文物出版社出版了4开本的《西汉帛画》画册，一套共12张，收入马王堆出土的西汉彩绘帛画整幅和各个局部，彩色印刷，附说明一册。在设计上利用辽阳纸版的本色做封面外套，用出土棺木图案经加工描绘做底纹，并临摹竹简汉字笔法书写"西汉帛画"四字，压上反朱红的标题笺条，银色粉的云纹，显得格外优美。此书曾被作为国际文化交流礼品，由周恩来总理赠送给来访的日本首相田中角荣，并随文物展览在法国、日本、美国发行。

该社还于1973年出版了《长沙马王堆一号汉墓》（上下）画册，采用进口铜版纸胶版彩色印刷，用蓝色硬皮精装，下册图版有292张之多，即使在现在看来，其编辑和印刷的水准均属上乘之作。

此外，文物出版社在"文革"期间还出版了精装8开本带套封的《丝绸之路——汉唐织物》（1972年）等精美考古类画册。这类图书在内容上以最新的考古发现为内容，印刷和装帧通常比较精美，具有一定的学术价值和收藏价值。

4. 培育业余美术工作者

"文革"开始后，美术界掀起了声势浩大的批判"反革命修正主义文艺黑线"运动，一大批美术工作者被打倒，下放到"五七"干校和边远农村。这虽然影响了专业美术出版活动，但从另一个方面看，他们在当地进工厂、下农村、下基层，在普及美术教育、培养业余美术人才方面起到了一定的积极作用。

1975年，在邵宇的主持下，人民美术出版社在北京手扶拖拉机厂举办工人美术学习班，并派创作人员驻厂辅导，培养工人业余作者。连环画册编辑室在郊区顺义设点，培养了一批农村美术作者。1976年，图片画册编辑室与山东人民出版社在山东石岛联合举办年画创作班，培养作者，解决稿源。部分编辑、创作人员深入厂矿，在山西阳泉文化馆设立工人美术培训班，培养了一批业余工人美术作者。同期，图片画册编辑室部分人员在大连红旗造

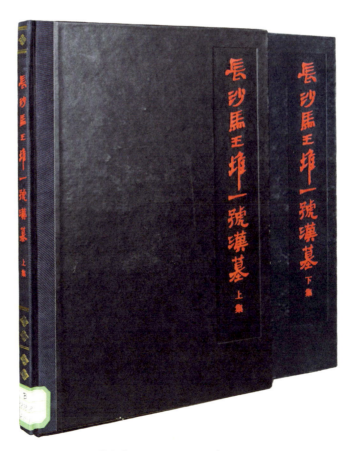

精装《长沙马王堆一号汉墓》（上下）

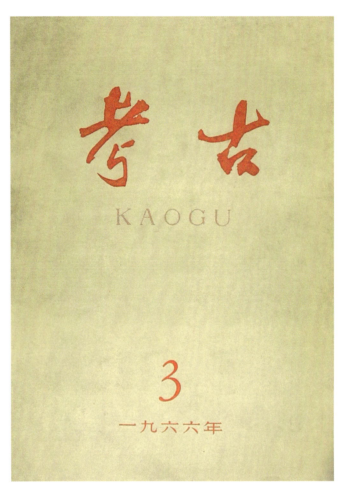

《考古》 1966年

《西汉帛画》

船厂和新金县举办宣传画学习班，培养了一批宣传画作者，成为本社出版宣传画供稿基地。后来有一部分作者同时还创作了年画。

三、周恩来总理对出版事业的特殊关怀

"文革"期间，周恩来总理在十分艰巨的情况下，对濒临灭顶的出版业给予关注，多次做出指示和采取各种措施，为纠正极"左"思潮，恢复出版工作耗尽了心血。1971年2月，周恩来总理指示当时出版部门负责人要恢复连环画的出版工作，要努力解决青少年缺乏精神食粮的问题。3月到7月，周恩来主持召开了"文革"后第一次全国性的出版工作会议，共126名代表参加。周恩来在接见全国教育、出版等7个专业会议代表讲话中，在讲到出版工作时说："现在最大的问题是不能满足人民更多方面的需要，要多出一些书，包括青少年读物，领导要亲自抓，发动多方面来做。"

此外，周恩来还批示同意郭沫若来信提出的举办出土文物展览的建议，并批准《考古学报》《文物》《考古》三个刊物复刊。同年，国务院根据周恩来总理的指示，组织文化代表团访问加拿大，进行文化交流，人民美术出版社邵宇任代表团团长。周恩来总理对出版工作的关怀，使出版工作在困难时期能够渐归正轨，并曲折发展。

在1958年至1976年的18年中，人民美术出版社经历了"大跃进"、三年困难时期、"文革"等特殊历史阶段。"大跃进"中，人民美术出版社提出了"奋战三年，成为世界上一流的美术出版社之一"的口号，出现了短暂的"繁荣"。而后，1960年，文化部开展了为期两个月的中央一级出版社的整顿工作，纠正了在出版"大跃进"中发生的一些偏差。1961年、1962年在全国用纸紧张的情况下，出版任务明显减少。进入"文革"之后，出版工作一度陷入混乱。"文革"初期人民美术出版社印制了大量的毛主席画像。至1971年周恩来总理对连环画出版做出重要指示后，人民美术出版社下放职工逐批回到工作岗位，出版工作有所恢复。

可以说，这一时期人民美术出版社经受住了历史的重大考验，奋力坚守，曲折发展。期间举办了全国第一届连环画评奖，木版水印饮誉国际。"文革"时期的宣传画和连环画带有鲜明的时代特色，某些至今仍具有研究价值和收藏价值。

第四章

恢复振兴　重获新机

1977—1984

　　十年动乱过后，我国出版事业面临百花凋零的局面，"书荒"情况十分严重。而恰在此时，中国又面临着从计划经济到市场经济、从封闭社会到开放社会的转型。在这种大背景下，观念更新与知识更新成为当时最响亮的口号。作为文化思想领域的重要阵地，出版业责无旁贷地充当着舆论的表达场和新思想的发源地的角色。美术出版作为出版事业的一部分，亦毫不例外地承担着自己的使命。

　　人民美术出版社在这一时期，抓住机遇，出版了一系列大部头的优秀全集、选集，并积极拓展海外市场，在出版工作"走出去"方面做了敢为人先的大胆探索。

第一节　拨乱反正背景下的恢复和调整

　　"文革"结束后，党和国家以及各行业首要的政治任务就是进行拨乱反正，纠正被颠倒的思想、理论、路线。出版界的拨乱反正以批判"四人帮"在出版界提出的"两个估计"为开端，在十一届三中全会的全面推动下，调整出版方针和出版布局，解放思想，打破禁锢，重新获得了生机。

一、解放思想，推倒"两个估计"两座大山

　　"两个估计"出自1971年全国出版工作座谈会给中央的报告，其内容是：建国以来出版界是"反革命黑线专政，资产阶级知识分子占统治地位"，"这些人不能用，要重新组建出版队伍"。这个报告中的"两个估计"成为正确评价新中国成立以来出版工作、解禁一大批被封存图书和解放整个出版队伍的严重障碍。

　　恰逢此时，邓小平提出要纠正对科学和教育领域的"两个估计"，这对出版界纠正"两个估计"是有力的支持。1977年12月，国家出版局召开了全国出版工作座谈会，这是"文革"后召开的第一次全国性的出版会议。在座谈会上，从揭批"四人帮"入手，着重批判"两个估计"，指出"两个估计"是"四人帮"打击革命干部、打击知识分子、颠倒敌我、颠倒是非的"两根大棒"，是"镇压广大出版工作者的紧箍咒"，必须彻底批判，要把"长期压得抬不起头来的广大出版工作者解放出来"。会议还讨论了出版工作的具体路线、方针、政策问题，提出了今后三年的出书计划和八年的出书规划设想。

二、组建"文革"后第一届领导班子

　　1977年，中组部下达通知，任命邵宇为人民美术出版社社长兼总编辑，刘近村为副社长，燕生为副社长兼副总编辑，姜维朴为副总编辑。这是"文革"之后人民美术出版社的第一届领导班子。之后，按全国出版工作座谈会的精神，人民美术出版社制定了《1978年—1985年选题规划》，加强了出书的计划化、规范化和系列化，设定图片画册、连环画册、《连环画报》编辑室，着重规划出版当代画家作品的专集、专辑，中国古代美术与外国美术普及性读物，部分爱国主义题材的年画、连环画册和低幼读物。

　　在组织机构上，1979年3月，为适应改革开放的新形势，配合国际出版合作的需要，人民美术出版社设立了外事办公室，专门开展对外合作出版工作。同年6月，为开拓旅游类图书日渐广阔的市场，人民美术出版社成立了摄影旅游编辑室，编辑物门类更加丰富。

三、珂罗版印刷技术不断升级

　　近代以来，书画复制出现两种技术，一种是以北京荣宝斋为代表的木版水印技术，另一种就是珂

罗版印刷技术。这种技术的特点是，可以层次分明地表现中国画墨色的浓淡变化，复制细腻逼真，可以达到以假乱真的效果。光绪初年，珂罗版技术传入中国，主要应用在上海的印刷所，用于印刷天主教圣母像和教会图画。

新中国成立后，人民美术出版社接收了部分原在上海的珂罗版印刷社，专门成立了珂罗版厂，属中央级出版单位。经历了"文革"时期的搁置后，1980年，在邵宇的提议下，珂罗版印刷在人民美术出版社院内重建。当时厂房利用杂物库房四间，面积约六十平方米，投资约两千元。初期主要以印制故宫藏画为主，印刷了《清明上河图》《八十七神仙卷》等作品，印刷质量达到了较高的水平。其中，《八十七神仙卷》由对外贸易出版公司销往欧美，重版多次，久销不衰。

1982年，北总布胡同32号院人民美术出版社为珂罗版盖起了新楼，又购置了4台新设备和卧式照相机，增加了工作人员，完善了工序配套，印刷能力有了进一步的提高。这一时期重版印刷了《中国历代名画集》（1—5集）、韩滉的《五牛图》、《中国古代木刻画选集》等，都取得了较好的经济效益和社会反响。可以说，在一定时期内，珂罗版让祖国珍贵的文化艺术高质量地流传于世，让更多的人能够一饱眼福，是一件功德无量的事。

《五牛图》（局部）珂罗版印刷

《五牛图》珂罗版印刷

第二节　延续美术出版传统优势

　　1976年"四人帮"被粉碎和1978年党的十一届三中全会的召开，使我国社会生活重新回到正轨，正确的思想路线也得以恢复，我国进入了社会主义现代化建设的新时期。文化艺术方面的生产力得到空前解放，美术出版工作重现生机，在短短几年间就得以复兴，并很快焕发出旺盛的生命力。

一、全集、选集出版厚积薄发

　　在经历了湖北咸宁干校、河北石家庄干校的磨砺和"开门办社"的洗礼后，重返编辑岗位的人美人焕发出极大的工作热情，策划、出版了多部规格上乘的全集、选集等大部头作品。这既是多年来人民美术出版社的深沉积淀，又是改革开放的新时期

"盛世修典"的时代需要。

1.《中国美术全集》

　　《中国美术全集》是20世纪80年代我国国内美术出版方面最有分量和影响力的一套图书。这套弘扬中华传统文化的巨帙由人民美术出版社、上海人民美术出版社、文物出版社、中国建筑工业出版社、上海书画出版社五家出版单位共同编辑完成，

邵宇在《中国美术全集》民族宫会议上发言

60卷本巨帙《中国美术全集》

《中国美术全集》编摄组在麦积山石窟外拍摄

《中国美术全集》编辑组在麦积山石窟外拍摄

《中国美术全集》编摄组在麦积山石窟外拍摄

《中国美术全集》编摄组在麦积山石窟外拍摄

《中国美术全集》编摄组在麦积山石窟外拍摄

刘玉山与当地文物工作者观赏出土文物

从1984年首卷出版，到1989年8月出齐，历时5年，共60卷，受到了海内外各界的一致好评。

　　早在20世纪50年代，人民美术出版社就孕育了出版这套全集的初步规划，但由于种种原因而夭折。直至70年代末，在专家们抢救历代艺术珍品的热切呼吁和国家领导部门的大力支持下，在全国美术界、文物界、出版界的齐心协力下，时任人民美术出版社社长的邵宇提出了编辑《中国美术全集》的设想。1978年，在中宣部直接领导下，由人民美术出版社牵头，召集全国有关美术单位和各大美术出版社，在北京和平宾馆商讨这一倡议。大家都认为我国历史悠久，美术遗产异常丰富，应该有一部多卷本的美术全集。会上，大家讨论了《中国美术全集》和《外国美术选集》的初编规划，并确定了各社分工。

　　此后，人民美术出版社又多次联合参与合作出版的出版社，邀请李可染、蔡若虹、启功、宿白、沈鹏等著名美术家、考古学家、书法家及出版家召开编辑座谈会，讨论《中国美术全集》的编辑规划，先后聘请了一百多位著名专家学者担任顾问、主编。有的主编亲临一线，实地考察，与编辑、摄影师一起到全国各地的博物馆、文物考古所和私人收藏者手里搜集、鉴定、考证图片，有时还要深入沙漠，跋山涉水，冒险攀岩，在敦煌、新疆、内蒙古等处实地拍摄山崖、石窟中的珍贵壁画和雕像。

　　《中国美术全集》共收录图版一万五千余幅，全部彩色精印，并有局部放大的精细特写。各卷都有具有高水平学术价值和艺术价值的专论及图版说明，反映了当时最新的艺术和考古成果，具有权威性。更突出的是，《中国美术全集》重视收入新近

《中国历代绘画——故宫博物院藏画集》书影

发现的和未发表过的珍品，如《原始社会至南北朝绘画》一卷中收录了大量新发现的原始岩画。据一些岩画专家和生物化石考古学者认为，在内蒙古阴山的岩画部分早期之作，所画的某几种动物，在这一地区的旧石器时代晚期至新时期时代初期（约1万年前）即已灭迹来看，它们制作的年代当不会晚于此时，这对研究中国原始美术起源上限有了新的实物佐证。再如，《隋唐五代绘画》一卷中西安市新出土的唐代佛教绢画《陀罗尼经咒图》，原放在人骨架右臂上一件鎏金铜臂钏上的密封盒内，虽历经千余年，绢画形色依然鲜明。《原始社会至战国雕塑》一卷中1986年四川三星堆村发现的多件商至西周初期与真人头等大的青铜头像，属于古代蜀文化

青铜雕塑的重要代表性作品。该图片是在责任编辑即将发稿时，在考古文论发表前抢先收录的。至于其他首发的精品，更是不胜枚举。

《中国美术全集》的出版，在国内外引起了很大的反响，受到了学术界、出版界的广泛关注和好评，并获得了第一届国家图书特别奖。著名画家李可染先生说："这是建国三十多年来对东方文化的大整理。"《中国美术全集》还被海外有识之士誉为"不朽的中国美术——5000年来第一套""古今中外唯一最全、最具代表性的权威套书"。

2.《中国历代绘画——故宫博物院藏画集》

1978年，在《中国美术全集》的策划过程中，考虑到珍藏在各博物馆的美术作品数量大、种类繁

"百图"系列书影

多，编选工作存在一定困难，于是商定先出版各大博物院藏品集，并由各地区美术出版社与各地博物馆人员共同编辑出版，以便为《中国美术全集》的编辑做准备。人民美术出版社负责先出版《中国历代绘画——故宫博物院藏画集》。

遴选出版故宫藏画一直在人民美术出版社的计划当中。20世纪60年代初，拟用珂罗版宣纸彩色印刷4开本大画册，以贴页的方式装在画册中。画页曾试印一卷，后由于"文革"被迫停止。70年代末，这项工作终于得以继续，故宫博物院成立画集的编辑委员会，负责编选，人民美术出版社负责拍摄。当时由于拍摄条件比较差，进口底片尺寸大，相机又是老式的，每幅作品要分拍全图、分图和局部

图，又要考虑节约用片，为使图版符合古画的特点和要求，人民美术出版社组织印厂的车间领导和工人到故宫博物院绘画馆参观，并请故宫书画组专家讲解古画特色。在制版的过程中，编辑和校对同志及时赶到工厂进行校对，并和工人师傅商讨修改意见，经过多次校对后，才正式签字付印，力求每一环节都精益求精。在当时印制技术的条件下，多为6色印刷，达到了国内最高水平。

《中国历代绘画——故宫博物院藏画集》共收录故宫藏画精品近三百幅，分文字、图片两大板块。长卷作品分全图、分段图和局部图，卷轴作品分全图和局部图。所选作品绝大多数为故宫博物院珍藏的一级品，甚至是稀世珍宝。文字部分包括了

作品的简介、题跋选印和历代著录资料，为读者和研究者的阅览和研究提供尽可能详尽的参考资料。

《中国历代绘画——故宫博物院藏画集》从1978年开始出版，到1991年共计8册全部出齐，前后历时12年之久，是建社以来编辑出版规模较大的多卷本高档画册之一，并获得了第一届国家图书奖的荣誉。

3. "百图"丛书

1978年，人民美术出版社开始有计划地编辑出版"百图"丛书，包括《中国古代绘画百图》《中国古代雕塑百图》《中国古代陶瓷百图》《中国古代版画百图》《西洋绘画百图》《西洋雕塑百图》《外国素描百图》《西洋肖像画百图》《印象派绘画百图》《外国版画百图》等。这套图书以比较通俗的形式，提纲挈领地介绍了中外艺术作品的精华。尤其是西方艺术"百图"系列，在思想解放和文化启蒙的80年代，起到了普及西方艺术、开启思想的作用，在当时获得了很好的反响。

4. 现当代画家个人专辑

第二次全国出版工作会议后，人民美术出版社制定了出版现当代画家个人美术作品专辑的计划，先后出版了鲁迅倡导下的新兴木刻代表黄新波的

《新波版画集》获1979年全国书籍装帧艺术展览整体设计奖

《新波版画集》，以及吴昌硕、任伯年、徐悲鸿、齐白石、黄宾虹、何香凝、傅抱石、吴作人、李可染、李苦禅等画家的专辑画册十余种。对现当代艺术家的优秀作品进行了很好的梳理和推介。

在此基础上，为适应广大普通读者的需求，人民美术出版社还出版了一套小开本、多篇幅的《美术家丛书》。其中包括《徐悲鸿素描》《徐悲鸿彩墨画》《齐白石作品选》《黄宾虹山水册》《傅抱石画选》等，对广大美术爱好者和学习者起到了很大的帮助作用。

二、连环画出版迎来黄金时代

"文革"时期，样板戏连环画题材高度单一。粉碎"四人帮"后，连环画出版事业逐渐恢复正常，在选题上注重古典名著的普及和面向青少年的科普读物，既有对20世纪50年代连环画繁荣期的继承，又有新的探索和发展。80年代初期，连环画迎来了黄金时代，成为一种名副其实的大众文化。1983年，全国出版连环画2100种，共计6.3亿多册，达到了全国当年出书总数的四分之一。从1978年到1985年间，人民美术出版社连环画工作者做了大量整理再版工作，同时，又不断开发新的选题，持续推出一些新的、有影响力的连环画作品。

1. 新绘《水浒》

20世纪50年代，人民美术出版社曾以副牌"朝花美术出版社"的名义出版过一套古典连环画《水浒》，这是新中国成立以来第一部将古典名著移植为连环画的作品，是当时连环画界的一大力作。这套《水浒》中的人物造型严谨细腻，绘画结构准确统一，无论是市井人情还是沙场拼杀，都一丝不苟，栩栩如生，在当时受到广大读者的极大欢迎，

20世纪80年代初期，连环画出版迎来黄金时代

并在第一届连环画评奖中获绘画奖。

然而不幸的是，这套连环画的制版稿在"文革"中遭到毁佚。"文革"结束后，在连环画出版事业的全面恢复和人民群众的迫切需要下，人民美术出版社决定让《水浒》连环画重新绽放光芒。从1981年至1984年，人民美术出版社新绘30集古典连环画《水浒》画库，并陆续出版。姜维朴曾为此画库写了专文，提到："50年代至60年代人美老版

《水浒》共26集，当时也几乎编绘到30集，为此我专门写了书面报告给萨空了社长，提出根据原著表现历史上农民起义的失败，是符合历史唯物主义的。萨空了同意了这个计划，于是便约编了4部脚本，但不久就赶上了'左'的气候高涨，4部脚本还未约绘，便搁置起来。'文革'中，4部脚本连同26集画稿一同被毁，只能重新组织绘画。于是又约请4位久有编写经验和文艺素养的老同志分别编写了4部

脚本（前面26集仍用原来脚本）。至此，画库全部画幅从老版的3117幅增至3549幅。"

这套新《水浒》结合了当代最优秀的老中青连环画画家，是改革开放后出现的不同时期画家联合创作的范本。老一辈的画家如赵宏本、王弘力、戴敦邦等，都宝刀不老，他们的巅峰之作也大都集中在这套《水浒》当中。王弘力本人就曾说过他自己认为画得最好的就是这套画库里的《杨志卖刀》。中青年画家如罗中立、施大畏、韩硕等，都在连环画界产生过重要的影响。以油画《父亲》而名震画坛的罗中立，正值在油画领域大显身手之时，想不到却在《智取生辰纲》这部连环画中展现了令人意想不到的才华，无论在人物刻画、环境搭配上都表现得极为精细、完美。这部连环画可以说是他连环

画创作中的经典之作。

新版《水浒》问世第一版即印刷了150万套，1984年第二版达到180万套，常常是成书还未上市，就已经在读者中掀起了抢订的高潮，成为当时最受欢迎的古典名著连环画。

此外，人民美术出版社在这一时期陆续出版了连环画《杨门女将》《岳传》《封神演义》、彩色系列连环画《中国动物故事》以及为加强青少年科学知识教育的《科学家故事连环画》丛书等优秀连环画作品。总之，20世纪80年代初期，人们开始从长期封闭的社会中觉醒，思想解放成为当时中国文化的主导。这一时期的连环画作品，题材多围绕人性、人道、人格和人的价值观、幸福观、自由观等主题，在绘画的语言上也力求有新

新版《水浒》重现经典

《十五贯》 王弘力 绘 获第二届全国连环画评奖绘画一等奖

的表现和突破。

2. 第二届全国连环画评奖

1978年12月，《连环画报》召开座谈会，探讨改进连环画工作，并提出要恢复连环画评奖。1980年5月，文化部、中国美协、国家出版局发出了《关于举办第二届全国连环画作品评奖的通知》，第二届连环画评奖活动于是开展起来。对于"文革"时期出版的连环画，此次评奖提出"在'文革'期间创作、出版的作品，因受历史条件的局限，有个别差错，但其主流、基调是好的，而且目前仍再版和继续发行者，可以参加评奖"。这一条体现了评奖实事求是的精神和注意调动创作队伍积极性的因素。这在经过"文革"的洗劫之后，显得尤为重要。

第二届全国连环画评奖委员会1981年1月5日至13日在北京召开工作会，在对各地选送作品进行初评的基础上，又进行了严细的评选，最后评定获奖作品共110件。其中，由人民美术出版社出版的作品有《白求恩在中国》《十五贯》《白毛女》《无产阶级的歌》《东进东进》《伤痕》《三个法庭》《伤逝》《鉴真》《草原上的小路》等。此外，人民美术出版社的王里、王叔晖、阎大方、刘继卣、任率英、郑洐、徐兢辞、曹作锐还获得了连环画工作荣誉奖。

3. 成立"中国连环画研究会"

1981年2月，第二届全国连环画评奖之后，各地连环画工作者百余人聚首北京，召开连环画工作座谈会。在这次会议上，提出了建立中国连环画研究会的倡议，并推举姜维朴、阎大方、吴伯珩、黄若谷等四人组成筹备组，着手筹备事宜。1983年，中国连环画研究会正式成立，姜维朴当选会长，顾同奋、阎大方、王里、费声福、吴兆修、曹作锐、徐淦为理事。中国连环画研究会是新中国成立以来我国第一个全国性的连环画研究机构。至1985年底，全国已有12个省、市、自治区成立了连环画研究会。研究会的成立有助于广大连环画作者和出版家对连环画的脚本编写、绘画技巧等进行研究，促进了连环画事业的健康发展。

第三节　拓展新兴美术出版种类

一、成立人民美术出版社创作室

　　人民美术出版社一向重视作者的培养，从建社之初就团结了一批优秀的创作者。1978年，人民美术出版社全面恢复工作后，在社长邵宇的倡议和支持下，从各编辑室抽调了部分美术编辑人员组成创作室，专职从事美术作品创作工作，进一步集中、充实了出版社的创作力量，开拓了美术创作为出版服务的局面。当时，创作室成员有王叔晖、刘继卣、任率英、王角、林锴、张汝济、张广、徐希、楼家本。后姚奎、石虎、郭怀仁、赵晓沫、许全群又先后调进。由邵宇兼任第一任创作室主任，后由姚奎担任。直至1991年，因部分成员离退休和出国等，创作室才解散，共存在了13年。

　　人民美术出版社创作室从体制上保证并鼓励专业出版社出画家、出作品。虽然人数不多，但当时在美术界和社会上影响很大，几乎可以和北京画院、中国画研究院、中央美院并驾齐驱。创作室使得人民美术出版社的选题出版形成一个自产自销的良性运转模式，仿佛20世纪二三十年代商务印书馆的编译所，以自身体制之便承担大量自己创作的出版选题，进而形成人才云集的美术出版重镇，同时也为"人美"品牌建设起到了积极的作用。

　　可以说，80年代的美术出版界，是一个鼓励画家出作品的藏龙卧虎之地。老一代出版家要求出版社编辑兼画家的传统与这个时期的出版体制、制度相吻合。出版社的编辑同时又是画家，有些人甚至纯粹是以画家的身份立足于出版社，人民美术出版社并不是特立独行。上海、天津、江苏、湖南、江西、广西、河南、河北等地的专业美术出版社都涌现出一批编辑作者。美术出版社的编辑或画家出版个人画册、作品入选全国美展或参加学术团体展览，其况集一时之盛。

二、崭露头角的摄影画册

　　早在20世纪50年代建社之初，人民美术出版社就成立了专门的摄影室，负责拍摄美术藏品、石窟壁画以及各地出土文物等，为编辑出版工作积累了大量第一手的素材。十一届三中全会以后，邓小平同志提出了"旅游事业大有文章可做，要突出地搞，加快地搞"的号召，中国旅游业借改革开放之力跨入了一个全新的发展时期。人民美术出版社敏锐地抓住这一机遇，于1979年6月成立了旅游摄影编辑室，并确定编辑方针"立足本国、面向世界，积极开展对外合作出版"，陆续出版了《中国的旅行》、《漫游中国》、《西藏》、《中国摄影艺术作品选》（1949—1979）、《陈复礼摄影集》等摄影艺术作品，获得了很好的经济效益和社会效益，也为对外代表作出版做了有益的尝试。

1.《中国的旅行》

1979年初春，中国改革开放的春风刚刚吹起，人民美术出版社所在的北总布胡同就多了一道"东洋景"。一些西装革履的日本讲谈社编辑，许多身背三四台相机的摄影师，尤其是那辆日本红色越野车，不断出入人民美术出版社的大门，搞得胡同里的大爷、大妈们以好奇的目光驻足观看。他们不知道，中日之间的首次出版合作，就是从这里开始的。

1978年9月，日本著名的松山芭蕾舞团访华。在这个代表团中，有一位出版界的人士，他就是佐藤洋一，他是代表日本讲谈社前来与中国的出版管理部门进行接触的。此后不久，人民美术出版社就接到一项任务，与日本讲谈社合作出版五卷本大型彩色摄影画册《中国的旅行》。1979年3月，双方签订了《中国的旅行》出版协议。中日之间的首次合作出版就此展开。

《中国的旅行》共分五卷，分别是《北京》《天津和华北、东北》《敦煌和西北、西南》《上海和华东》《桂林和华中、华南》，内容囊括我国著名旅游地区的风景名胜、文物古迹。中日两国许多著名人士都积极支持《中国的旅行》的出版，廖承志先生为画册开篇作序，茅盾、阳翰笙、赵朴

《中国的旅行》

《中国的旅行》出版协议签字仪式

初、冰心、侯仁之、艾青、周而复、冯牧、陈舜臣及日本著名人士井上靖、平山郁夫、东山魁夷等都欣然为此书撰稿。人民美术出版社参加的同志也很多，据当时初到人民美术出版社工作、第二天就被安排参加《北京》卷编辑工作的吴本华回忆，邵宇社长每天都要听取关于《中国的旅行》的工作汇报，当时从事文字工作的有黄苗子、周绍良、任大心，从事摄影工作的有萧顺权、徐震时、卢援朝、郭青，还有从事翻译的方斐娜同志等。

人民美术出版社与讲谈社的工作人员混合编组，两月一批，奔赴各地进行拍摄采访。日程安排非常紧凑，常常是白天采访，晚上即打点行李奔赴另一地。五卷的拍摄采访工作历时多半年，于1979年底结束。以人民美术出版社一社之力，完成日方5个代表团的接待和在全国28个省、区、市约100多个市县的拍摄工作，得到了当地各外事、出版单位的支持。在各地采访时，采访组还邀请了一些地方著名摄影家参加拍摄，并且举办过多次摄影交流活动，促进了中日两国摄影家之间和中国地方摄影家之间的技术切磋。

这套书于1980年正式出版，曾先后再版4次，总发行量达到32.5万册。1984年，由于这套图书的畅销，两社再次合作，补充了中国新增的对外开放地区，于1985年又修订再版。这套图书的意义不仅在

《中国的旅行》东北、华北卷编摄人员在辽宁千山

编辑组在内蒙古呼和浩特市郊区采访

参加拍摄工作的中日摄影师在准备升空的吊车上

签署《西藏》画册合作出版协议

于向国外介绍了中国的大好山河，吸引外国游客到中国旅行，更重要的是，它适应了中国改革开放的需要，促使出版领域以更广阔的视野展望国际出版舞台，跟上时代进步的步伐。

2.《漫游中国》《西藏》

1980年，人民美术出版社再次与日本出版社合作，和日本美乃美出版社签订合作出版协议，出版了《漫游中国》《西藏》《中国少数民族服饰》《西藏佛本生壁画》等大型画册。

其中，《西藏》由人民美术出版社、香港三联书店和西藏自治区文学艺术联合会联合编辑，以五百余幅彩色图片和近三万字的文字说明，较为系统全面、图文并茂地介绍了西藏的风光景物、寺院庙宇、风土民俗、名胜古迹、文学艺术与地方物产等。画册由《拉萨》《寺庙》《高原民俗》《历史》《文化艺术》《物产》等六部分组成。1981年日文版首先出版后，1982年4月中文版又相继问世。

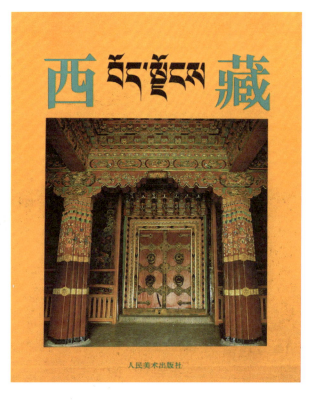

《西藏》

三、开创之举的美术教材

人民美术出版社作为全国最大的专业美术出版社，自1978年以来多次担负编写各层次美术教材的重任，为普及美术教育、提高公民美术素质做出了突出贡献。人美教材不仅获得了专家的称赞，受到全国各地师生的欢迎，更形成了自身的品牌，成为人民美术出版社的支柱产业之一。

1. 建国后第一套小学美术教科书

1978年12月，正值十一届三中全会召开之际，人民美术出版社出版了北京第一套小学美术教科书。这套教科书是人民美术出版社与北京教育学院合编，供北京使用的一套美术教科书。它力求恢复美术学科中的基础知识与基本技能，注重贴近小学生的生活与年龄特征，改变了"文革"中教材编写要突出政治路线的非正常状况。虽然在当时特殊的背景下还留有一些时代痕迹，但在美术基础知识和基本技能体系的探索方面，还原了教材的基本功能，在当时的美术教育界起到了引领作用。后来，各地美术出版社纷纷效仿，出版了种类繁多的地方美术教材。

2. 统编全国美术教材

1981年4月，国家教委组织上海市教育局中小学美术教材编写组编写，国家教委和文化部出版局联合发评论，由人民美术出版社出版《全日制小学试用课本·美术》《全日制中学试用课本·美术》。这是建国以来我国首次统编全国美术教材，并在全国发行，在我国美术教材出版方面是一项开创性的工作。这套教材的说明中指出：

"本着加强美育的精神，注重基础知识的教学和基本技能的训练，促进智力的发展，教材内容增加了中外美术作品欣赏的比重，并增添了手工制作。"这与当时全社会呼吁恢复美育的教育理念一致，扭转了"文革"时期的混乱状态，促进了人们对美术教育功能的认知水平。

3. 编写中等师范学校教科书

1982年，人民美术出版社受国家教委师范司的委托，依据当年颁布的《中等师范学校美术教学大纲》，编写中等师范学校的美术教科书，并于1983年5月出版。该书分《美术鉴赏》《绘画》《手工》《图案》《小学美术教学法》五个分册，是新中国成立后第一部中师美术教科书，在当时填补了中师教育没有教材的空白。

可以说，"文革"以后中国基础教育美术学科教材的许多个"第一本"都是在人民美术出版社诞生的。人民美术出版社以敢为人先的理念和勇气，促进了中国美术教育的进步，并逐渐成为全国美术教材编写和出版的重镇。

四、中外美术史论填补空白

从新中国成立到"文革"结束之前，由于意识形态的原因，中国美术论著品种极少，关于外国美术图书，出版社只能编译出版有关俄罗斯、苏联美术以及由苏联出版的有关其他国家的美术图书，选题受到局限，范围十分狭窄。

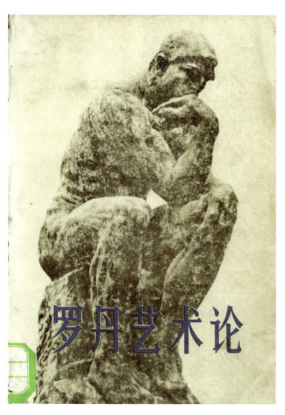

《罗丹艺术论》 1978年

《思想者》 罗丹

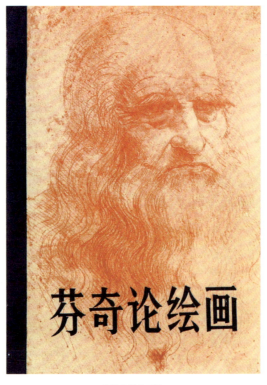

《芬奇论绘画》

　　十一届三中全会后，随着改革开放步伐的迈出，国运民生发生了根本改变，出版、文化界也枯木逢春。编辑意识转向为社会需要服务，视野向世界敞开。在这种形势下，人民美术出版社加强了中外美术史论著作的编写，《中国绘画美学史稿》《中国美术史论集》《中国工艺美术简史》《阿英美术论文集》《中国画论类编》《芥子园画传》《潘天寿美术论文集》《中国画论类编》《芥子图画传》，以及《罗丹艺术论》《印象画派史》《西洋绘画史话》《西欧近代画派画论选》《从德拉克洛瓦到新印象派》《毕加索生平与创作》《芬奇论绘画》等陆续出版。

　　1978年出版的《罗丹艺术论》，在当时的书荒年代是很多人的精神食粮，一年之内两次重印，印数高达11.4万册。北京大学张颐武教授在回忆初次阅读《罗丹艺术论》时提到："我还清楚地记得1980年的炎夏，我从当时流行的《罗丹艺术论》中看到《思想者》的照片时的激动。那种精神的焦虑与灵魂的搏斗，那种灵与肉分裂的痛苦如此强烈地冲击了我。它和我们在'新时期'所感受的激动不宁的时代氛围是如此一致。可以说《思想者》在那时成了我们的文化话语的象征，它体现了'新时期'中国文学的精神。它在照片、复制品和绘画中呈现的巨大的形象、浑然一体的和谐都构筑了一种梦想中的辉煌，让我们对那似乎不可企及的原作心往神驰。"可见这类图书给当时渴望知识更新和思想解放的一代年轻人以相当大的精神给养。

第四节　期刊方阵的形成：美术期刊的恢复与开创

一、老牌刊物相继复刊

　　"文革"开始后，除《人民画报》《解放军画报》与当时的"两报一刊"（《人民日报》《解放军报》《红旗》）以外，大多数官办期刊都遭遇了停办的厄运。美术类的期刊如《美术》《中国摄影》等更是在"文革"一开始就被迫停刊，而由人民美术出版社出版的《连环画报》和《漫画》则在

更早的20世纪60年代初、三年困难时期就已经停止出版。

　　20世纪70年代初，还处在"文革"时期的《连环画报》《中国摄影》在周恩来总理的关怀下相继复刊。"四人帮"被粉碎后，各大美术期刊也纷纷迎来了解放的春天。1979年，《连环画报》相继发表了白敬周的《最后一课》、姚有信的《伤痕》及陈宜明、刘宇廉等编绘的《枫》等现实主义题材作

引起激烈争论的现实主义连环画《枫》

《美术》复刊号封面

《美术之友》创刊号

品。其中，连环画《枫》率先闯入了禁区，林彪、江青、张春桥、姚文元出现在画面上，在当时引起了激烈的讨论，产生了轰动效应。可以说，20世纪80年代的《连环画报》是现实主义题材连环画的思想阵地，发表了一批如《草原上的小路》《白光》《人到中年》《嘎达梅林》《人生》等优秀作品，有力地推动了中国连环画在20世纪80年代中期走向又一个黄金时代。此时，《连环画报》位列全国十大畅销期刊之一，期发量达到120万册。

由人民美术出版社出版的另一本专业杂志《美术》，作为"美术界的《红旗》杂志"，于1976年3月复刊。复刊后的《美术》迎来了一个最活跃、最有影响力，也最辉煌的时期。1980年以来，《美术》杂志展开了关于内容与形式、现实主义艺术、人体艺术、"'85美术新潮"、中国画和油画创作、美术商品化等问题的学术争鸣，推动了中国转型期的艺术与艺术思想前进，缔造了一批艺术家和批评家，同时创造了一个群星灿烂的时代。

此外，《美术研究》《中国摄影》《中国书画》《版画》《装饰》《世界美术》等美术期刊也在这一时期纷纷复刊，以全新的面貌归位美术期刊阵营。

二、期刊新秀不断加入

随着经济建设的不断发展，我国美术期刊的数量逐步递增，仅1978年至1988年创刊的就有118种。在此期间，人民美术出版社旗下创办的期刊也是新秀迭出。

1.《美术之友》

《美术之友》的前身是人民美术出版社为宣传、推荐自己的美术读物而编印的《美术书刊介绍》。它创刊于1953年，是文艺类"读书介绍"宣传品种中存在时间最长的"美术读物"。这份刊物当时评介、推荐了多种优秀美术图书，还推出过年画专号、连环画专号、学习毛主席著作专号，在美术工作者中有"小《美术》"之称，是当时广大美术爱好者的良师益友。

《美术书刊介绍》并不是单纯为书籍做广告的

宣传册，从创办之初它就具有一定的学术性和图书评介的性质，这在当时十分难能可贵，加上内容丰富、图文并茂，并且用彩色图片印刷封面和封底，受到了广泛欢迎。到了1956年，由于全国新闻纸张供应非常紧张，文化部要求全国所有《书刊介绍》一律停办，却唯有《美术书刊介绍》被批准改为收取成本费用而继续出版发行，可见它在业内的地位和分量。直至1964年，由于种种原因，《美术书刊介绍》才被迫停办。

改革开放以后，随着市场经济的发展，图书宣传工作日益得到重视，很多出版社开始编印《书讯》《书苑》等刊物。1979年，时任社长的邵宇将吴葆仑从行政处调回宣传科，希望他恢复《美术书刊介绍》。吴葆仑结合当时的情况，认为重走30年前《美术书刊介绍》的老路已不符合时代发展。在与多位同志的研究商讨下，建议由多家美术出版社联合主办一本美术图书评论刊物，这个倡议得到了各兄弟美术出版社的积极响应。

1981年10月，正值人民美术出版社建社30周年，人民美术出版社与沪、津、辽、粤、湘等地兄弟美术出版社共同发起、召开了《美术之友》第一次编辑委员会会议。这次会议为《美术之友》确立了办刊的宗旨和方针：从泛泛地宣传图书，转变为具有丰富的知识性、艺术性、趣味性、资料性及学术价值的专业美术刊物。这次会议对《美术之友》的发展意义深远，影响至今。会议还决定刊物由人民美术出版社及天津、辽宁、湖南、岭南5家美术出版社联合主办，编辑部设在北京，由新华书店北京发行所发行。值得一提的是，《美术之友》的"联合主办"在新中国的出版史上是开先河之作，同时，也可以看出《美术之友》自创立之初就是各美术出版社团结合作的结晶，它不仅联系着出版社与读者，也联系着各兄弟出版社，起到了双重的纽带

作用。

1982年1月，《美术之友》创刊号问世，第一期印发量高达20万册。此后，刊物的主办单位不断增加，至1983年发展到9家，至1998年已经涵盖了全国所有的26家美术专业出版社。《美术之友》的创办加强了美术出版人之间的沟通和交流，在美术出版人、美术爱好者和美术出版社之间架起了友谊的桥梁，同时在业界获得了良好的口碑，被誉为"美术界的《读书》杂志"。

2.《儿童漫画》

1978年，"文革"刚刚结束后的出版业"书荒"问题仍十分严重，社会上出现少年儿童们"叔叔阿姨，给我书"的呼唤。考虑到孩子们多年来看不到好书、好画，精神上得不到正确引导，而不良的东西却乘虚而入，社会上发出了"救救孩子"的呼声，同时鉴于这个问题在儿童读物上体现得比较集中，众力易举，搞好了可以起到先锋带头作用，出版局经中共中央宣传部批准，选择以少年儿童读物为突破口，在庐山召开了全国少年儿童读物出版座谈会。宋庆龄在这次会议上说："党中央一举粉碎了'四人帮'，同志们才有机会登上庐山，一起来讨论怎样出版更多更好的少儿读物，为培育下一代做出贡献。……通过你们座谈，迅速行动，让百花园中的少儿读物开得如梅花盛放。"

会议结束不久，人民美术出版社连环画册低幼组的负责人王里和老漫画家顾朴，以及编辑室的其他同仁，就共同策划了期刊《儿童漫画》。1979年，这部刊物以24开彩印版面世。创刊伊始，它准确定位为面向小学中高年级，兼顾低幼儿童，以健康的思想内容、活泼的艺术形式、丰富的想象、浪漫的构思来反映儿童的现实生活，表现爱祖国、爱人民、爱劳动、爱社会主义的精神，对小读者们进行共产主义思想品德教育。刊载的作品，也都是请

当时一流的漫画家们为孩子们创作的。

1986年4月，低幼组从连环画册编辑室分离出来，成立了儿童美术编辑室，下设《儿童漫画》编辑部，丁午、王里任主编。1987年，《儿童漫画》正式以双月刊的形式与读者见面，不仅为作者们提供了更广阔的创作园地，还开设了让小读者参与的栏目，使原创风格得到坚持。三年后，已不满足于两月一期的《儿童漫画》改为月刊。也正是在这个时候，国内漫画书、期刊市场已明确显示出盗版日本漫画所导致的对原创作品的巨大打击，但是，《儿童漫画》没有轻易动摇，而是坚信"中国的漫画必须是中国的"。《儿童漫画》始终以一本国家级刊物的标准要求自己，扎根本民族深厚的文化积淀，适时吸收外部营养，为中国漫画的发展提供适宜生长的土壤。

3.《连环画论丛》

1980年8月，新中国第一本连环画理论丛刊在人民美术出版社创刊，姜维朴任主编。创刊号为32开。创办宗旨是：交流连环画文学脚本和绘画的创作经验，探讨连环画创作的艺术规律，评价连环画的新成就及优秀作品，介绍优秀连环画家的创作生活，研究连环画的发展历史，介绍广大读者对连环画的反映和国内外连环画的动态。

在创刊号上，刊登了7篇评论文章，其中有4篇是关于现实主义连环画《枫》的。1987年1月，更名为《连环画艺术》。现由中国出版工作者协会连环画艺委会、中国美术家协会连环画艺委会、中国美术出版总社联合主办，仍是连环画业内非常重要的学术性刊物。

4.《中国书画》

1978年，人民美术出版社设立了《中国书画》编辑组，出版了《中国书画》丛刊。该刊以"在为人民服务、为社会主义服务的方向下，繁荣我国传统绘画艺术，促进对外文化交流"为宗旨，内容上选编了以现代题材为主的中国画及书法篆刻作品，以少量篇幅介绍了我国古代优秀书画遗产，并刊登了一些画论及评论文章，采用当时比较少见的8开本，由沈鹏担任主编。国外版发行至亚、美、欧三大洲。

5.《中国艺术》

《中国艺术》是以对外发行为主的大型综合性美术期刊。它创刊于1985年7月，由邵宇担任主编。以"振奋民族精神，发扬民族文化，不断提高我国文化艺术水平，并在国际间宣传我国历史文化和现代艺术成就，加强国际艺术交流"为宗旨，强调"艺术性和学术性，有长期保存和收藏价值"。读者对象为国内外专业艺术工作者、收藏家和有关专业团体。

6.《版画世界》

《版画世界》创刊于1983年初，由人民美术出版社《版画世界》编辑部编辑。以"继承和发扬鲁迅精神，为繁荣我国版画事业，推动国际版画友好交流，扩大我国版画在国际上的影响，注重发展我国群众版画创作"为宗旨。重点介绍中外优秀版画新作、中外版画创作成就和版画新技法。每期发表中外版画作品120余幅、文摘10篇。读者对象为专业版画家和业余版画作者。

可以说，20世纪80年代的人民美术出版社在全面恢复图书出版工作以后，期刊出版也羽翼渐丰，形成了一个传统与现代并重、专业与大众兼顾的美术期刊阵营，并且在促进对外文化艺术交流上起到了积极的作用。

《版画世界》封面

第五节　国际交流与合作的深入

　　1978年，中国的国门才刚刚打开，这时便有了中日出版社之间的第一次握手——日本讲谈社代表团到访中国。随后，人民美术出版社视野逐渐开阔，迈开了走向世界的脚步。虽然那个时候，语言还是人们交流中的一个障碍，但是"美术"却以一种特殊的形式，实现了这一障碍的跨越。凭借这一优势，人民美术出版社的国际交流合作也异常活跃，在世界各地多次举办美术展、图书展及文化交流活动，"人美"的品牌在人民美术出版社走向世界的脚步中日益响亮，日益精彩。

一、设立外事办公室，首次开辟对外合作出版项目

　　1979年3月，为适应改革开放的新形势，人民美术出版社设立了外事办公室，以便开展对外出版工作。3月11日，经国务院批准，人民美术出版社与日本讲谈社签订了合作出版大型摄影旅游画册《中国的旅行》1卷至5卷的协议。这是我国首次开辟对外合作出版项目。可以说，这是我国版权贸易的起步。今天对贸易逆差问题格外敏感的中国版权贸易，却是从顺差起步的。

　　据中国版权贸易的推动者和拓荒者之一的许力以老同志介绍，在1992年中国加入《世界版权公约》之前，由于我们自身的原因和外国出版商对中

国市场的顾虑，我国的版权贸易主要以输出为主。《中国的旅行》就是这样一部我国图书版权贸易史上的开篇之作。

随后，1980年，人民美术出版社又与日本美乃美出版社签订协议，合作出版了《漫游中国》《中国少数民族服饰》《西藏》《西藏佛本生壁画选》等画册。1981年，又与该社签订了两项合作出版协议，编辑出版《中国工艺美术》丛书（计划40卷）、《中国彩色文库》（计划100卷），至1988年先后出版了上述丛书中的《贵州苗族刺绣》等11

种、《新疆之旅》等20种。

二、举办画展活动，促进对外文化的交流

除合作出版外，人民美术出版社还利用自身特点与优势，积极策划、参与了形式多样的美术交流活动。

1979年6月，人民美术出版社与日本日中友好协

邵宇与日本讲谈社人员会谈并互赠纪念品

会、中日友好画廊、日本版画协会、日本美术家同盟共同举办"中国现代版画展"。次年5月，在日本东京举办"中国现代画家作品展·人民美术出版社画家作品展览"，中国驻日大使符浩为开幕式剪彩，并由日本形成社出版了展览画册。1981年，姜维朴赴日本参加"中国少数民族服饰展"开幕式，谭云森随中国出版代表团访问澳大利亚，王丕莱、陈惠冠赴意大利举办中国连环画展。1982年，人民美术出版社与香港三联书店合作在香港先后举办了连环画展览和人民美术出版社30年出版物展览，王里随文化部少儿工作代表团访问菲律宾，赵筠随中国出版工作者协会代表团访问英国。1983年，田郁文随中国出版工作者协会代表团访问南斯拉夫。1984年，人民美术出版社与日本每日新闻社合作在东京举办中国现代画展，邵宇等6人应邀赴日参加开幕式和交流活动，陈允鹤访问南斯拉夫商谈合作出版，曹洁随文化部代表团访问捷克……

通过这些频繁的展览和活动，人民美术出版社展示了形象，增进了了解，建立了友谊，密切了合作，在开放的舞台上游刃有余地展示自己的风采，达到了促进交流、增强合作的目的。

三、参加国际书展，立足国际出版市场

国际书展是现代社会蔚为风尚的一项重要文化活动，参加国际书展是对外文化宣传、促进文化交流、推动国际图书贸易的有效方式。新中国成立后，我国出版业参与的第一个国际书展是1956年的法兰克福图书博览会。改革开放后，出版界更加积极地参与有影响力的国际书展。人民美术出版社也不断推出精美的出版品，在国际出版舞台上频频亮相。

1983年，人民美术出版社参加了在苏联举办的第四届莫斯科国际书展。自从20世纪60年代我国与苏联在政治上的分歧公开化以来，双方的关系就处于紧张状态，文化交流基本停顿。改革开放以后，中苏关系开始松动。1983年3月，苏联国际图书贸易公司向中国国际书店发函，邀请中国参加第四届莫斯科国际书展。经文化部请示后，国务院批准参加此次书展。在这次书展上，我国代表团共带去了《马克思恩格斯全集》《列宁全集》等二千余种图书，其中包括人民美术出版社各类画册五十多种。展品分马列著作，毛泽东邓小平著作，介绍中国社会主义建设成就的出版物，汉译世界名著，苏联和俄国作家著作的中译本，有中国特色的美术出版物、针灸、剪纸、武术等展台分类陈列，来参观的苏联观众之多、反响之热烈，大大超出了工作人员的预料。其中，展品中最受欢迎的是有中国特色的出版物，如美术、针灸、武术等各类图书、画册。尤其是美术出版物，在有语言障碍的情况下，能够生动直观地达到交流目的，传播效果尤佳。

这次书展真实地反映了中国改革开放之初的现实面貌，因而大大满足了二十多年来苏联人民想要了解我国真实情况的迫切愿望，也在苏联群众中消除了一部分人对我国的误解。

除莫斯科书展外，1981年和1983年，田郁文代表人民美术出版社赴德国参加了两届法兰克福书展。在这个世界上最负盛名、规模最大的国际书展上，人民美术出版社展出了《中国历代绘画——故宫博物院藏画集》（一、二卷）、《宋元明清缂丝》等八十余种图书产品，取得了很好的反响。

　　"文革"过后的人民美术出版社，在拨乱反正和改革开放的大好形势下，抓住机遇，全面恢复振兴出版工作，集中力量系统整理、出版了多套规模宏大的全集、选集。其中，尤以《中国美术全集》为最。此外，连环画出版以富有现实主义意义的作品引发了社会的广泛讨论与反思，并在20世纪80年代初期迎来了黄金时代。在对外合作出版方面，人民美术出版社又勇开先河，与日本讲谈社等出版商社开辟对外合作出版项目，在我国出版业"走出去"方面进行了成功的尝试，重振了我国美术出版"国家队"的雄风。

第五章

欣欣向荣　稳步前进

1985—1997

　　20世纪80年代中期，随着我国国门的开放，美术界创作环境相对宽松，思想比较自由。年轻一代的艺术家，经历了"文革"，又接受了专业的学院教育，对新的艺术风格和形式充满渴望。他们不满足于沿袭苏联风格的艺术模式，转而从西方现代主义的风格中寻求出路。在各种观念的激烈碰撞下，一种以西方现代主义为特征的美术运动由酝酿到暗涌，并形成了"85美术新潮"。

　　人民美术出版社在新中国美术这一重要的转型期，大胆进行改革和创新，调整出版机构，创新管理体制，形成了以美术专业出版、美术创作出版、美术教材出版、美术期刊出版为格局的出版体系，出版了如《中国美术全集》《中国历代艺术》等为代表的图书，并利用自身优势，积极推进海外出版合作，大步稳健地走向蓬勃的发展之路。

第一节　大好形势下的出版改革与创新

在市场经济条件下，无论是物质产品还是精神产品，都已纳入商品生产、商品流通的轨道。出版业也在很大程度上成为一种按市场规律运作的、以市场大众为主要消费对象的文化产业。新的经济制度法则、竞争机制的引入都给出版事业带来了新的机遇和挑战。

一、1985 年机构调整

为加强编辑出版工作的专业分工领导，1985年9月，人民美术出版社进行了机构调整：重新整合编辑室分工，分设现代美术、古典美术、图片、摄影艺术、期刊丛刊五个编辑室，另设摄影部、出版部、发行部、财务处。此后，经社委会研究决定，人民美术出版社又先后成立了儿童美术编辑室和调研室，并将社办公室纳入总编室，进一步精简机构，充实编辑室力量，任命了一批业务骨干为编辑室主任、副主任。

二、出版社内部管理体制的革新

1. 恢复成立社务委员会

1951年，人民美术出版社在建社之初就成立了社务委员会，共同领导出版社工作。1986年，人民美术出版社恢复社务委员会制度，并成立了改革开放后第一届社务委员会，成员包括田郁文、刘玉山、沈鹏、陈允鹤、顾同奋五位。1990年，社委会成员为陈允鹤、刘玉山、沈鹏、顾同奋、田郁文。

2. 实行聘任聘用制、干部计划管理

1992年7月29日，新闻出版署为了推进干部人事制度改革，加强对各直属事业单位聘用制干部的管理，调动干部的工作积极性，制定发布了《新闻出版署直属事业单位聘用制干部管理暂行规定》。《规定》要求"新闻出版署对聘用制干部实行计划管理。各单位必须在定员、定编、定岗的基础上，根据需要，在计划内聘用干部"。当年8月，人民美术出版社即实行处室干部聘任聘用制，并完成了各部门定编定员方案。

聘用制是市场经济条件下出版事业单位在人事管理上的一次革新。它破除了"干部终身制"的窠臼，有利于从优秀人才中选拔干部，同时也利于在群众中实现"效率优先，兼顾公平"的原则，形成良好的竞争与协作工作平台，从而使出版工作更加贴近市场的需要，实现社会效益和经济效益的双赢。

三、创新发行渠道：成立"美联集团"

20世纪80年代中期，全国美术出版社已由过去的十几家增加到三十几家。出版机构的发展，编辑队伍的扩大，出版品种的增加，图书质量的提高，使美术出版事业出现了新格局、新局面，同时也带来了新问题。其中，首当其冲的就是美术图书的发行。由于美术图书普遍存在着图书定价高，读者面有限，常销书多、畅销书少的问题，因此，书店一般不重视美术图书的销售，柜台少，品种不足，进货量也少。"出版

社出书难，读者买书难"的矛盾极为突出。

当时，其他专业的出版社联合体如高校出版社联合体等纷纷成立，并且在开拓市场的过程中，显示出特有的优势。正在图书市场中苦寻出路的各美术出版社为此也呼唤横向联合，从而形成合力，规范市场竞争。在众多美术出版社中，人民美术出版社由于历史长、规模大，且长期直属于新闻出版署管辖等诸多因素，义不容辞地担当起组织牵头的重任。

1990年10月，在新闻出版署的大力支持和倡导下，人民美术出版社和四川美术出版社联合发起，在成都召开了首次全国美术出版社社长会议。这次会议迈出了全国美术出版社横向联合的第一步。出席会议的29家出版社的30余位社长、总编辑一致同意组建"中国版协美术出版研究委员会"，一致要求尽快召开全国美术图书发行工作研讨会。终于，在1991年初，首届全国美术图书发行工作研讨会在哈尔滨召开。在这次会议上，宣布成立"全国美术出版社发行联合会"，讨论通过了《全国美术出版社发行联合会章程》，人民美术出版社主管发行工作的张友元同志被推举为会长。为便于开展经营活动、开拓美术图书市场，1992年9月在成都全国书市期间，"全国美术出版社联合发行会"更名为"全国美术出版社联合发行集团"，简称"美联集团"。

1993年3月，美联集团在重庆举办了首届全国美术图书交易会。到会37家出版社、80多家书店，订货总码洋达到2100万元。交易会的举办，既为出版社拓宽了销售市场，又密切了社店关系，使大家充分认识到发挥集团优势的重要性。美联集团成立10年间，共承办了18次全国美术图书交易会，总订货码洋达到15亿元，参加交易会的出版社由最初的30多家发展到50多家，参会书店由80多家扩展到150多家，参订品种由1000多种增加到1万多种，订货码洋也由2000多万元增加到2亿元。

回首美联集团走过的历程，兄弟美术出版社有一个共同的说法——"美联集团之所以有如此的作为，离不开人民美术出版社的奉献和投入"。作为美术出版社中的"老大哥"，团结各兄弟单位、共同拓展美术出版市场、实现美术出版的繁荣，是人民美术出版社的分内之职和必然之责。美联集团这种发行渠道，克服了美术图书市场格局较窄的劣势，开拓了市场，规范了行为，创新了营销，将在未来更好地发挥整体优势，为美术图书的繁荣做出更大贡献。

在哈尔滨召开的全国美术图书发行工作会议　1991年1月8日

第二节 捷报频传的美术出版：清晰的出版格局逐步呈现

作为专业美术出版社中的领军者，步入成熟与稳步发展时期的人民美术出版社，坚持社会效益与经济效益的高度结合，努力积累和传播优秀民族文化成果，形成了以美术专业出版、美术创作出版、美术教材出版、美术期刊出版为板块的出版格局。四大板块协调联动，覆盖了美术出版的基本类别，共同描绘人民美术出版社在新时期的发展蓝图。

一、美术专业出版

1.《中国古代木刻画选集》

早在20世纪30年代，我国著名学者和版画史研究家郑振铎先生就致力于搜集我国古代木刻画，并与鲁迅先生合编了《北平笺谱》《十竹斋笺谱》。1940年，郑先生编辑了《中国版画史图录》。解放后，在担任文化部副部长期间，他继续搜集、补齐了从唐至清的版画资料，于1956年编写了20万字的《中国古代木刻画史略》，为编辑出版《中国古代木刻画选集》做了充分的准备。50年代末，《中国古代木刻画选集》的编辑工作因为郑先生的不幸去世而搁置。60年代初，李平凡和朱章超对书稿进行了补充、修改和校勘，并试制了部分图版，但是在十年动乱中，试制的图版被毁，书稿也部分遗失。

1981年，在为原人民美术出版社社长萨空了落实政策时，在他住处的汽车房内发现了一口袋零乱的材料，原来正是《中国古代木刻画选集》书稿的前半部分。之后，人民美术出版社的编辑同志又在郑振铎之子的帮助下，找到了后半部分书稿。在原始资料中，还惊喜地发现了1958年郑振铎飞机罹难前一个月自保加利亚寄给当时人民美术出版社领导关于《中国古代木刻画选集》的信。信中写道："这类书，本身就是艺术品，在选纸、印刷方面，都必须事先考虑周到，甚至必须试印若干次再做决

定。印刷用单色的，最好用珂罗版……"

经过几代人的努力，1985年2月，用珂罗版精心印制的珍藏本320套《中国古代木刻画选集》终于完成，共收入唐五代至清末的中国古代木刻画584幅。发行前，人民美术出版社特意请中央美术学院教师手拓了藏书票，还请潍坊杨家埠民间年画研究所制作了清代原版套色的民间年画印在绢上，制成精美的纪念卡，并盖上郑振铎先生的印章。

1985年，李平凡先生到日本访问时，带这部书去交流，日本方面专门为这部画册开了一个观摩会，有关方面专家仔细观赏后，都深为赞叹，认为价值很高。后来，日本"日中艺术研究会"还专门派代表团来中国，向人民美术出版社赠送了"版画史出版功劳杯"。在1988年的莱比锡国际书籍艺术博览会上，该书获得了"世界最美的书"银牌奖。1989年，又获得莱比锡六年一次的国际艺术图书展金牌奖。

2.《故宫博物院藏明清扇面书画集》

这套画集是从故宫博物院珍藏的大量明清扇面书画作品中精选出400幅作品而辑成的，共分5册出版。该稿由故宫博物院组织专家组经过多年遴选编辑完成，人民美术出版社参与作品拍摄。画集在前言中分析了折扇源流、发展的历史遗迹，扇面的形式特点。每集图版说明简要介绍作家的生平及作品的艺术特色。画集在装帧上也别具一格，封面封底

凝聚着几代人努力的《中国古代木刻画选集》1988年获莱比锡国际书籍艺术博览会"世界最美的书"银牌奖

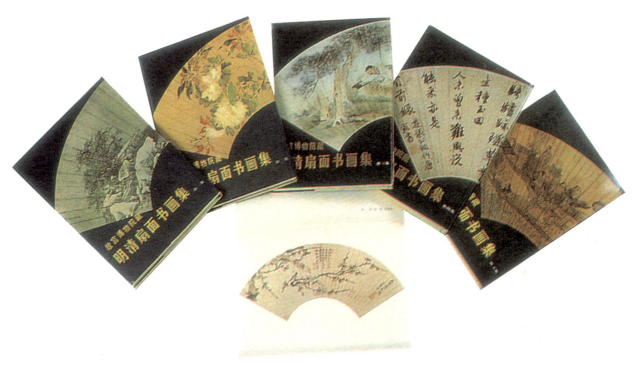

《故宫博物院藏明清扇面书画集》获莱比锡"世界最美的书"铜奖

浑然一体，构图新颖。画集在1987年获得了莱比锡"世界最美的书"铜奖。

3.《中国美术分类全集》

60卷帙的《中国美术全集》自1984年开始出版后，成为国内当时艺术水平和出版水平最高的大型艺术图集，深受学术界、出版界和广大读者的一致好评，但由于篇幅的限制，所收录的内容仅涵盖了我国浩瀚的古代文化遗产珍品的一部分，尚不能比较完整地反映我国艺术发展的全貌。因此，1986年起，根据中宣部的指示，出版《中国美术分类全集》的动议开始进入筹划阶段。只是当时由于条件所限，仅由辽宁美术出版社出版了一本样书《敦煌壁画·初唐卷》。时至1990年春，由邓力群任总顾问的《中国美术分类全集》工作委员会召开了第一次工作会议。会议决定，《中国美术分类全集》计划出版400卷，其中，作为《中国美术分类全集》重要部分的《中国现代美术全集》由人民美术出版社牵头编集，48卷于1999年1月出版发行，系统展现了中国艺术家在翻天覆地的20世纪中所创作出的丰硕成果，从而有力地反驳了"齐白石已成为中国艺术天际上最后一抹晚霞"、"传统艺术已走上穷途末路"的偏颇论断。

可以说，20世纪80年代中到90年代末《中国美术全集》《中国美术分类全集》等大型图集的出版，与改革开放以来国家在政治、经济、科教等方面的繁荣密切相关，盛世修典，此亦为一例。

4.《中国美术五千年》《李可染论艺术》

1989年《中国美术全集》60卷本全部出版后，全集编委会又汇集了《中国美术全集》中的全部论文，形成了一部研究中国美术史的美术论著类图书

《中国美术分类全集》

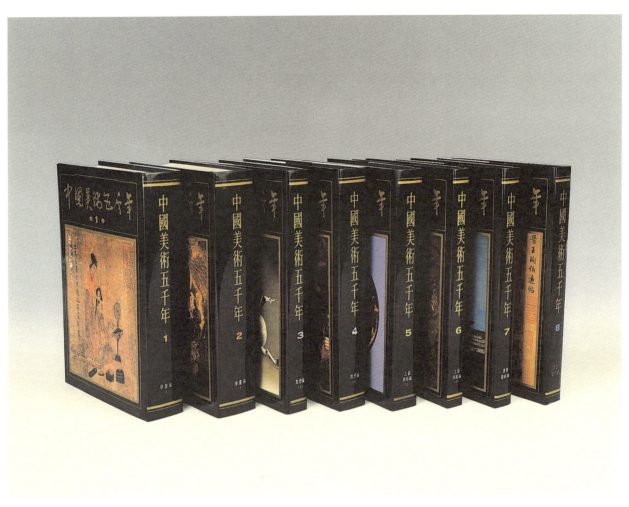

《中国美术五千年》

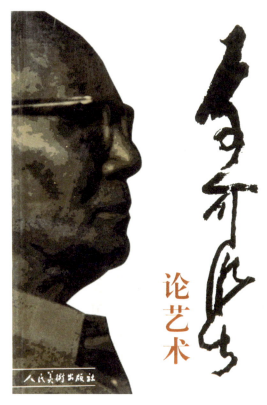

《李可染论艺术》书影

《中国美术五千年》。该套图书一共8册，分别是《绘画编》（上下）、《雕塑编》（上下）、《工艺美术编》（上下）、《建筑艺术编》和《书法篆刻编》，1991年出版。这部学术论著，可以说是当时美术史论界的"重要出版物"，至今仍是许多艺术高校课程的指定参考书。

此外，人民美术出版社1990年版的《李可染论艺术》也是一本精良的画家画论。这部书由中国画研究院、人民美术出版社、中央美术学院、中国美术家协会共同编辑出版，搜集了李可染大师生前的论文、谈话实录、题跋和年表等，于大师逝世一周年之际出版，并在人民大会堂举行了首发式，表达了人们对大师"殒而不落，东方即白"的追思和悼念。

二、美术创作出版

改革开放以来，我国与国外的文化艺术交流频繁而开阔，中国美术家接触到外国文化、哲学、美术的方方面面。在逐渐解禁、宽松、开放的社会环境中，一大批老艺术家相继复出，恢复了艺术的活力。高考制度恢复后，一批批进入美术学院深造的学子在画坛崭露头角，施展才华。各种美术思潮、美术现象接连涌现，激荡着画坛创作。人民美术出版社取其精华，力推精品，尽己所能为画家服务，为读者服务。

1.《中国近现代名家画集》——美术出版的"大红袍"

1993年，人民美术出版社、天津人民美术出版社、台湾锦绣文化企业三家出版社，开始共同策划

被称为"大红袍"的《中国近现代名家画集》之部分图书

编辑一套展现我国近现代著名美术家代表作品的系列画册，之后由人民美术出版社继续编辑出版。这套画册以丰富的内容、精美的装帧风貌获得了广大作者和读者朋友的喜爱，因其封面通体采用红色，又被大家亲切地称为"大红袍"。

画册在选题上选取了我国近现代最著名、最有影响力的中国画画家，力求广收不同的风格、流派，使作品尽量丰富多样。人民美术出版社首批出版了黄宾虹、潘天寿、朱屺瞻、黄秋园、石鲁、李苦禅、吴作人、吴冠中、关山月、黄胄10位画家作品。除老一辈名家外，还陆续出版了近年在创作上富有创新、广有影响的画家作品，例如范曾、石虎、徐希、张广、宋雨桂等的作品。从中各精选数十幅作品，用八开平装的形式出版了《中国近现代名家作品选粹》系列画册，不但受到读者欢迎，而且印数可观，获得了社会效益和经济效益双丰收。

2.《中国摄影家朱宪民作品集》——摄影画册首摘国际大奖

1987年，人民美术出版社开始有计划地出版一批中青年摄影家个人专集。其中，人物抓拍快手朱宪民以"黄河人"为主要拍摄对象的《中国摄影家朱宪民作品集》在1989年的莱比锡国际书籍艺术博览会上获得了铜牌奖，这是中国摄影家画册首次在该奖项中获奖。国际著名摄影大师亨利·卡蒂埃·布列松为该作品集赠言"真理之眼，永远向着生活"。

3.《鸦片战争图画故事》——力挽连环画出版颓势

在经过十年浩劫后，连环画也同其他艺术形式一样，呈现出一派蓬勃的发展态势。北京、上海、天津、河北等几家美术出版社，都把历年来的精品重新再版，同时又组织画家绘制了大量的新作品。一时间，百花竞放，连环画事业一派生机勃勃。但

《中国摄影家——朱宪民作品集》

《鸦片战争150周年教育丛书》

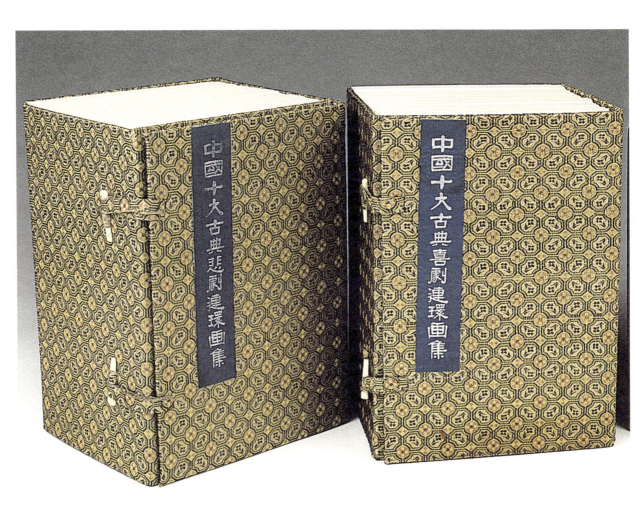

大型连环画册《中国十大古典悲剧连环画集》《中国十大古典喜剧连环画集》

就在这时，随着武侠热的升温，大量非正规的美术出版单位插足连环画出版市场，各种粗制滥造的武侠连环画批量印制生产，造成了供大于求的局面，市场很快达到饱和，造成大量积压，严重干扰了连环画读物的正常出版。

同时，外国的卡通画册也乘虚而入，大量印刷发行，使我国的连环画出版工作腹背受敌。加之电视开始广泛走进家庭，多种因素共同作用导致20世纪80年代中期以后，传统连环画的印数从几百万、几十万急剧下降。1985年，连环画印数几乎在一夜之间降低到几万、几千甚至几百册。连环画出版如同经历了巨大的海啸，开始重新洗牌。许多非连环画专业出版社大都掉头而去，而以出版连环画为传统的美术出版社也纷纷将连环画编辑室撤销或者改出其他书籍。在这个关键时期，人民美术出版社选择逆势而行，分离连环画编辑室，另组建成立了中国连环画出版社。

1990年3月，《连环画报》编辑部和国家教委合作编辑出版《鸦片战争150周年教育丛书》24开本连环画，其中《鸦片战争图画故事》印数达40万册，创连环画册从低谷期走向复苏期的最高记录。同年，人民美术出版社还编辑出版了《中国十大古典悲剧连环画集》《中国十大古典喜剧连环画集》大型连环画册，初版印数达到1万套。1995年，人民美术出版社以《爸爸妈妈读过的书》为题，选择以20世纪五六十年代产生过广泛影响的连环画为内容，分国内、国外题材两大类，再版了一批内容健康、深受小读者欢迎的连环画，共印制了15000套。此后，随着"连藏"的悄然兴起，一些有价值的老版连环画被陆续挖掘整理，又掀起了一轮再版热潮。可以说，无论在连环画的繁荣时期，还是处于谷底的艰难时期，人民美术出版社都始终以弘扬中华民族传统艺术为己任，肩负理想，矢志不渝地崛崛前行。

4. 京版年画——从"大众"转向"小众"

年画自古以来就是我国特有的、吉庆祥和并深受百姓喜爱的民间艺术品，但随着人民经济水平和文化素质的提高，居住条件的改善，影视、音像普及到千家万户，改变了过去单调的文化生活，年画不再是独领风骚的增添节日气氛、美化环境的文化需求品。

20世纪80年代，年画在全国的发行量仍有8亿张之多，但多为各省美术出版社为满足本地需求而印制的。苏州桃花坞、天津杨柳青等地年画出版依然繁荣，但作为没有自身基地的京版年画，印数每况愈下。加之受市场经济的驱动，以及年画发行主渠道经营观念和人为等因素，到20世纪90年代初，人民美术出版社不再组织全国性或地区性的年画订货会，且由于自身很难自产自销，出版的年画印量也大为减少。这种变化来自于大众对年画日用需求的减少，节日角色的弱化在一定程度上影响了年画的印量。但在日渐升温的年画收藏市场上，作为中国民间的艺术瑰宝，年画早已为中外收藏者所珍爱，清末的《三星图》就已拍卖到12万元之高。

5. 宣传画——完成时代使命

对于宣传画的出版，在建国初期和"文革"时期，人民美术出版社曾有过辉煌的时期，许多宣传画在全国范围内有过极大的影响。80年代中期，为配合全国妇联和民政部门工作，人民美术出版社编辑出版了《创造祖国美好的明天》《联合国国际妇女十年——平等发展和平》《全国工业普查》《残疾人》等宣传画，还曾配合中华全国总工会、共青团中央、中国妇联的工作，联合编辑出版中央工艺美术学院青年美术家创作的《中华腾飞》（10幅）系列宣传画，是新时期宣传画中比较突出的佳作。

进入多元化的信息时代以后，宣传画的需求日渐减少，创作和出版也渐退主流，但宣传画作为一种艺术形式，在特殊的时代发挥过重要的作用，将被历史永久地记录下来。

《中华腾飞》宣传画之一《农村改革　形式喜人》 邵立辰

三、美术教材出版

建国后很长一段时间，我国的中小学教材一直由中宣部、教育部主管，人民教育出版社编写、出版。这种出版体制对建国初期恢复中小学正常的教学秩序，起到了重要的作用。但是，随着时间的推移，尤其是改革开放以后，统一的教材出版体制已经不能适应我国教育的发展需求。

1986年9月，全国中小学教材审定委员会成立大会在北京召开。会上，原国家教委进一步明确了"一纲多本"的中小学教材编选原则，即全国统一教学大纲，各地、各单位或个人均可编写教材，经

全国中小学教材审定委员会审查通过后，可向全国推荐，由各地选择使用。这一方针政策逐渐改变了一种教材"一统"大半个中国的局面，促进各地积极探索进行教材多样化的改革。

人民美术出版社在20世纪70年代末就编辑出版了建国后第一套小学美术教科书，80年代初又统编全国美术教材，在教材出版方面具有传统优势。80年代中期，随着教材多样化的政策出台和素质教育的提出，不少地方美术出版社都有了编写教材的积极性，教材市场开始出现竞争的局面。在这种形势下，人民美术出版社增强了教材编写力量，以不断进取的精神，使教材编写更具创新性，从而保持先

导地位。这一时期，人民美术出版社重新编写了《小学美术课本（普及版）试用本》《中学美术课本（普及版）试用本》。90年代初，又依形势所需，率先编辑出版了《高中美术教材》，并经教委通过，向全国推广使用。可以说，人民美术出版社的美术教材经历了从单一到多元的发展历程，先后出版了从小学到初中、从高中到中等师范学校，从统编教材到具有地方特色的教材等等。人民美术出版社教材以科学合理的编写内容、精美的设计和印刷，深受广大师生的信任和推崇，在美术教材领域具有一定的权威性。

此外，有别于其他美术出版物，一套好的教材一经出版就需要有与之相匹配的师资力量。师资队伍不规范、水平不齐，对教材的理解和讲授肯定也存在难度，达不到很好的授课效果。为此，人民美术出版社还配合教材的发行，组织了各级各类的培训班，请专家对各地教研员和授课教师进行多方面的培训，以普及美术教育、提高教学质量为己任，领跑美术教材出版。

四、美术期刊出版

此时期的美术期刊，既有面对国际化的探索，也有面对市场的自我调整，更有新秀的加入。

1.《连环画报》初试国际版

1986年，《连环画报》的年均出版数量以上千万计，考虑到满足海外同胞和国际友人的需要，人民美术出版社与香港中华出版有限公司、中国广告有限公司决定联合出版中英文对照的16开规格的《连环画报》国际版。

国际版创刊号以中（繁体）、英两种文字配发，充分体现出画报国际化的特色，使更多的外国读者通

《连环画报》国际版

过画报了解中国独有的连环画艺术。中文的使用有两层意思：一是广泛面向海内外华人，让国际版通过华人的影响而走向世界；二是对外国人学习汉语大有益处。可谓考虑周到，用心良苦。国际版在香港制版印刷，保证了最上乘的印制质量，首印便一销而空，但遗憾的是，国际版最终遭遇了"夭折"。当时，中国改革开放方兴未艾，因为受到仍旧存在的极"左"思想的影响，只出版了这一本"创刊号"，就不幸夭折，只能待来日再整旗鼓了。

2.《中国中小学美术》创刊

在我国改革开放步伐加快的1992年，为配合中小学美术教学和"素质教育"，人民美术出版社创办了《中国中小学美术》杂志，从而使约两亿中小学生和近十万美术教师有了自己的基础美术刊物。杂志着重于研讨基础美术教育，总结全国美术教学的理论、教育方法和交流教学经验；服务于学生和美术教师，理解基础美术的教学与创作；回答同学和教师提

《小学美术课本（普及版）试用本》

出的各种美术问题，提高教师的教学能力和水平；展
示各地学生优秀作品，介绍各地的美术教学成果；随
时向朋友们反映国外、境外美术教育发展状况。《中
国中小学美术》现已成为学生增长美术知识、培养和
发展美术才能的艺术苗圃，成为美术教师研究美术学
科教育、交流经验的艺术园地。

3. 《版画世界》变身《中国版画》

　　1983年在人民美术出版社创刊的《版画世
界》，是一个瞭望世界版画的窗口。它大量介绍
日本和欧美地区的版画，促进中外，特别是中日
版画的交流，对国内画家了解外国版画起了很大
的作用。1993年，《版画世界》改名为《中国版
画》，仍然在人民美术出版社出版。改刊后办刊
宗旨有所调整，不是以介绍外国版画为主，而是
郑重介绍中国版画家的优秀成果，突出宣传中国
版画家的创作，成为一个专业性更强、更具有中
国民族性的刊物。

《中国版画》1993 年创刊号

4.《漫画大王》应运而生

20世纪90年代中期，国内漫画图书市场一度被内容不佳、质量低下的盗版日本漫画占据。为了振兴本土漫画，给孩子们提供健康的新型漫画作品，1995年，中宣部和国家新闻出版署联合启动了"五一五五"动画出版工程，即力争在两三年内建立5个动画出版基地，重点出版15套大型系列儿童动画图书，创立5个动漫刊物。1996年1月，《漫画大王》应运而生。

创刊伊始，《漫画大王》就把思想性放在首位，坚决杜绝低俗粗陋、消极负面的内容，高雅而不说教，轻松而不轻浮，幽默而不低俗，避免对青少年读者造成视觉污染和不良影响，保证刊物思想性与艺术性并重。《漫画大王》在树立自身风格方面，也有过痛苦的经历。创刊之初，《漫画大王》

刊载的多以日式漫画风格为主，其特点是画面连续性强、叙述流畅，一度取得了不错的发行效果，但是在其后的发展中，由于缺乏好的作品和鲜明的风格，《漫画大王》在与同类刊物的竞争中处于尴尬地位，发行量仅万册左右。

1998年，适逢人民美术出版社、中国连环画出版社、荣宝斋三家单位重组为中国美术出版总社，《漫画大王》与原隶属于中国连环画出版社的《少年漫画》风格、定位近似，形成了相互竞争的局面，进一步陷入困境。为了保证刊物质量，《漫画大王》进行了休刊调整。复刊后，《漫画大王》改变了之前以故事漫画为主的风格，转而以幽默漫画为主，主要刊登四格漫画作品。复刊后的试刊当期就发行了两万余册，得到了市场的认可。

《漫画大王》

第三节　丰富多样的国际出版交流与合作

　　文化的交流总是能够率先突破时代的坚冰。进入20世纪80年代以后，人民美术出版社率先与台湾出版界同仁合作，联合出版《中国美术全集》海外版，使两岸同胞在"三通"之前就试水文化产业合作。同时，人民美术出版社又积极与日本、苏联、新加坡、比利时等国的出版单位接触，通过版权贸易、合作出版、联合办展、参加国际研讨会等方式，活跃在国际出版舞台，并始终在中国出版"走出去"的队伍中走在前列。

一、各类书展与学术交流

1. 香港首届"中国书展"

　　1985年12月12日到22日，新中国成立以来规模最大的书展在香港展览中心隆重举行。这次"中国书展"由中国出版工作者协会和三联书店、中华书局、商务印书馆香港总管理处联合举办，参展的出版机构包括内地的29个省、自治区、直辖市和中央有关出版单位共240余家，期刊杂志社100余家，共展出图书、杂志28000种，包括中外文图书、杂志、画册、教科书及木版水印画、宣传画、年画、明信片等。

　　人民美术出版社在这次展览中共参展图书300余种，并向参观者提供了一批画家签名的特印本、珍藏本画册。在书展现场，北京荣宝斋和上海朵云轩的技师还现场表演了木版水印画的印制过程。这次书展在新中国出版史上是规模空前的，我国出版代表团与我国的香港、台湾、澳门及来自世界各地的出版同行共同探讨发展出版事业的大计，建立和加深了我国与各地出版同行的友谊。

　　此外，人民美术出版社还积极参与了如中国台湾"大陆书展"、中国香港书展、新加坡世界华文图书展览、日本东京国际图书博览会、法兰克福书展等多个世界性的图书博览会，在走出国门、走向世界的道路上大步前进。

2. 法国"国际美术设计大会"

　　"一本书如果没有封面，不经过装帧，
就像一个人赤身裸体——没穿衣裳。
作者给书以生命、智慧、思想……
我们来为它设计形态，配上合适的服装。"

　　这是著名书籍装帧艺术家、人民美术出版社编审曹辛之在1985年12月发表在《人民日报》上的《装帧工作者之歌》中的诗句。书籍的装帧设计是图书出版工作的重要部分，尤其对于美术类图书来说，"看书看皮"，其要求自然更高。人民美术出版社的图书装帧设计工作一向走在艺术类图书设计的前列，有一批热爱装帧事业的老同志，如曹辛之、陈允鹤、曹洁、李文昭、邵景濂等，他们设计的图书作品多次在国际上获得荣誉。

　　1985年8月，人民美术出版社编辑曹辛之代表中国出版工作者协会参加在法国尼斯举办的"国际美术设计大会"，并在会议上介绍了我国书籍装帧形式的演变和现代书籍装帧工作的情况，同时结合讲稿内容放映了幻灯片，其演讲受到了与会代表的热

《中国历代绘画——故宫博物院藏画集》

烈欢迎。英、法、比利时等国家的代表还表示要复制幻灯片的内容，受到极大的关注。

3. 承办首届"全国优秀美术图书奖"评选

1991年，受新闻出版署委托，人民美术出版社筹备、承办了首届全国优秀美术图书评奖活动。这次活动是新中国成立以来的第一次，是美术出版界的一次盛事，目的是展示改革开放10年来中国美术出版事业所取得的丰硕成果，进一步促进美术出版物质量的提高。共有71家出版社送评了1168种美术出版物，评出267种获奖图书。

人民美术出版社的《中国美术全集》《中国古代木刻画选集》《中国历代绘画——故宫博物院藏画集》获得特别奖，此外还获得金奖4种、银奖9种、铜奖14种。同时，还举办了"'91全国美术图书展览会"和全国美术图书展销订货会，增进了出版社与编者、读者、市场的全面了解和合作。

4. 丰富多彩的联合办展

利用出版社与画家及各国艺术领域的良好关系，人民美术出版社举办了形式多样、内容丰富的展览活动，在图书出版之外进行更加多元的艺术交流，既促进了品牌建设，又结交了新朋友。这些展览和交流活动为我国民族艺术的繁荣做出了积极的贡献。

1986年1月，人民美术出版社和日本每日新闻社在东京等地合作举办中国画、版画展，邵宇率团参加开幕式活动。同年9月，沈鹏赴瑞典参加中国书法艺术展开幕式。1987年5月，人民美术出版社、文物出版社和日本讲谈社在中国美术馆联合主办"中日合作出版摄影展"。1989年9月21日至10月11日，人民美术出版社和苏联行星出版社在莫斯科联合举办中苏合作出版摄影艺术展，并应邀赴苏参加开幕式和交流活动。

首届全国优秀美术图书奖评奖初评会议

首届全国优秀艺术图书奖颁奖大会

二、与多国开展出版合作

继改革开放之初，与日本合作出版《中国的旅行》之后，进入20世纪80年代中期的人民美术出版社在对外交流与合作出版方面具备了更加成熟的经验，前进的脚步更加自信。这一时期与多国出版社建立了良好的合作关系，出版物的选题日益丰富，对外传播效果更加显著。

1987年，人民美术出版社与苏联阿芙乐尔出版社签署协议，合作出版《苏联藏中国民间年画珍品集》，这是人民美术出版社首次与苏联出版社开展

文化出版领域的合作和交流。同年，人民美术出版社还与苏联行星出版社签署协议，以交换出版对等方式合作出版《中国》（行星版）、《苏联》（人美版）摄影画册。画册内容由各自在对方国家中挑选十个城市拍摄的资料编成。苏联领导人1989年5月访华时，将苏联编辑出版的《中国》画册赠送给邓小平同志。江泽民总书记访苏时，将人民美术出版社出版的《苏联》画册赠送给苏联领导人。《苏联》还获得了第一届全国优秀图书铜牌奖。

此外，人民美术出版社还与英国牛津大学出版社合作出版了《穿过月洞门看中国》，与法国纳坦出版社

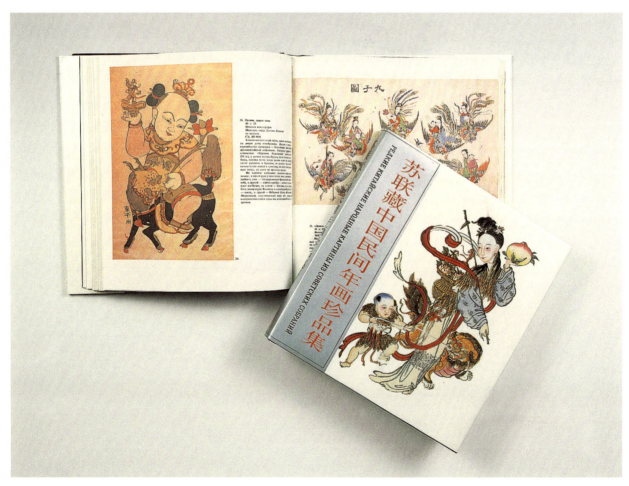

与苏联合作出版《苏联藏中国民间年画珍品集》

《苏联》画册书影

《苏联》画册编辑组在选片

邵宇与第一位来大陆访问的台湾出版界客人吕石明

合作出版了《中国》摄影画册，与新加坡胜利私人出版有限公司合作出版了连环画《民间神话故事》，与中国台湾汉光文化事业股份有限公司合作出版了彩色连环画《中国古代神话故事》和《中国童话精选》《世界童话精选》，与中国台湾锦绣文化企业合作出版了《中国佛教雕塑艺术》，如此等等，不胜枚举。

三、美术出版"走出去"的典型案例：《中国美术全集》的海外出版

　　辞典和大型画册是图书出版领域的两大"贵族"。《中国美术全集》自1984年首卷出版以来就受到海内外的广泛关注，以它的"典雅气质"赢得

了极大的赞誉。人民美术出版社也在一直思考如何把《中国美术全集》推广，让这部"民族出版的纪念碑"走向世界。

　　恰逢1988年秋，台湾出版界第一位来访者——台湾锦绣文化企业总经理吕石明先生绕道日本来到祖国大陆，以访问画家的名义与邵宇先生会晤。他被《中国美术全集》的魅力所吸引，当即与人民美术出版社探讨合作出版《中国美术全集》中文繁体版的意向。双方本着同为炎黄子孙、共负继承祖国艺术遗产和弘扬中华民族优秀文化之责的初衷，坚持互利原则，发挥优势互补的作用，真诚相待，使谈判进行得很顺利。很快于1988年9月，由人民美术出版社田郁文社长代表编委会与锦绣文化企业以设在香港的GENTY（真谛）代理机构为名，正式签署了合作出版《中国美术全集》60

卷中文繁体版的协议。这是海峡两岸首次合作。在两岸还没有实现"三通"的情况下，人民美术出版社与锦绣文化企业协力克服困难，诚意弘扬民族文化。整套书于1990年底如期完成，受到台湾读者的热烈欢迎，他们纷纷争购，先睹为快。首批3000套很快销售一空，后于1993年又再版1000套。双方不但在经济效益和社会效益上获得了双赢，更重要的是促进了两岸的文化交流，传递继承了民族文化精华。

四、首次版权贸易造就《机器猫》热

20世纪80年代是我国改革开放日益深入的年代，也是文化出现多元与宽容的启蒙年代。人民群众的物质生活水平不断提高，彩电、音响等高档家电也已进入千家万户。随之而来的是人们对文化的需求愈加迫切和多样化，大量的电影、电视剧、动画片等外来影视作品涌入中国市场，并与中国传统的出版文化产生了激烈的碰撞与较量。在传统连环画走入低谷的困难时期，人民美术出版社把目光投向了日本连环漫画，编译了当时并不为国人所知的《机器猫》。

当时，日本漫画在中国还是新鲜事物，在出版社的选题会上，很多人并不看好《机器猫》的出版前景，更有人认为这种连环漫画图文混乱，中国读者很难接受。最后，在"不妨一试"的想法下，于

田郁文与台湾锦绣出版社吕石明签署协议

"80后"的记忆——机器猫

1987年3月份出版了《机器猫——奇怪的雨伞》和《机器猫——未来世界的怪人》两本。令人意想不到的是，《机器猫》系列图书一经出版，便迅速走俏大江南北。漫画中演绎出的一幕幕幽默有趣的故事，获得了国内广大少年儿童的喜爱，形象天真可爱的机器猫也成为了他们的好朋友。1993年，人民美术出版社与日本小学馆、日本旭通讯社签署购买《机器猫》系列卡通连环画版权协议书，正式开始翻译《机器猫》43卷全本。这是我国加入《伯尔尼公约》和《世界版权公约》后，第一次按照国际惯例通过版权贸易的形式使用外国版权作品。

此后，《机器猫》接连出版，销售量节节攀升，甚至供不应求，不断再版加印。当时的人民美术出版社曾出现过空前的销售盛况，门前车水马龙，院内挤满想要购买《机器猫》的书商。这部在中国出版业少儿读物类图书中占据重要地位的连环漫画，在传统连环画暂时不景气、少儿读物青黄不接的时候，力挽了少儿读物出版的颓势，创造了销售量近千万册的可喜成绩，催生了一股"机器猫热"，它也最终成为老少咸宜的畅销书和常销书。

从更大的意义上讲，《机器猫》的出版标志着人民美术出版社最先从日本引进了连环漫画这种新的艺术形式，并在中国开创了连环漫画的先河，为我国出版业的少儿读物出版打开了一个全新的艺术领域，谋求了新的发展空间，并拉开了新时期中国动漫事业的序幕。

第四节　电子出版的探索与初兴

　　我国电子出版物起步于20世纪80年代中期。最初是一些拥有计算机设备的公司主动研发，其载体也仅限于光盘。90年代以来，一些图书出版社，特别是科教类出版社，根据出版业发展的需要，经新闻出版署批准，也先后积极开展电子出版业务。1992年8月，中国水利局文献出版社成功地试制出我国第一批专利文献CD-ROM光盘。从此，电子出版逐渐在我国起步并迅速发展。由于美术出版物本身具有适合发挥多媒体技术的特点，人民美术出版社也于此时开始关注电子出版物的开发工作，并走在了同类出版社的前列。

一、开拓电子出版

　　20世纪90年代初期，《中国美术全集》（古代部分）60卷完成后，社会反响很大，于是当时人民美术出版社就有了借助高新技术手段，推广普及这套图集的设想。这个想法得到了原国家计委发展司的支持。不久，出版社就得到了80万元的拨款，用作《中国美术全集》（古代部分）60卷电子版的前

北京银冠电子出版有限公司的音像制品

《世界文化遗产·故宫》光盘版

期开发。遗憾的是，经过近两年的试制，最终因效果不佳难以为继。总结经验，其中最大的制约是出版社的体制限制了高新技术人才的引进。于是，转变管理体制摆上了出版社的议程。

1996年初，人民美术出版社决定与北京银冠电子科技公司进行合作，以出版社出资源、银冠公司出技术的方式，继续谋求纸质出版物与多媒体电子出版物的综合开发和有效转换。北京银冠电子科技公司成立于1993年4月，成立的目的是希望通过运用光盘电子图书这一技术手段，解决中国的图书馆建设和发展问题。在1996年7月的"中国出版成就展"上，由人民美术出版社和银冠公司共同制作的CD-ROM光盘《乡土瑰宝》、《西游记》、《中国历代艺术》（全10盘）、《中国民间美术》（全10盘）与观众见面。多媒体的音乐、可交互的画面，吸引

了大量观众和业界同行。国家领导人也驻足观赏，并给予了肯定和支持。

1998年4月，经新闻出版署批准，"北京银冠电子出版有限公司"正式成立。该公司在与人民美术出版社的合作中，制作出版了一批优秀的电子出版物，其中最为著名的就是在国际上首次获得大奖的《世界文化遗产·故宫》。

二、《世界文化遗产·故宫》获国际莫必斯奖

设立于1992年的莫必斯多媒体光盘国际大奖赛，是由欧共体和国际多媒体协会共同主办的，旨在推动多媒体技术和世界文化的交流与发展，注重鼓励作品

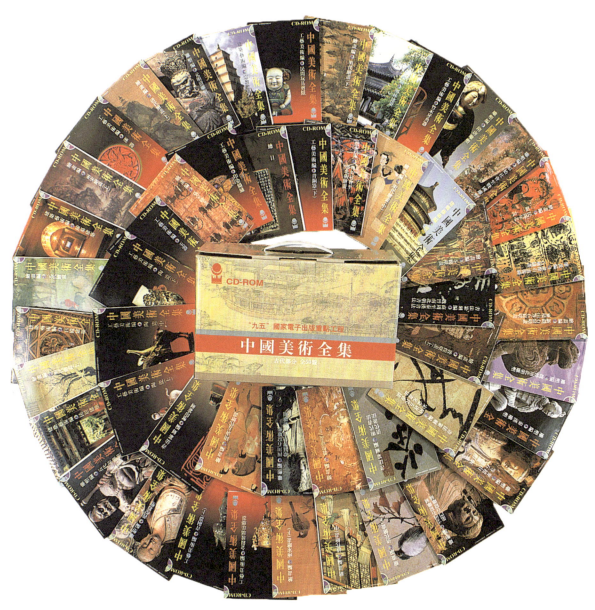

《中国美术全集》光盘版

的新选题、新创意、新技术，同时也重视作品的艺术性、民族性，为世界各国研究、制作、出版、发行多媒体光盘的人士提供一个观摩学习的窗口，举办地为法国巴黎。走上国际舞台，参与莫必斯奖的角逐，一直是我国电子出版界的一个目标。

1997年5月，人民美术出版社和银冠公司共同编辑，联合制作，精心策划了《二十四式太极拳》和《世界文化遗产·故宫》两个选题参加第六届莫必斯大赛。最终，《世界文化遗产·故宫》以其特有的魅力获得了大赛五个奖项之一的"评委特别奖"，成为我国电子出版物在国际大赛中首次获此殊荣的作品。该多媒体光盘共收录了近五百幅精美图片，以"导游"的方式结合动静穿插、音乐效果、超文本等功能，实现了对故宫的建筑艺术、馆藏珍宝、帝后生活三个方面的生动介绍，不仅集中体现了中华民族历史文化的精髓，具有典型的东方建筑特征与完美的艺术特色，还展示了改革开放后的中国出版界锐意创新的精神风貌。为此，莫必斯大赛的组委会还破例为第一次走上多媒体大赛领奖台的中国人准备了一份特殊的礼物——一瓶储藏了30年的法国波尔多红酒。

三、出版《中国美术全集》光盘版50盘套装

1998年3月，在经过多年的努力和尝试之后，被列为"九五"国家电子出版重点工程的《中国美术全集》（古代部分）光盘版终于得以问世。这套大型光盘仍然是由银冠公司和人民美术出版社共同开发制作的。为保证光盘版的制作质量，银冠公司投入了上千万元的资金。光盘所用图片均是从各出版社调出原片，以高分辨率扫描而成的，经过调色、校正等程序，高度保持了原作的真实性。图版说明在按图集文字录入计算机后，再打印成稿，经过三校后录入光盘，不仅确保了光盘版的准确无误，而且补正了原书在文图方面存在的个别疏漏。光盘版不但将原书辑入的一万余张图片尽收其中，而且充分发挥了多媒体的优势，设置了背景音乐与声音解说，增加了图片放大与浏览功能，设置了超文本检索。《中国美术全集》光盘版的出版为我国方兴未艾的电子出版百花园又增添了一枝绚丽的奇葩，并且在首次"国家电子出版物奖"评选中，获得国家电子出版物奖荣誉奖。

从1985年人民美术出版社机构调整，到1997年出版体制改革之前，这一时期的人民美术出版社发展日益成熟，形成了专业出版、创作出版、教材出版、期刊出版四个有机板块，格局清晰，自成体系。出版了在大批多种门类的优秀作品，满足了国内各层次读者对美术图书的需求。在国际交流中，人民美术出版社以参加书展、举办艺术展览、版权贸易等多种形式，更加自信地发挥自身优势，进行灵活深入的交流合作。值得一提的是，人民美术出版社在我国出版行业中较早地参与电子出版，不甘人后地探索着信息时代的传统美术出版新出路。

第六章
抓住机遇　做大做强
1998—2011

从改革开放后的逐步恢复到1985年改制后的大胆前行，人民美术出版社经过了20年的稳步发展，已经为迎接新世纪更大的挑战和使命做好了充分准备。处于世纪交替时期的人民美术出版社，似乎也注定要经历更多的变革与调整，也将要担负更多的责任与重托。中国美术出版的先行者和领军者，在新时期将迎来更大的机遇与挑战。

世纪末的中国出版业，做大做强的呼声已经开始转为现实的行动，集团化已不再仅仅是一个口号，而逐步成为出版业内部裂变重组的中心和重点。美术出版也不例外。

第一节　做大做强的美术出版

　　从中国美术出版总社的组建，到成为中国出版集团的一员，"做大做强"方针指导下的美术出版，获取了一个又一个发展的广阔平台，而随之有关的改革与调整，也在有条不紊地进行。

一、"造大船"：成立中国美术出版总社

　　1997年1月的全国出版局长会的中心议题，就是新闻出版如何加快改革步伐、如何"造大船"。当时，上海、辽宁、吉林等省市已在酝酿集团化发展的改革方案。这对于人民美术出版社等总署直属的二十多家出版单位来说，挑战已经明显地摆在了面前。当年5月，一个经署党组批准的三家美术出版社单位——人民美术出版社、中国连环画出版社和荣宝斋重组筹备组成立了。

　　1997年9月的"十五大"报告也明确指出了要"对国有企业实施战略性改组，以资本为纽带，通过市场形成具有较强竞争力的跨地区、跨行业、跨所有制和跨国经营的大企业集团"。李岚清同志视察新闻出版署时也指出："新闻出版业的改革，就

人民美术出版社、中国连环画出版社、荣宝斋三单位重组后，新闻出版署领导与三单位新老领导班子成员合影

是要以提高集约化程度为重点，上了规模就有竞争力，注意应从法律、经济和行政手段三结合的角度来考虑怎样进一步推动联合和集中。这样，新闻出版业就能走上正轨。"在这样的时代背景的召唤下，美术出版的"大船"已经开始打造起来了。

1998年4月6日，新闻出版署下发《关于同意人民美术出版社、中国连环画出版社、荣宝斋出版社重组改革实施方案的批复》，根据此文件精神，三单位重组成立了中国美术出版总社。署党组任命郜宗远为董事长，迟乃义、刘玉山、张均康、程大利为副董事长，张友元、徐世斌、叶水旺、马五一、王铁全为董事。根据人〔1998〕348号文件，三单位重组后，中国美术出版总社所属人民美术出版社原有性质不变，具有法人资格，荣宝斋出版社、连环画出版社为人民美术出版社副牌社。同时，新闻出版署党组决定，郜宗远任人民美术出版社社长，刘玉山任总编辑，程大利和迟乃义任副总编辑，张友元任副社长，叶水旺任人民美术出版社工会主席。

历时一年的三单位资产重组工作，跨越了观念、体制等各方面的障碍，终于以"中国美术出版总社"的成立而宣告圆满完成。但人美人深知，大戏台搭起来后，内部诸多头绪十分繁杂，仍有许多亟需解决的问题。继续深化内部的改革，则是摆在他们面前更大更长期的任务。

二、成为"中国出版集团"的重要一员

中国美术出版总社的成立，只是"造大船"的第一步。在中国出版业做大做强的通盘棋局中，还有更大的一步棋局运势而发。2002年4月，中国出版集团成立大会在人民大会堂举行。下属的商务印书馆、中华书局、三联书店、人民文学出版社、中国美术出版总社、人民音乐出版社、中国大百科全书出版社等13家大型署直单位，拥有员工5000多人，总资产约50亿人民币，2001年销售收入约25亿人民币。

由党中央、国务院批准组建，由中宣部直接领导，新闻出版总署实施行业管理的中国出版集团，正是中国出版业适应新形势要求，深化出版改革，加快产业发展的一项重大举措。集团属于事业性质，实行企业化管理。集团实行党组领导下的管理委员会负责制。集团成立后，将在两到三年时间内完成内部资源整合、结构调整和业务重组，形成有效的资本积累和规模经营，力争早日建成主业突出、实力雄厚、管理科学、效益一流的大型出版集团。

2004年3月，国函〔2004〕22号《国务院关于中国出版集团转制为中国出版集团公司并授权管理国有资产等有关问题的批复》下发新闻出版总署，指示："同意将中国出版集团转制为中国出版集团公司。国家工商总局依照有关法律法规对中国出版集团公司进行企业法人登记。中国出版集团公司以资产为纽带，对所属企业依法实行资产或股权管理，保障所属企业经营自主权，鼓励有优势的出版、发行企业通过市场方式组建有竞争力的运营主体。中国出版集团公司及所属企业要按照'产权清晰、权责明确、政企分开、管理科学'的要求建立现代企业制度，自主经营，自负盈亏，照章纳税。中国出版集团公司内部事业单位转为企业。"

"肩负着建设先进文化和参与国际竞争的双重历史使命"的中国出版业的"航空母舰"终于出航了，而随之而来的改制和内部调整，则为"航空母舰"更好地航行于全球出版业而积蓄能量。这其中，作为重要成员的中国美术出版总社，也同样能够深切地感受到这双重历史使命的分量。

三、中国美术出版总社"五社一中心"格局的形成

中国美术出版总社成立后，经过短暂修整，继续开始深化内部改革，从而逐步形成了"五社一中心"的内部格局。"五社"即人民美术出版社、荣宝斋出版社、连环画出版社、朝花少年儿童出版社和报刊社五家出版部门，"一中心"则是教材中心。除此之外，还有"一斋"（荣宝斋）和"一院"（荣宝画院）。

这一格局的形成，不仅是中国美术出版总社内部管理体制改革的核心成果，更是其在新形势和新机遇下自身资源的有效配置和调整过程。"五社一中心"的格局，是人民美术出版社经过50年的发展逐步积淀而形成的，它进一步明确了中国美术出版总社的专业出版优势，并给予每一专业出版板块以独立、有效的运作平台，有利于提高出版效率和两个效益。至2002年，此项改革才全面到位。之后的中国美术出版总社，规模效益逐步显现出来，各类美术图书的全国市场占有率不断提升。

而2008年根据新形势下总社的发展要求，荣宝斋分立，"五社一中心"的格局被打破。

四、集团化改制下人民美术出版社的经营管理

中国美术出版总社的成立、集团的创建，都给人民美术出版社在新世纪的发展提供了更加广阔的平台，同时也带来了崭新的课题和挑战。为适应新形势、新角色和新属性而进行的内部经营管理方面的变革，是人民美术出版社迈入新世纪时首先必须要进行的。

1. 内部的机制改革

在中国出版业的整体调整和改革的背景下，在中国美术出版总社和中国出版集团的内部调整和机制改革的带动下，人民美术出版社的机制改革势在必行。

2001年10月，部宗远社长主持召开社委会，研究审定《总社改革方案》。2002年1月，开始研究落实总社改革方案有关事宜。5月，总社实施责任制改革：吴本华任人民美术出版社图书出版中心总编辑助理；张建平任荣宝斋出版社总编辑；刘延江任置连环画出版社总编辑；汤锐任朝花少年儿童出版社总编辑；林阳任中国美术出版总社报刊社总编辑；欧京海任中国美术出版总社教材中心主任。

2008年，根据中国出版集团的重组计划，荣宝斋和中国美术出版总社分立后两者将各自独立改制上市。2009年分立工作结束后，根据集团改制上市的要求，中国美术出版总社的改制上市工作也加快了脚步。

2. 管理的变化和调整

机制改革的同时，内部的出版管理和控制也在进行。近年来，人民美术出版社在图书质量管理、选题策划和论证、编辑岗位责任制、发行绩效考核、资金预算与运行等方面都进行了一定的探索和调整，以进一步适应整体机制改革的要求。

2002年7月，社委会讨论通过《中国美术出版总社图书质量管理暂行办法》《中国美术出版总社自费书出版管理规定》《中国美术出版总社样书管理办法》《中国美术出版总社出版单位干部电话费补贴暂行办法》等文件。2004年3月，人民美术出版社图书出版中心成立选题论证委员会，对各编辑部提出的选题进行统一论证。2006年4月至5月，为加速出版发行体制的改革，适应中心资金预算和经营管理工作的需要，《人美图书出版中心出版发行部实行内部独立核算办法》《2006年编辑岗位责任制实

中国美术出版总社邵宗远董事长主持召开工作会

施细则》《人美图书出版中心2006年资金预算及资金运行暂行办法》先后下发执行。

3. 经营领域的扩展与合作

人民美术出版社其实一直都在积极地利用有效的资源探索经营领域的扩展与跨地区的合作,改革开放后与深圳合作经营"朝花书画社"一举就是有力证明。而新的出版平台的搭建,特别是现代信息技术对出版业的影响也使得人民美术出版社的经营范围不断扩展。在原有的电子出版业务和资源的基础上,人民美术出版社采取与业外有技术优势的电子科技公司合作的方法涉足电子出版领域。1998年,新闻出版署下发批文,同意人民美术出版社与北京银冠电子科技公司合办"北京银冠电子出版有限公司"。人民美术出版社任命吴本华为公司总编辑、文永利为公司总经理。选择与科技公司合作而非自己独自涉足电子出版的方式,其实是人民美术出版社审时度势、充分认识自身优势和资源的一种经营策略体现。由人民美术出版社提供内容、科技公司负责技术的资源配置方案更有利于双方优势的发挥,以达到优势互补的效果。

除此之外,在美术印刷方面也实现了跨地区的经营合作。2001年5月,与山东新华印刷厂合资创办的"北京燕泰美术制版印刷有限责任公司"正式投入运营,经营领域得以逐步扩展。

4. 人事制度、绩效考核等的调整

企业内部改制还体现在人事制度和绩效考核方

中国美术出版总社

面的变化。2007年3月，《编辑岗位责任制实施细则补充规定》施行，将选题策划、计划执行纳入2007年绩效考核范围。2008年，根据中国出版集团中版工字［2008］3号文《关于"中央直属机关在职职工（会员）重大疾病互助保障计划"》精神，总社工会为职工（会员）办理了参保的相关手续，并开始落实《关于建立和完善职工代表大会制度的实施办法》《劳动争议调解委员会工作规则》及《关于深入开展建设职工之家活动的意见》等文件。2009年2月，总社社委会讨论通过了总社组织机构设置、《关于中层管理人员竞聘上岗通知》《关于中层管理人员选拔聘任办法》，并成立"总社考核领导小组"和总社工会职代会。2009年5月，成立了"中

国美术出版总社临时劳动争议调解委员会"，并通过了《中国美术出版总社待岗员工暂行管理办法》《中国美术出版总社员工内部退出工作岗位暂行办法》。

至2009年上半年，总社完成了内部机构重组、中层干部竞聘上岗和全员聘任工作，完成了总社工会小组长的改选和职代会的筹建工作。2010年11月，总社首届工会会员代表大会召开，会议选举产生了新一届工会委员会主席、副主席、委员以及工会经费审查委员会主任、代表等人选。同月，还召开了女工会员代表大会，并成立了女工委员会。

第二节 新平台上的美术出版

经过集团改制和出版社机制改革、机构调整和经营管理的变革后，人民美术出版社的发展获得了新的平台和机遇，出版重点集中在教材出版和专业出版方面。

一、教材出版与推广

教材对于一个国家的国民教育和民族意识的培养具有十分重要的意义，教材建设则是关系到国家的学术研究水平和国家的教学质量的重要工程。美术教材的建设对于国民美育水平的提升和国家艺术研究水平发展的作用是显而易见的。而且，教材出版作为出版业的重要组成部分，因其良好的社会效益和可观的经济效益，一直深受出版社的青睐。美术教材的建设和出版工作，既得到了国家层面的重视和支持，同时也是美术专业出版社应尽的职责和应担负起来的历史重托。

改革开放以来，人民美术出版社一直都非常重视美术教材的建设，尤其强调教材的编辑、出版和发行推广环节的系统性和统一性。美术教材出版逐渐成为社里的支柱产业，并呈现出了"教材出版多

2010 年中国中小学美术教育研讨会

层次，发行推广多样化"的特征。进入新世纪之际，伴随着国内教育理念的发展与变革，美术教材的出版工作也将面临新的要求和挑战。

1. 基础教育美术教材

在步入新世纪之前，国内教育界对"未来新世纪需要什么样的人才"和教育的走向展开了讨论。1999年6月13日，国务院《关于深化教育改革全面推进素质教育的决定》颁布，教育部的课程改革工作也开始启动，人民美术出版社积极响应，并参与了《义务教育美术课程标准》的研制工作。2001年，教育部颁布《基础教育课程改革纲要》和《义务教育美术课程标准》，并采用招投标形式组织编写与之配套的美术教材。人民美术出版社编写的《义务教育课程标准实验教科书（实验本）》，以先进的教学理念和精美的图文编排一举中标，并于2001年顺利通过全国中小学教材审定委员会初审。该套教材凸显

美术的人文性，注重学生文化背景学习的拓展，并对新世纪公民必备的美术素养进行了探讨。该套教材于2006年出齐，共18册。

1999年，北京市先于国家教育部研究启动"北京市21世纪基础教育美术实验教材"，随后出台了《北京市21世纪基础教育课程改革实施方案美术课程标准》。在此《标准》指导下，人民美术出版社与北京教育科学研究院合作，从2001年起编写出版了18册的《北京市义务教育课程改革实验教材》。该套教材强调北京作为国际大都市的地域特点，从内容到排版和开本都有很大的超前性。比如教材中率先编入世界文化遗产和非物质文化遗产的内容,大胆引入现代艺术的有关内容，采用启发式的教学方式为学生提出问题并引发学生思考、讨论、探究，收到了良好的教学效果。2009年，"北京市九年义务教育实验教材修订工作会议"召开，人民美术出

北京市义务教育课程改革实验教材

版社又开始着手该套教材的修订出版工作。

　　同时，人民美术出版社还参与了北京市写字教材的编写工作。在1993年至1995年完成小学阶段写字教材出版工作的基础上，2005年又增加了中学阶段的内容。2008年，人民美术出版社还积极探讨写字课教材的跨地区合作编写，与四川省教育科学研究所初步达成协议，在2009年秋双方合作出版新编小学写字课教材。

　　在中小学美术教材的推广方面，人民美术出版社也积极深入各地，组织教师培训会，讲解"人美版"教材的编写思想和教学方法，并支持美术教师说课基本功大赛，以提高美术教师对本

教材的理解能力和教学水平，从而充分提升教材的使用价值。

2. 高中美术教材

　　自从国家教委于1991年决定在全国部分省市高中试验艺术欣赏选修课，人民美术出版社就抓住机遇，与国家教委基础教育司合作，由国家教委基础教育司编写，于1993年出版高中美术选修课教材《美术欣赏》、《欣赏基础》（实验本），并向试验区发行，建国以后的第一本高中美术教材就这样诞生。1996年，在国家教委体育卫生与艺术教育司的全力支持下，编写出版了《高级中学美术课本》（试用），经国家教委中小学教材审定委员会审查

美术类初高中教材

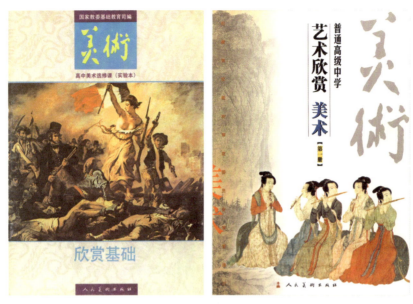

高中美术选修课教材《欣赏基础》（实验本）、《普通高级中学艺术欣赏·美术》

通过，在全国发行，这也是全国第一本经国家教委中小学教材审定委员会审查通过的高中美术教材。根据高中美术教学的需要，人民美术出版社在2003年对原《高级中学美术课本》（试用）进行修订，在美术作品欣赏的基础上，加入了部分美术实践课程，更名为《普通高级中学艺术欣赏·美术》（上下册）。

步入21世纪的课程改革中，艺术学科被教育部定为高中阶段的必修课，并于2003年颁布《普通高中美术课程标准》。人民美术出版社据此编写出版了5个系列、9册模块内容的教科书——《美术鉴赏》《绘画》《雕塑》《设计》《工艺》《书法》《篆刻》《摄影摄像》《电脑绘画 电脑设计》。该套教材以"建构主义"教育思想为基础，强调以学生为本，以问题研究为主，培养学生的动手能力和解决问题的能力。2006年，该套教材全部出齐。

近几年，为了配合高中美术教材的发行与使用，人民美术出版社经常派人深入各地，了解各省市高中教改的情况，并对"人美版"美术教材的发行和培训问题与各地教育部门和出版单位进行深入

切磋，以保证高中教材的有效推广和使用。

3. 中等师范学校美术教材

在中等师范学校美术教材的编写出版方面，人民美术出版社曾推出过建国后的第一部中师美术教科书，填补了当时中师教育没有教材的空白。1994年，依据国家教委的有关教学方案调整，并受师范司委托，组织编辑出版了《中等师范学校美术教科书》系列。

随着教育形势的发展，中等师范学校学制逐步改为四年制或五年制，人民美术出版社在1999年根据教学大纲完成《中等师范美术课本》的修订工作的同时，在1992年版三册教材基础上，于2001年出版了增编的第四册，供全国使用。

4. 高等美术院校教材

在巩固中小学美术教材市场的基础上，人民美术出版社把近几年的教材出版重点放在全力打造高校艺术教育图书产品线上，为此专门成立了艺术教育编辑室，2009年11月改为"艺术教育研发中心"，以适应新形势下高校教材出版工作的要求。

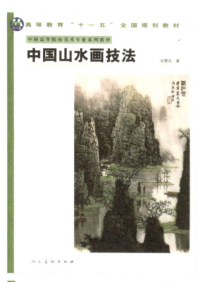

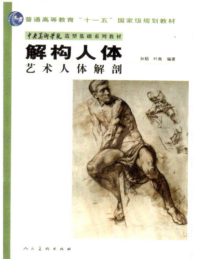

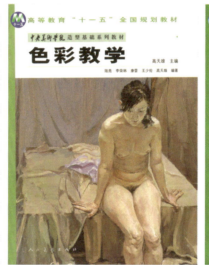

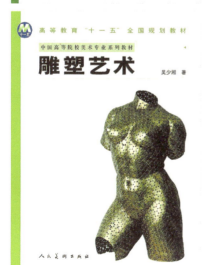

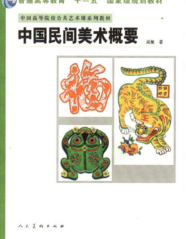

美术类"十一五"规划教材

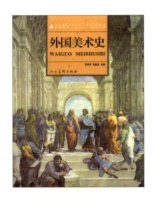

"十二五"普通高等教育
本科国家级规划教材

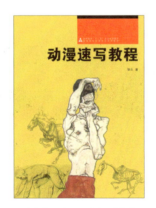

美术类"十二五"规划教材

全国高校教材工作会议

由于高校艺术教材的前景广阔，目前涉足的专业出版社或教育出版社比较多，存在一定的竞争。原来人民美术出版社出版了众多被艺术院校采用的经典艺术图书，但是并没有统一规划的高校艺术教材。2007年，人民美术出版社开始高校艺术教材的出版工作，虽然起步相对较晚，但作为国内首屈一指的美术专业社来说，在高校教材的研发、出版方面，显现出了一定的眼光和魄力。

高等美术教材的出版，是目前人民美术出版社图书出版工作的重点，而具体操作方面，则可以分为两个阶段。第一阶段，在成功申报教育部高教司"十五"（2种）和"十一五"（14种）国家级规划教材之后，在"十社联合"背景下，研发和出版高等教育"十一五"全国规划教材（共13种）。2008年4月，由中国美术出版总社牵头，联合9家全国美术专业出版社（上海人民美术出版社、天津人民美术出版社、陕西人民美术出版社、安徽美术出版社、福建美术出版社、江西美术出版社、河南美术出版社、黑龙江美术出版社、新疆美术摄影出版社）召开"高等教育'十一五'全国规划教材"会议，专门成立了高校美术教材编辑委员会和学术委员会，决定10家美术社联合编辑一套具有时代特征和中国特色的高校美术专业教材。目前，此套系列教材已陆续推出，并取得了可喜的市场反应。尤其值得一提的是，"普通高等教育'十一五'国家级规划教材"系列教材中的《解构人体——艺术人体解剖》，这本美术基础技法教材是配合国内艺术院校艺术解剖课的畅销教材。本书提出了"解构人体"的新概念，书中图例丰富，不仅有作者绘制的作品，还有作者在国外留学期间的第一手原作资料照片，以及外国经典案例图作为范画、范作，更提升了教材整体价值。2005年春季本书推出第一版，到2011年已经是第12次印刷，创造了社会效益和经济效益的双丰收，堪称人民美术出版社高校教材出版中的一个成功案例。

而高校教材出版工作的第二个阶段，则是人民美术出版社开始自主研发并积极申报高等教育"十二五"全国规划教材重点项目。本套系列规划教材共66种，从教材目录的选定到内容的策划，从作者的物色到装帧设计的细节处理，都倾注了编辑们的心血和精力。教材产品线按照学科分类来设定，从基础美术教育的《素描教学》《色彩教学》等教材到设计教育的《视觉传达》《环境设计》《动漫设计》，以及公共艺术课的《中国美术史》《外国美术史》《美术鉴赏》等教材，体现了"人

美版"教材的鲜明特色：设计理念新颖、形式活泼、内容时效性强、案例丰富、信息量大。而从牵头联合其他专业社到自主研发，从2008年启动艺术教育板块至2011年，高校艺术教材品种已达到100余种。人民美术出版社在高校教材出版方面颇显胆识和战略眼光，其高校艺术教材产品已经逐渐形成规模，市场占有率也在不断扩展。

为了保证高校美术教材的编写和出版质量，人民美术出版社除了采取和兄弟出版单位合作编辑出版的方式之外，还建立了与一些美术院校的密切合作关系，积极培养自己的作者队伍。在与中央美术学院长期合作的基础上，人民美术出版社还积极走进全国各地的高等美术院校。先后在山东、四川、贵州、天津、辽宁成立了"人民美术出版社艺术教育专家委员会"，调动当地优势资源、权威专家，

人民美术出版社美术类"十二五"规划教材研讨会

人民美术出版社高校美术与设计专家研讨会

人民美术出版社四川省高校艺术教育专业教材建设研讨会

组织建设当地的精品教材，以保证高质量的教材编写出版工作。2011年4月21日，人民美术出版社与山东艺术学院、青岛大学、临沂师范学院、曲阜师范大学、山东科技大学等11所院校代表在山东省济南市召开了人民美术出版社美术类"十二五"规划教材研讨会，以进一步巩固校社的精诚合作，通过高校教材建设平台，努力打造出适合山东省高校教学特色的艺术类教材。

5. 教材推广有声有色

在尽心尽力做好各层次美术教材编辑出版工作的同时，教材的宣传推广活动也开展得有声有色。

在各种教材推广中，中小学美术教材和中等师范教材推广工作的重点在于，在全国各地举办各层次的师资培训班或教材使用方法讲座。而高等院校艺术教材的发行推广工作，则采取了主动走出去的推广策略。

一方面，由人民美术出版社牵头、全国十家美术出版社联合参与的"高等教育'十一五'全国规划教材"项目运作过程中，人民美术出版社积极寻求和其他美术社的合作，采用合作发行、共同宣传的推广方法。另一方面，人民美术出版社还举行了一系列"走出去"的推广活动。2009年3月初至5月，分别到天津、山东、河北、河南、四川、贵州六省市开展高校艺术教育研讨会，召集当地院校领导、教师，听取他们对美术教材的意见，并建立高校艺术教材的直销网络，开拓新的市场，让高校美

"人民美术出版社走进校园"活动

术教材成为中国美术出版总社新的利润增长点。在山东省，还开展了"人民美术出版社走进校园"活动，"大篷车"队先后赴山东艺术学院美术学院、山东工艺美术学院、青岛大学美术学院、青岛科技大学艺术学院等7所大学，展示和销售图书，召开专家座谈会，受到了广大师生的热烈欢迎。2010年，高校艺术教育研讨活动扩展到四川、辽宁省；2011年4月，进一步深入到广西、广东、河北等省。

当然，这种宣传推广活动以后还要普及到其他省份。通过这一活动，除了解市场以外，还可以和一线教师多接触，了解市场终端的使用效果和信息反馈，从而更好地做好教材规划和建设工作，并促进学科发展。

二、专业出版与研究

作为一家专业出版社，专业出版与研究更是出版工作的关键和基础。人民美术出版社一直以此作为立身之本。这不仅体现在编辑出版的大量优秀美术专业出版物上，人民美术出版社原来一直存在的创作室就是美术出版与美术创作同步并举的体现。一位出版家说过："做编辑一定要有自己的专业，更应该是某一行的专家。"人民美术出版社可以说是专业出版与专业创作相辅相成的最好的践行者。在60年的历程中，人民美术出版社一直拥有一个专业的编辑群体和创作群体。原来在人美院里曾有专门的创作组，进行连

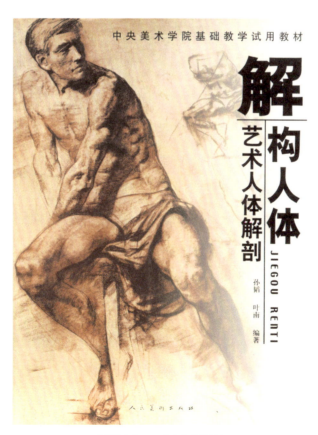

《解构人体——艺术人体解剖》

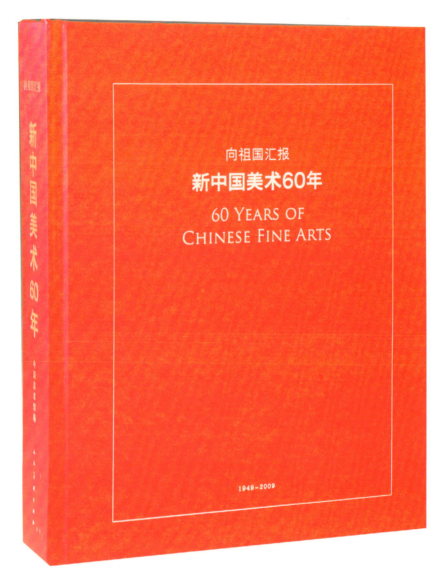

《向祖国汇报——新中国美术60年》

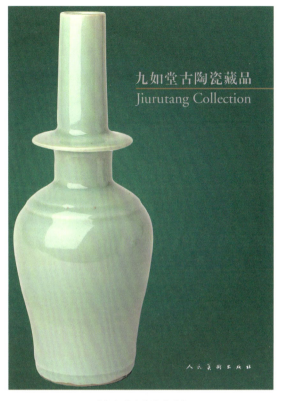

《九如堂古陶瓷藏品》

环画创作和书画创作，在没有经济指标压力的情况下，其主要任务就是创作。虽然人美创作组随着时代的演进已经慢慢淡出了舞台，但是正因为知道美术创作与美术出版有着互相促进的密切关系，人民美术出版社对于出版专业化的思考和实践一直伴随着出版社发展的始终。

1. 专业出版成绩斐然

这一时期，人民美术出版社专业出版有厚积薄发之势。专业出版成绩斐然，可圈可点的实在太多。大部头的如2002年的《百年中国画集》、2006年的《中国民间美术全集》、2009年的《中国美术百科全书》等重点国家图书项目。除此之外，"人美版"图书也成为了诸多排行榜、图书奖中的常客。以最近五年为例：

2003年，《永远的三峡》获第六届国家图书奖一等奖，《中国民间美术全集·雕塑卷》获第六届国家图书奖荣誉奖、中国出版集团图书奖荣誉奖，《古风·中国古代建筑艺术》（8册）获中国出版集团图书奖，《欧洲招贴设计大师作品经典》（5册）获中国出版集团图书奖优秀设计奖。2007年，第十六届金牛杯优秀美术图书奖评比中，《中国古代陶瓷艺术——元明清釉下彩》获特等奖。2008年，《中国传统山水画技法解析》《解构人体——艺术人体解剖》被中国书刊发行业协会评为"2008年度全行业优秀畅销品种"。

即使最近两年，人民美术出版社的图书出版也获得了诸多关注和褒奖。2009年，《九如堂古陶瓷藏品》获得由中国出版工作者协会主办的第二届中华优秀出版物（图书）奖，《抗击冰雪 心系人民——新闻摄影展作品集》获得中华优秀出版物奖

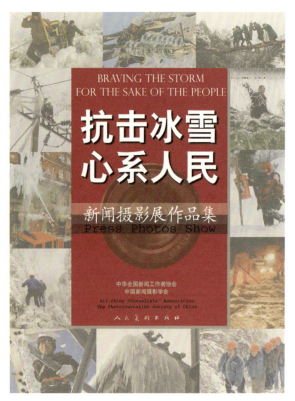

《抗击冰雪 心系人民——新闻摄影展作品集》

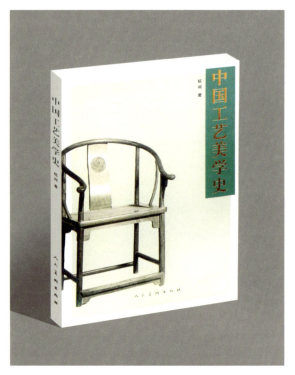

《中国工艺美学史》

抗震救灾特别奖。《中国工艺美学史》等书获得新闻出版总署主办的第二届"三个一百"原创出版工程入选图书，这个奖项是国家三大出版类奖项之外又一个由政府主办的奖项。2009年，中国出版集团"庆祝新中国成立60周年百种重点图书"中，人民美术出版社出版了《万山红遍——新中国美术60年访谈录 1949—2009》、《向祖国汇报——新中国美术60年》、《第十一届全国美术作品展览》作品集（11册）、《新中国连环画60年》、《庆祝中华人民共和国建国60周年优秀连环画作品选》、《中国美术百科全书》（4卷本）、《中国历代绘画——西安美术学院珍藏》、《中国侗族在三江》等系列重点图书和献礼图书共27种。2009年第十八届"金牛杯"优秀美术图书奖评比中，《中国美术百科全书》《女红——中国女性闺房艺术》获金奖。《吴冠中画作诞生记》获得第五届国家图书馆文津图书奖。

2010年，《中国美术百科全书》获中国出版集团公司2009年度优秀常销书奖。《万山红遍——新中国美术60年访谈录 1949—2009》在中央电视台《子午书简》与中国图书商报社联合举办的"2009年度最值得一读的30本好书"推荐活动中入围获奖。《黄继光》等10种图书在中国图书商报社与中国出版科学研究所联合举办的"60年中国最具影响力的600本书"的推介活动中入围获奖。2010年，第十九届"金牛杯"优秀美术图书奖评比中，《国家重大历史题材美术创作工程作品集》《中国碑刻全集》获荣誉奖，《万山红遍——新中国美术60年访谈录 1949—2009》获金奖。2010年，《中国美术百科全书》获第三届中华优秀出版物图书奖。《中国侗族在三江》《女红——中国女性闺房艺术》获第二届中国出版政府奖装帧设计提名奖。《美男美女——中央美术学院学生状态》获2010年"中国最美的书"奖。

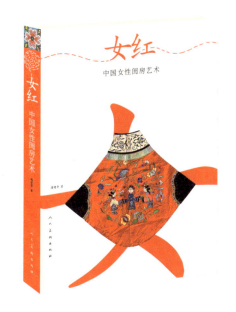

《女红——中国女性闺房艺术》

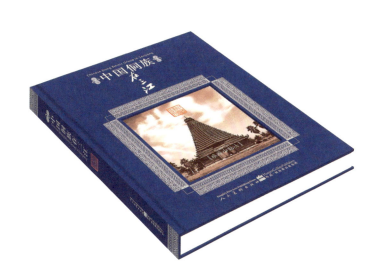

《中国侗族在三江》

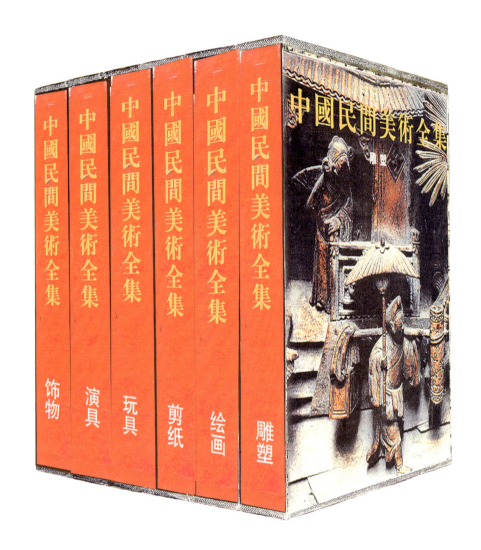

《中国民间美术全集》

　　《中国民间美术全集》是《中国美术分类全集》的组成部分，分雕塑、绘画、剪纸、玩具、演具、饰物六卷。人民美术出版社于2002年编辑出版了《中国民间美术全集》中的雕塑卷，集中介绍传世的民间雕塑作品，收入泥塑、砖雕、石雕、木雕、陶瓷雕塑及面塑六个品类。门类中基本按不同地域排列，兼顾年代及风格特征。

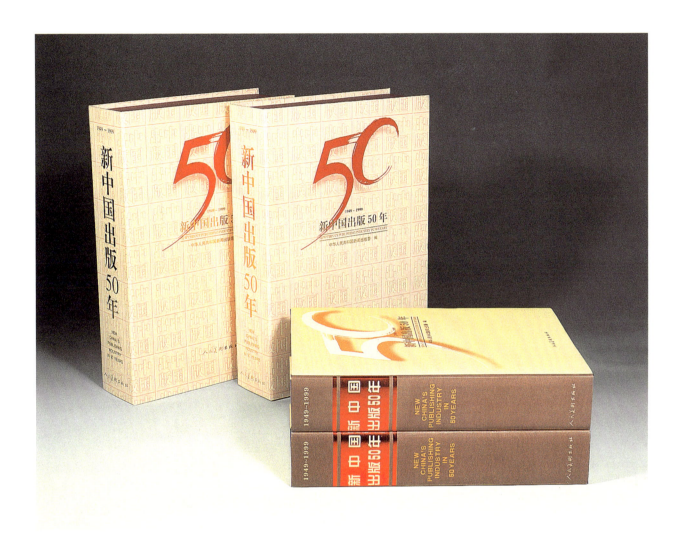

《新中国出版五十年》

由新闻出版总署主编、人民美术出版社出版的一本集文献性、资料性、艺术性、权威性为一体的大型史志全书类摄影图册。它体现了新中国出版事业在党的出版方针指引下，在各个不同的历史阶段所取得的成就。

此画册共分四大部分：第一部分总述50年出版事业的发展变化及机构状况，重点反映自党的十一届三中全会以来20年出版业的巨大发展；第二部分介绍各省、自治区、直辖市出版事业发展的状况；第三部分为新闻出版总署直属及部属、高校、解放军等50家出版社的发展状况；第四部分附录编入了新中国出版50年大事记、全国出版社名录、第一届至第三届国家图书奖目录、1991年至1997年"五个一工程·一本好书奖"目录及第九届至第十一届中国图书奖目录、1987年至1997年韬奋出版奖获奖者名单、新华书店全国省市店名录等。

2000年该书获得第五届新闻出版署直属出版社优秀图书奖选题一等奖、设计一等奖、校对一等奖。

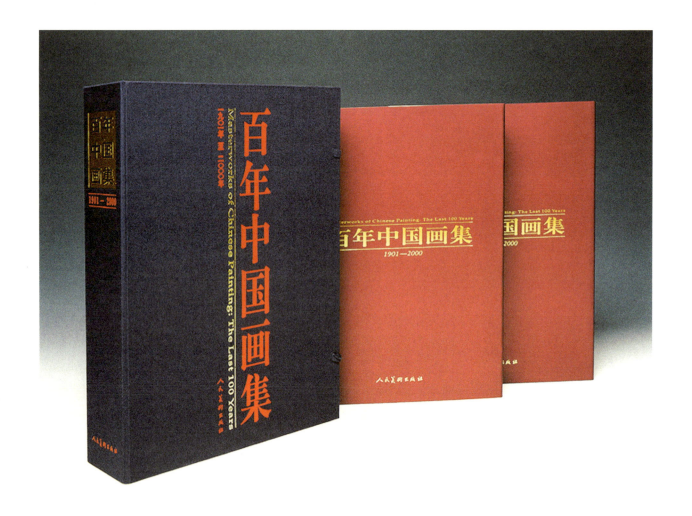

《百年中国画集》

　　由中国美术家协会组织编著,中国美术馆研究部主任、美术评论家刘曦林撰写导论,人民美术出版社2002年编辑出版的《百年中国画集》选录了540位著名画家的600幅中国画精品。画册分上下两册,上册图版从1901年收录到1984年,下册图版自1984年至2000年。画册中的每幅作品除了标明作者姓名、作者生卒年或生年、作品名称外,还标明了创作年代、尺寸、材质、收藏单位。作为20世纪中国美术的总结性文献,该书被称为"装满国宝的珍藏画集,规模宏大的视觉盛宴",具有较高的收藏和欣赏价值。

《永远的三峡》

《永远的三峡》是为三峡立传的大型文献，是一本激情磅礴的摄影图册。它从三峡生态、三峡历史、三峡现状等各种角度，全面记录并展示三峡，成为三峡研究的形象读本。画册的文字部分由我国几位著名专家、学者以及国务院三峡建设委员会的专业人员撰写。图片部分则集摄影师郑云峰5年来用生命做代价拍摄的上万张图片之精华。作为画册，它不仅具有艺术价值，还有文化学的意义。

该画册不仅以文字形式详细、全面地记述了三峡历史文化的发展脉络，从远古到今天多方位、多层面地介绍了三峡文化，还以珍贵的摄影图片真实展现了三峡的魅力与文化。画册共分四部分：造化手笔、岁月留痕、人间烟火、未来之歌。四部分相对独立的内容，用长江文化发展的主线紧密地串联在一起，从中既能明显看到长江文化延续的痕迹，又突出了三峡文化独特的地域特征。

随着三峡建设工程的顺利拓展，这些图片已成为弥足珍贵的文物片。画册的编辑、出版不仅为我们留下了一个形式上的《永远的三峡》，它也将成为人们未来阅读生活中的《永远的三峡》。2003年，该书获第六届国家图书奖一等奖，2006年该书获得中国出版集团图书奖荣誉奖。

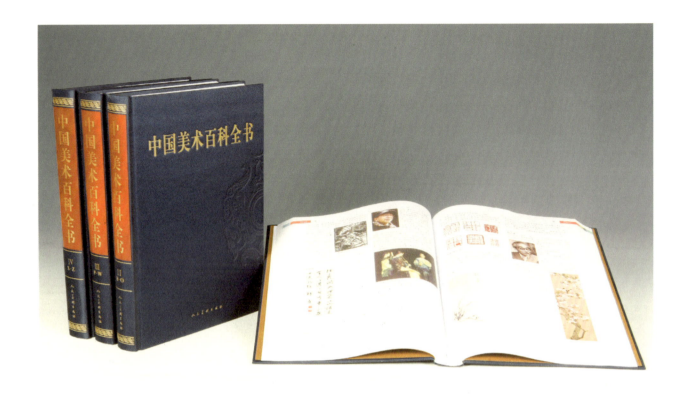

《中国美术百科全书》（4卷本）

作为我国美术专业的百科全书，《中国美术百科全书》的出版具有划时代的意义。该套百科全书分美术综论、建筑、雕塑（含石窟）、岩画、壁画、中国画、油画、版画、水彩和水粉画、年画、书法、篆刻、画学著作、工艺美术、设计、民间美术、美术教育、美术出版等学科门类，收录近6000个条目、5000余幅图片。在版式排列上采取图文混排、文随图走的方式，以便于读者阅读。全书采用彩色印刷，图像清晰，便于读者对美术作品的欣赏。在内容编排上采用按汉语拼音音序排列的方式进行编排，除在书的正文前设置条目分类目录外，还在正文后设置条目内容索引、中国美术大事记等附录，方便读者尤其是非专业读者查阅。

全书由著名美术理论家邵大箴、李松涛任主编，国内各美术学科门类的著名专家出任相关分支学科主编，数十所科研单位和美术院校的近百位专家学者参与撰稿与审稿，人民美术出版社历时8年精心编辑加工，保证了全书的学术性和权威性，是迄今为止学科门类最齐全、内容最丰富的有关中国美术的出版物。《中国美术百科全书》的出版，标志着我国美术创作和研究达到了一个新的水平。它既是对中国美术遗产和优良传统的搜集、整理和学术研究的纪录，又为当代美术创作与研究提供了丰富翔实的资料，对美术学科建设有重要意义。该套书获得第三届中华优秀出版物奖图书奖。

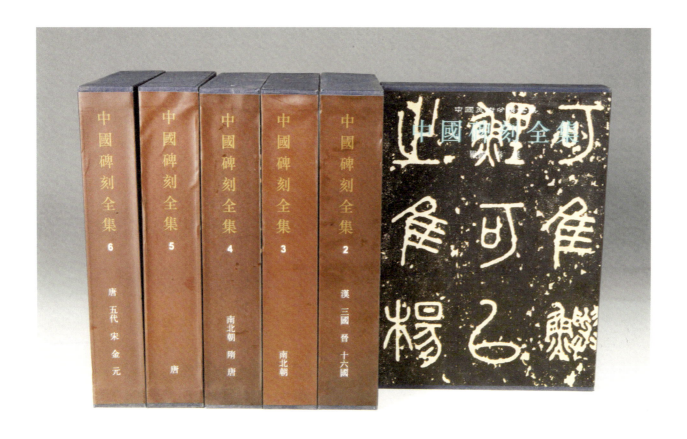

《中国碑刻全集》（6卷本）

  中国古代碑刻有的书法高妙，有的出自著名书法家之手，是中国书法艺术宝库中的瑰宝，也是研究中国书法和碑刻学的重要资料。本书分为六卷，收录了我国先秦至元代的著名碑刻，其中有碑碣、摩崖、墓志、造像题记和书像石题榜等。碑刻上的文字有篆、隶、楷、行、草诸体，由此可以了解中国文字的演变及其书法艺术的发展历程。本书选录了我国博物院、馆，图书馆及私家收藏的碑刻善本，其中有的是孤本，弥足珍贵。

  第一卷：战国石鼓文、秦泰山刻石、汉开通褒斜道刻石、汉祀三公山碑、汉裴岑纪功碑、汉武梁祠堂画像题字、汉石门颂、汉乙瑛碑、汉礼器碑。第二卷：汉史晨碑、汉杨淮表纪、汉曹全碑、汉张迁碑、魏范式碑、魏上尊号碑、吴谷朗碑、晋孙夫人碑、吴天发神谶碑、晋爨宝子碑。第三卷：魏嵩高灵庙碑、宋爨龙颜碑、魏始平公造像碑、魏杨大眼造像记、魏石门颂、魏郑义下碑、魏刁遵墓志等。第四卷：魏张猛龙碑、齐朱岱林墓志、隋龙藏寺碑、隋常丑奴墓志、唐皇甫诞碑、唐九成宫醴泉铭、唐孟法师碑、唐雁塔圣教序碑等。第五卷：唐李靖碑、唐升仙太子碑、唐李思训碑、唐郎官石记序、唐多宝塔碑、唐颜勤礼碑、唐不空和尚碑等。第六卷：唐冯宿碑、唐神策军碑、周韩通妻董夫人墓志、宋柳州罗池庙碑、宋狄梁公碑、元鲜于光祖墓志等。

  该套书在2010年第十九届"金牛杯"优秀美术图书奖评比中获荣誉奖。

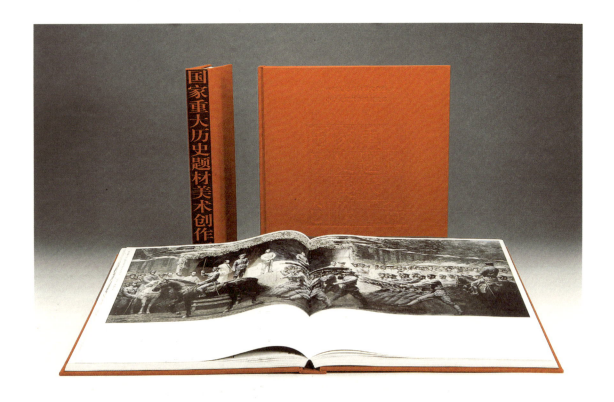

《国家重大历史题材美术创作工程作品集》

在中宣部的大力支持和指导下，由文化部和财政部共同实施的国家重大历史题材美术创作工程，是推动我国当代美术创作繁荣发展的重要举措。此项工程以令人瞩目的鸿篇巨制将艺术性与历史性融为一体，生动而真实地反映了中国人民争取民族解放和社会进步的历史进程，具有极为重要的出版价值。

为了更好地展现国家重大历史题材美术创作工程的斐然成绩和重大意义，本书采用了不同寻常的开本与别具一格的体例。在整体框架上，本书以作品图版为主线，其间穿插创作纪实，最后附录工程大事记和艺术家简介。图版中的104件艺术作品，是国家重大历史题材美术创作工程历时5年组织国内优秀艺术家创作，并经艺术委员会严格评审遴选出来的艺术精品，既有划时代的审美价值，亦具较强的历史意义。为突出创作题材的历史性，图版未按艺术样式进行分类排列，而是以相应历史事件的时间线索作为编排顺序。在此基础上，为充分体现每一作品的整体风貌与造型语言，本书一方面尽量以跨页形式呈现作品全貌，另一方面则设专页展现作品的精彩局部。每一作品图版之后，则紧随两个页面的创作纪实。在这一版块中，历史背景的条目位居其首，条目内容由中国社会科学院近代史研究所提供并审定，以阐明特定创作主题的历史背景。历史背景的条目之下，则分布相关的工作照、创作草图、创作场景照片以及创作心得、创作访谈或评论，以呈现作品背后的构思过程、造型方式、制作程序与创作状态。

全书分为两册，堪称国家重大历史题材美术创作工程的纸上展览馆。在这里，国家重大历史题材美术创作工程作品将永久陈列，弘扬时代主旋律的丹青史诗将彪炳千秋，中华民族百年来奋发图强的伟大精神将永放光芒。该套书在2010年第十九届"金牛杯"优秀美术图书奖评比中获荣誉奖。

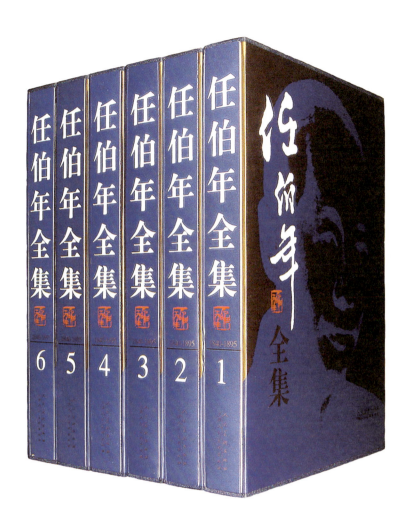

《任伯年全集》

　　《任伯年全集》是由人民美术出版社与天津人民美术出版社联合编辑出版、系统地反映我国清末著名画家任伯年一生艺术成就的个人作品集。聘请国内著名学者龚产兴担纲主编，王靖宪、丁义元任副主编。

　　任伯年（1840—1896），名颐，字伯年，清末著名人物、花鸟画家，海上画派的巨擘，是中国近现代美术史上有影响的画家之一。徐悲鸿称其为"仇十洲后中国画家第一人"。《任伯年全集》为8开本，180印张，50万字，精装。全套6卷，共收入作品1200余幅，并展示作品精彩局部。1—5卷为图版部分。图版按编年顺序编排。第6卷为文献，收入历年来重要研究著述和任伯年年谱、常用印章、艺术活动简表、图版索引。《任伯年全集》编辑严谨，装帧考究，印制精良，完整展示了任伯年一生不同时期的主要作品。为确保其权威性，本书在编辑过程中，对收入的每幅作品均经过专家逐一鉴定。该套书在2010年第十九届"金牛杯"优秀美术图书奖评比中获银奖。

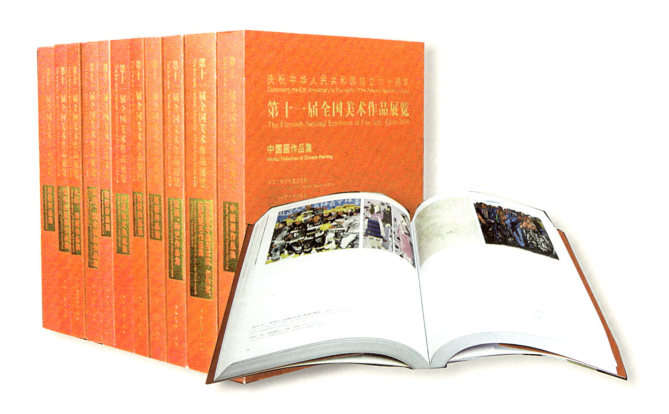

《第十一届全国美术作品展览》作品集（11卷）

　　作为被列为新中国成立60周年大庆的重点项目的第十一届全国美展首次由文化部、中国文联、中国美协共同主办，受到了全国各地党政部门、文化厅（局）、文联的高度重视和中国美协各团体会员、各展区、各美术单位的大力支持，并得到了全国美术家们的热情参与。作为第十一届全国美展的最终成果，《第十一届全国美术作品展览》作品集（11卷）收录了该次展览的近五年来中国美术创作的结晶，分雕塑、壁画、版画、中国画、艺术设计、油画、水彩水粉画、漆画·陶艺、动漫·综合画种、港澳台邀请作品、首届中国美术奖·创作奖·获奖提名作品11个主题。第十一届全国美展是广大美术家在新时期为中国美术史册续写的浓墨重彩的新篇章，而该画册则翔实、生动地记录了新时期中国美术创作方面的成果，是艺术专业研究和创作难得的参考资料。该套书在2010年第十九届"金牛杯"优秀美术图书奖评比中获银奖。

《万山红遍——新中国美术 60 年访谈录 1949—2009》

此画册是人民美术出版社为庆祝和纪念建国60周年、向祖国和人民汇报建国60年来中国艺术创作重要成果而编辑出版的国家重点出版项目，于2009年12月推出。本书以美术作品为线索，以访谈形式带动人和事的评述。在点式的记录中，融合美术教育、美术研究、美术政策、美术出版、美术考古、美术展览、美术拍卖等诸多角度，以此进行综合、立体、平实的描述和考察，梳理出美术史的基本发展脉络，分五个阶段记录了新中国美术60年丰富鲜活的历史进程。在作品的选择上，该书基本按照编年体的方式，选取特定历史阶段最有代表性和影响力的作品，包括中国画、油画、雕塑、壁画、版画、漫画、连环画等诸多门类的代表性作品90余幅。

《万山红遍——新中国美术60年访谈录1949—2009》由邵大箴先生担纲主编并撰写总序，邀请当代对相关课题卓有研究的中青年学者作为访谈者，通过对与这些作品具有相关创作、参与和研究经历的艺术家、美术政策的执行者和美术史论家以及一些在美术史上留下多方面记录的相关人物进行访谈，引读者入现场，使鲜活的细节描述成为历史与现实的桥梁，形成个人记忆与历史记忆相互交汇的写照。60年来的美术史深刻凝聚了新中国独特的精神历程，被点点滴滴铭刻于每个个体生命历程的记忆长河中。一图一文的简约编辑形式，使广大读者得以清晰、系统地了解60年来中国美术的发展线索及风貌，既具有较强的普及意义，又可以提供一定的学术研究参考。

该书在2010年第十九届"金牛杯"优秀美术图书奖评比中获金奖。

2. 专业研究：承办图书奖评选、画展和出版交流活动

为了更好地促进专业出版的发展，人民美术出版社尤其重视鼓励和参与专业研究活动。除了原来社内进行专业创作、专业研究的探讨和讨论之外，还积极通过与兄弟出版单位或行业协会的协作，共同促进和推动行业内的专业研究氛围和活动。

具体来讲，主要通过承办图书奖的评选、举办行业内美术家画展和其他的出版交流活动的方式进行。2001年6月，受新闻出版署委托，人民美术出版社承办了"首届全国优秀艺术图书奖"评奖活动，并延续至今。同时，人民美术出版社还积极参与中国编辑学会承办的历年"金牛杯"优秀美术图书奖的评奖和参评工作。同时，作为全国美联体的发起单位，人民美术出版社定期举办联合体内部的年会和交流会，以促进行业内的专业研究和出版交流。在人民美术出版社的积极参与下，中国编辑学会美术编辑专业委员会也于2009年筹备并成立，使得美术编辑工作有了相应的行业组织。

为了促进行业内的专业研究和讨论，人民美术出版社还于2004年积极筹划并在中国美术馆举办了"首届全国美术出版界美术家作品展"，作为一个行业内交流的平台和窗口，收到了良好的效果和影响。同时，与兄弟出版单位之间的交流和互访，也是经常开展的活动。另外，人民美术出版社积极寻求海峡两岸美术出版的交流和合作，在台湾举办"首届两岸美术出版界书画家作品邀请展"。通过此种活动，人民美术出版社营造了良好的专业研究氛围，也大大促进了专业出版的发展。

第三节　十大期刊的壮大与发展

期刊出版在此阶段经过逐步调整，形成了十大期刊方阵：《中国美术》《中国艺术》《艺术沙龙》《美术向导》《中国美术馆》《连环画报》《中国中小学美术》《儿童漫画》《少年漫画》《漫画大王》。这其中，既有年届花甲依然充满活力的"老品牌"刊物，也有正值青春活力四射的中坚刊物，更有刚刚起步但积极探索的期刊新秀。这就使得人民美术出版社的期刊群，既横跨不同年龄阶段的读者对象，又涵盖了不同类型和特征的目标市场，既涉及艺术领域"阳春白雪"，又涵盖艺术欣赏和教育的"下里巴人"，既注重推介艺术发展的新趋势、新动向，又不忘对传统艺术精髓的继承与发扬。

一、老品牌刊物《连环画报》

已有60年历史的《连环画报》，曾拥有过太多的辉煌记忆。而步入新世纪之始，《连环画报》审时度势，积极应变，改版为国际流行的大16开本，扩充容量至80页。在版式设计上，突出体现了编辑的创意与追求，整本刊物朴素而典雅，既有传统风采，又具时代新意。内容上，注重贴近现实，关注社会，与时代同步。2003年，由《连环画报》整理出版的单行本《白鹿原》获得了第二届国家图书奖艺术类三等奖。2009年12月，《连环画报》获得由中国期刊协会和中国出版科学研究所共同颁发的"新中国60年有影响力期刊"称号。

二、漫画刊物形成梯队

漫画刊物《儿童漫画》《漫画大王》《少年漫画》共同构成了漫画刊物梯队。这其中，《儿童漫画》在国内的同类期刊中，创刊最早，影响时间最长。作为我国第一本儿童漫画专刊，《儿童漫画》曾荣获新闻出版总署"双百期刊"称号和"第二届

国家期刊奖百种重点社科期刊"称号，更被读者称为让孩子开心、家长放心、老师舒心的优质刊物。2002年，改为半月刊，但本土、原创的风格依旧，且注重原创作者群和原创作品的读者群的培育，除了在全国适龄读者所在的学校设立大量创作教学基地外，还在各基地进行儿童漫画教学创作培训讲座，使漫画走进课堂，作为素质教育的一种形式，培养孩子的幽默、乐观的品质，营造快乐学习的氛围。2009年，《儿童漫画》也获得由中国期刊协会和中国出版科学研究所共同颁发的"新中国60年有影响力期刊"称号。

《漫画大王》和《少年漫画》，都是中宣部和新闻出版总署"五一五五"动画工程中的核心期刊。《漫画大王》一直是人民美术出版社的核心动漫刊物，以刊载新漫画类型的作品为主。1998年中国美术出版总社重组后，《少年漫画》并入人民美术出版社，并于1999年获全国连环画报刊第十四届金环奖。为避免同一个出版社两本刊物的同质化，经慎重考虑，《漫画大王》于2000年1月休刊，10月复刊，重新定位为一本承载深厚文化底蕴的以中国传统漫画为绘画形式的期刊。后来的市场反馈表明，这次转型获得了成功，并完善了"五一五五"

《少年漫画》《连环画报》《儿童漫画》

《中国中小学美术》《漫画大王》

动画工程的内涵，对其他期刊给予了促进和补充，也为自身以后的发展奠定了基础。

三、涵盖广泛的艺术刊物

人民美术出版社的艺术类刊物涵盖面也很广泛，《美术向导》《中国艺术》《中国美术馆》《中国美术》《艺术沙龙》五种期刊涵盖了艺术领域的不同层面，而且各具特色。其中既有针对业余美术爱好者的美术技法类期刊，也有展示优秀美术作品和美术理论研究成果，搭建学界美术交流平台，为美术及美术馆事业的蓬勃发展服务的专业研究刊物。这些期刊既关注当代艺术创作领域，又为艺术领域从业者、艺术收藏者以及社会各界拥有良好社会影响力的读者的艺术欣赏和爱好提供服务。

而其中，于2007年创刊的《艺术沙龙》，则致力于打造一个集平面媒体、网络媒体、展览活动于一体的立体型杂志模式，其未来的发展值得期待。

在艺术类期刊的经营管理上，人民美术出版社既要求各自形成独立的发展实体，走好品牌之路，又要求具有整体效应，创造品牌群效益。同时，在保证经营水平的基础上，还要积极探索经营创新，吸收外来资本和社会投资，积极尝试控股的股份制运作。2010年，由总社投资运作《中国美术》的尝试启动，取得经验后将逐步加以推广。

在人民美术出版社的期刊方阵中，《中国中小学美术》则定位于中小学的美术教育，既可以服务从事基础教育的美术教师，又可以为基础教育教材的编辑出版提供案例素材、市场反馈信息和选题思路。这样，书刊相互促进的效应就得以更好地发挥和利用。

《艺术沙龙》及展览活动

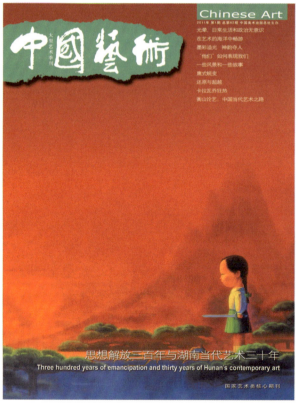

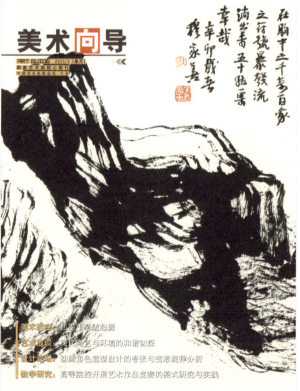

《中国美术》《中国美术馆》《中国艺术》《美术向导》

第四节　国际出版合作与交流的不断拓展

自从1979年中日首次合作出版《中国的旅行》，人民美术出版社的国际出版交流与合作的脚步就从来没有停止过。除了人员的交流、互访、考察外，人民美术出版社还通过在国外举办展览、积极参加国际书展和图书博览会的形式，扩大国际影响，而在版权贸易和合作出版方面更具成效。

在版权引进方面，2002年引进英国爱微媒体公司《数码摄影跟我学》一书，2006年与日本讲谈社合作出版引进《色彩心理探析》等。在版权输出方面，2003年与新加坡时信出版社合作的《2004贺岁书》，2004年与法国友丰书店合作的《中国古代名家作品选粹·石涛》《中国古代名家作品选粹·八大山人》《中国近现代名家作品选粹·齐白石》等，2005年的《贺岁书》英文版，2006年《永远的三峡》系列画册的外文版，2009年《中国侗族在三江》的外文版权输出都可圈可点。版权输出的幅度近年来也呈现加大的趋向，2005年前后人民美术出版社平均一年输出版权3种左右，2009年达到13种，2010年又取得输出版权58种的佳绩，名列中国出版集团公司第一。

版权协议签订现场

版权贸易洽谈现场

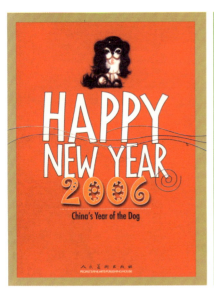
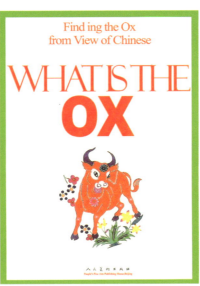
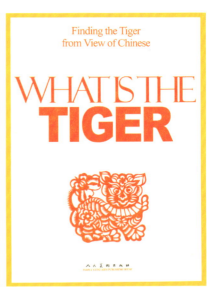

《贺岁书》英文版

　　经过此阶段的重组和改制，一个更加开放的人民美术出版社、一个更积极融入世界出版格局的人民美术出版社越来越清晰地呈现在我们面前。新平台上的人民美术出版社，将充分利用难得的发展机遇与条件，整合和继承老品牌60年来的积淀与传统，肩负中国美术出版与文化传承的期望与使命，继续书写中国美术出版和中国美术史的未来篇章。

第七章

品牌建设　文化分析

　　人民美术出版社，坐落于北总布胡同32号的小院子，见证了新中国美术出版与美术研究60年的风雨历程。在这60年里，人民美术出版社曾经历了20世纪50年代建社初期的辉煌，感受了改革开放30年来的变幻与激荡，并在90年代的三社重组、新世纪出版集团的创建中不断面临新的挑战和冲击，也同时获取了新的发展与机遇。静谧小院里那些苍松、玉兰，是这些荡漾人心的分分合合的见证者。周总理手书的"人民美术出版社"匾牌，依旧端庄蕴藉地静静凝望着历史烟云中的人美变迁。对60年的品牌发展之路的梳理和对未来企业发展方向的思索，对于一个具有60年悠久历史的专业出版品牌来说，都是尤为重要的。

第一节　"人美"品牌的塑造与发展

纵观人民美术出版社60年来的发展历程，我们不难感受到，人民美术出版社的60年发展过程，就是自身品牌不断积累、塑造、发展和延伸的过程。虽然作为一家美术专业出版社，美术出版的定位决定了其市场范围不如一些综合性的出版社那样广泛，但人民美术出版社在专业领域上做深做足，建立了自身的品牌形象。

这个令人驻足吟味的小院儿，从20世纪50年代起，就成了中国美术出版的中心，成为无数画家和美术爱好者们经常谈起并无限神往的所在。作为一个拥有60年历史传统的名社，人美人有太多的记忆值得回味。在当代美术家中，有谁没读过人美的书呢？半个世纪以来，哪个家庭没挂过人美出版的领袖像呢？谁又能说得清，数亿幅的年画、连环画、宣传画滋润了多少读者的心？而几十年来出版的儿童书刊又给一代代人留下多少隽永的记忆呢？每年数亿册的中小学美术教材又曾哺育过多少新中国公民呢？甚至在世界其他角落，人美的书都曾闪烁过艺术的光彩，点燃过人们心头的艺术之灯。一本书可以改变一个人的命运，一个出版社则维系着千千万万人的未来与命运。"所谓大学者，非谓有大楼之谓也，有大师谓也。"这段话借用到人民美术出版社身上，也可以说所谓优秀的出版社，"非谓有大楼之谓也，有大师、好书谓也"。斑驳的旧楼掩映出的是人美人对艺术理想的坚守与执著，狭小院落中承载的是人美人在文化信仰上的传承与追求。也正是在这种坚守和传承中，"人美"的地位得以不断确立，品牌形象日益凸现、清晰，品牌知名度、美誉度在千千万万的读者中得以不断提升。

细梳人民美术出版社60年的发展，如果说人民美术出版社改革开放前的辉煌与发展得益于一定的制度和政策的倾斜，具有特殊年代的特殊性，那么改革开放后的发展则面临更多的不确定性和挑战。特别是在目前出版业体制改革的大潮中，在市场竞争日益加剧的背景下，人民美术出版社自身也经历了不同阶段的分分合合，自身的品牌定位和内部分工也在不断地加以调整，对转企后的发展之路也处于探索阶段。这难免使人感叹，未来的品牌发展之路，尚有诸多的不可预测因素，但是，勿庸置疑的是，有了前60年的品牌积累，有了一代代人美人精心垒造的"人美"精神和内蕴，人美的品牌之树将如北总布胡同32号院内的青松一样长青挺拔。

庆祝中国共产党成立90周年"颂歌献给党"歌咏比赛

第二节 "人美"品牌的核心要素

分析一个出版品牌的核心要素，可以从出版人和出版物的角度入手。因为对于一个出版社来说，甚至对于整个出版业来说，之所以具有如此的影响力与生命力，归根结底都离不开"人"和"物"的支撑。其中"人"包括编辑和作者两个群体，而"物"则是通过出版社的精神文化产品——出版物来体现的。因此对人民美术出版社的品牌分析，也从出版物和出版人两个角度入手。

一、出版物品牌

出版社的最终产品是出版物，图书、期刊和其他的电子出版物类型都可归入此类。而其中，传统出版尤其强调图书出版，人民美术出版社也不例外。2010年的工作重点，也强调并突出了图书出版是"主业"的主导思想。出版社的出书积累、特色与方向，即本社独特的编辑思想、编辑方针、编辑风格，最终都会通过图书这种外在物来体现。因此，图书品牌是出版企业实施品牌战略的集中呈现，也是其在激烈的市场竞争中取胜的法宝。

既然出版物品牌如此重要，很多人难免会问：究竟什么样的出版物或者图书，才能被称为"品牌"呢？或者通俗点儿说，什么样的书才可以被称为好书？用人民美术出版社总编林阳的话来说，"一本好书，就是赢得相当数量读者赞叹的书，而且，凡是好书，其内容、出版形式肯定是高度统一的"。此话也道出了品牌图书的要求：不仅要满足图书本身的内容与装帧设计的精美，还要能够经受住市场的检验。而市场的检验，一方面以市场销售量作为参照指标，另一方面则特别强调读者对图书的美誉度——赢得相当数量读者的赞叹。

按照这样的标准来圈定图书品牌的话，人民美术出版社的品牌图书排行榜上真可谓是好书云集，且不提那些全国通用的各层次"人美版"教材，单是专业出版领域，可圈可点的就不胜枚举。如20世纪50年代后期到"文革"前的《苏加诺藏画集》《宋人画册》《芬奇作品选集》《中国历代名画集》，20世纪90年代出版的《中国美术全集》《中国美术分类全集》《中国古代木刻画选集》《中国历代绘画——故宫博物院藏画集》和近些年被美术界誉为"大红袍"的《中国近现代名家画集》《中国当代名家画集》，还有《百年中国画集》《永远的三峡》等，既达到了内容与形式的完美结合，又赢得了良好的市场反应和读者评价。人民美术出版社所拥有的众多国际图书大奖和国家级图书奖的获奖名单，其实就是良好的读者评价和市场反馈的真实写照。最近两年，人民美术出版社的图书出版也获得了诸多关注和褒奖。2009年的《中国美术百科全书》（4卷本），2010年的《中国碑刻全集》（6

卷本）、《万山红遍——新中国美术60年访谈录1949-2009》《国家重大历史题材美术创作工程作品集》《任伯年全集》（6卷本）、《第十一届全国美术作品展览》作品集（11卷）等重点美术图书，都为人民美术出版社的品牌图书榜增加了新的亮色。

品牌图书所具有的巨大效应在于，不仅其自身深受读者信赖和偏爱，具有稳定的市场占有率，同时还具有较强的自身促销功能，能够带动同一品牌下各种图书的销售。这些品牌图书，是出版品牌的基础，也是出版社的立社之本。它们不仅共同构筑了"人美"品牌的基础，更见证了新中国美术文化的发展历程，鼓舞了一代又一代怀揣梦想的年轻人走向了成功的艺术之路。

二、出版人品牌

人，是生产关系中最活跃的要素。出版品牌的打造，离不开"人"的参与和努力。参与出版活动的"人"有两种：作者和编辑。因此，出版人品牌可以从作者品牌和编辑品牌两方面来讨论。

1. 作者品牌

作者品牌的重要性不言而喻。读者调查显示，作者品牌在读者购书行为中起到了决定性的作用。在图书出版过程中，作者和出版社是相互选择、相互依存、相互促进的关系。出版的基础是书稿，其编写质量对图书出版有着决定性作用。只有高水平的作者，才能创造出高水平的出版物，进而造就一

《芥子园画传》

家名牌出版社。作者是出版社最重要的资源。不管是精品图书、营销战略，还是企业形象识别系统，它们终究是外在于人的"物"，而品牌作者，则将出版品牌内化为"人"。人的品牌效应才是最亲切、最易识记的，因而也是最奏效的。一个好的作者本身就是具有无穷开拓力的品牌，本身就是对图书质量最有力的承诺。同时，多产的名作者往往能迅速打造出版品牌，并形成一系列的品牌图书，实现品牌的系列化、持续化发展。

因此，优秀的出版品牌周围肯定拥有一批同样优秀的忠诚、稳定的品牌作者群，优秀的出版社也非常重视品牌作者的维系、青年作者的培养和扶持。人民美术出版社的作者队伍中，我们也会看到一长串响当当的名字：徐悲鸿、齐白石、吴作人、傅抱石、潘天寿、黄胄、黄宾虹、白雪石、孙其峰、范曾、黄永玉、王朝闻、邵大箴、冯远、刘大为、吴长江、杨晓阳、许江、潘公凯、王明明等，也正是他们的长期支持和忠诚合作，才有了"人美"的品牌地位。

2. 编辑品牌

编辑活动作为一项具有独立意义的创造性劳动，是人类社会实践的一种特殊形式，是介于读者和作者之间，以文化选择、文化传播和文化引导为基本功能的一种独特的创造性精神生产活动。"为他人做嫁衣"的编辑多年来一直处于坐"冷板凳"的景况，编辑的品牌概念更是长期被人们所忽视。

作为出版物的策划者、"把关者"和加工者，编辑的地位和作用应得到应有的重视，其价值和影响也将日渐凸显。出版品牌的树立需要优秀的图书品牌作为基础，而优秀的图书要靠优秀的编辑进行策划、编辑、出版。没有优秀的编辑，一个出版社就难以形成优秀图书的连续出版，也难以保证图书品牌的持续发展，更别提整个出版社品牌的树立和

营造了。一家好书不断问世的出版社，一定有一个好编辑群体。这个好编辑群体，就是出版社选题、策划的智囊团。这样的好编辑群体，既能够凝聚全社编辑的智慧，又能互相启发、互相激励，不断提出和优化新选题。一个名牌出版社，靠的也正是众多专家级、学者型的品牌编辑或者可以称为"出版家"的支撑和奉献，而以美术出版见长的人民美术出版社，同样依托了众多如萨空了、朱丹、邵宇、古元、邹雅、沃渣、曹辛之、徐燕孙、王叔晖、刘继卤、任率英、卢光照、林锴、秦岭云等编辑家、艺术家。而且，由于美术出版的特殊性，同时人民美术出版社一直有鼓励社内创作的传统，从而形成了人民美术出版社尤其独特的现象：社里的很多编辑，本身既是作者、画家、理论家，又是编辑。这些肩负双重身份的艺术家，用对艺术作品的挑剔眼光来审视美术出版物的内容生产，对出版物的打造和精凿更加了解和细致，也更加尽心尽力。

出版物品牌和出版人品牌共同构筑了人民美术出版社的整体品牌。可以说，"人美"品牌本身是大量"人美"品牌出版物所促成的物质和精神的积淀，是大量"人美"出版物品牌的集中反映和进一步升华。

三、"人美"品牌的内涵分析

品牌是在营销或传播过程中形成的，自身具有特定的名称和标志，用以将产品与消费者等关系利益团体联系起来，并带来新价值的一种媒介。营销大师菲利浦·科特勒说："所谓的品牌就是指赢得'消费者特权'，也就是说大批的消费者只认这一品牌，而拒绝任何其他替代品，哪怕是替代品的价格非常便宜。"一种品牌一旦达到这种高水平的认

知程度，那么，其在消费者中的知名度常常要超越这一有形产品本身，其"附加值就能够满足社会和心理需求"。

品牌的内涵非常丰富，它并不仅仅是一种商品的标志和名称，它本身凝聚了很多无形的含义：商品的质量、产品和企业对消费者的承诺、消费者对产品和企业的信任和忠诚、本行业的发展水平和趋势、企业形象和文化理念。对于出版品牌来说，它是出版企业的无形资产，是出版物质量和品位的象征，是出版企业产品质量、信誉和权威性的象征，其本身所具有的市场效应能够为企业带来源源不断的增值利润，可以赋予品牌所有者超过竞争对手的强大、持久和差别化的竞争优势。在出版业由产品竞争、资本竞争阶段上升到品牌竞争高级阶段的过程中，品牌日益成为市场决胜的关键。

比照现代营销学的观点，可以把"人美"品牌看作一个完整的系统。从内容上看，"人美"品牌是人民美术出版社及其各类图书、期刊等出版物的名称、声誉、历史、属性、装帧设计、渠道资源、文化品位、价值主张和受众对其认知和感受的总和；从读者的角度看，对"人美"品牌的认知和感受，就是自己对所接触和了解的"人美版"图书和人民美术出版社所提供的相关服务的认知、联想、体验、感受和态度，它表达的是一种心理活动过程或状态；对于人民美术出版社自身来说，"人美"品牌是自己提供并为读者和社会所接受的各种"人美版"图书和服务的概括性、抽象性表达。总之，"人美"品牌是一个包括图书商品及服务的功能要素、出版社和图书商品的形象要素、读者的心理要素在内的三维综合体。简单地说，作为一个系统，出版品牌具有一般产品品牌的概念要素：冠以专有名称和标志、代表本企业的相关产品、是企业的无形资产、具有一定的文化内涵、是企业文化和

企业形象的集中体现等。相应地来分析"人美"品牌，其要素中首先具备了"人美"的专有名称和标志，具有一系列的代表本企业的相关产品（具有一定的文化内涵的"人美版"的图书、期刊等），具有"人美"本身所散发的人文气息和精神，具有良好的出版文化和企业形象。而集中概括"人美"品牌的精髓，可以用一个"美"字来形容：生产"美术"类出版物，强调产品的形态美、内容美、精神美，用"至真至美"严格要求编辑出版的每一个环节，向读者传播一切"至善至美"之精神内容等等。

而这一切的背后，则是一代代人美人，凭着对美术事业的热爱、对提高和普及美术审美修养的追求，凭着自身的一种文化情结、文化理想，经过60年来的不懈努力打造出的金字招牌。而正是这种出版文化和人文氛围，吸引着一代代的人美人在这里奉献终生。人民美术出版社的人员流动性很小也是其内在良好企业文化的有力证明。如今，人民美术出版社对优秀编辑出版人的标准，仍旧把文化理想置于首位，并明确了"标准第一、品牌至上、创造美好"的企业目标。"标准第一"，即人民美术出版社对书稿的艺术价值定出的明确标准；"品牌至上"，即注重年轻一代的人美人对"人美"品牌的传承与发展；"创造美好"，即人民美术出版社的图书要反映和呈现主流美术的整体现状。"标准第一、品牌至上、创造美好"的理念是人美人一直在思考并身体力行的人民美术出版社的企业文化理念，"人美"在不断追求美术图书出版的高境界。而高境界，则是文化品位、艺术格调、思想内涵、出版情怀和最美设计的总和。这又是"人美"品牌之"至美"内涵的体现和传承。

第三节 "人美"品牌的经营与管理

出版企业实施品牌战略，需要对出版品牌进行科学、系统的经营和管理。具有悠久历史的"人美"品牌，要想不断获得更广阔的未来发展空间，对"人美"品牌的经营和管理即品牌运营至关重要。

品牌运营是从品牌的定位、设计、传播、更新、扩展、保护、管理到增值的一项系统工程。对于"人美"品牌来说，前期品牌创立和发展中的定位、设计、传播等环节已经基本完成，并取得了良好的品牌效应，目前所面对的主要是品牌的更新、扩展（延伸）、保护、管理和增值等内容。对"人美"品牌的更新、扩展、保护和管理，可以保证"人美"品牌得到不断发展，从而拥有长久的生命力，这也是品牌运营科学化、系统化的具体措施和表现。

一、品牌更新

具体而言，"人美"品牌的更新既包括对"人美"自身定位、产品定位的重新审视，也包括对各种"人美版"出版物的内容更新和选题更新，更涵盖了近十年来外部出版环境的变化和改革所带来的"人美"自身裂变和调整后的重新定位、设计、传播等全过程。比如，在中国美术出版总社成立之后，"人美"品牌本身确实存在着被分裂、混淆的困扰。所以，目前所进行的更新，既有主观层面的主动性，又有大环境下的应变需求。因此，品牌更新的实践早已开始并不断得以强调。

二、品牌扩展

出版品牌的扩展，也称出版品牌扩张或延伸，是品牌资产的有效利用方式。它是指利用已经获得成功的品牌来推出新产品，使新产品投放市场伊始即获得原有的品牌优势支持的品牌运营方式。当出版企业成功创立一种出版品牌，并具有一定市场影响力时，经常会把这一成功品牌扩用到其他类型的产品上，以凭借现有成功品牌的市场效应，推出新型产品。"人美"品牌经过60年来的传承与发展，也必须有所延伸和扩展。从初版内容来看，这几年开始加大力度向高校艺术教材的大力倾斜，也是品牌内容扩展和延伸的一个体现。

品牌的扩展根据延伸方向，可分为业内扩展和业外扩展。业内扩展主要是出版品牌在出版业内的分层扩展，目的是更加充分地占领出版业的各细分市场。比如图书品牌向其他内容细分领域、其他载体形态或者出版物类型的扩展。人民美术出版社在发展的过程中，积极进行美术专业教材的开发和建设，就是出版内容和类型延伸的一种体现。而近年来，随着数字化的不断发展和迫切需求，人民美术出版社还积极开发电子出版物，涉足数字出版一举，也是其审时度势，实现图书品牌的形态延伸的举措。

业外扩展，顾名思义就是出版品牌向出版领域之外的延伸，即利用各种现代技术优势，将品牌图书及其内容、形象等扩展成多种载体形式，来满足读者的不同需求。利用业已形成的图书品牌，开发连锁的多元文化产品，也是业外品牌延伸的表现方式。成功的出版品牌的扩展和延伸还可触及食品、服装、文具、玩具、娱乐、影视等领域。与此同时，业内外强势品牌的联合更是品牌延伸的高级阶段。人民美术出版社目前在此方面主要体现在业内外的联合上，比如曾经尝试的跨地区的出版合作、"美联体"的成立等，但后者作为一种业内自发的行业组织，结构松散，尚不具备较强的运营、管理能力和权限。

新形势下的人美人也充分体会到品牌需要延伸和发展，提出新时代的编辑必须具备创新思维。在出版主业方面也明确了出版重点：配合国家重大活动的重点图书、学术类图书、常备书、常销书和畅销书五个方面。当然，业内扩展做足文章的同时，还可以量力考虑业外扩展的进一步深入。

三、品牌保护和管理

在品牌的保护和管理方面，"人美"商标的注册和保护应该纳入品牌管理的重要内容之中。作为具有60年积淀的出版品牌来说，对品牌的保护和管理非常重要。虽然对于美术专业出版领域，"人美"的品牌效应具有不可替代性和绝对优势，但是随着目前出版市场竞争的不断加剧，很多专业出版社和综合性出版社也开始加入美术出版领域，美术专业领域的出版竞争也越来越激烈。在这样的背景下，对已有品牌的保护和管理绝不是杞人忧天。在人民美术出版社的网站建设中，率先抢注www.renmei.com.cn的域名，其实就是一种有意识的品牌保护行为，除此之外，对商标名称、图案的注册保护也是必不可少的。

同时，对于一个具有一定历史传统的出版品牌来说，从品牌管理的角度入手，对品牌不断地进行全程、系统的管理，也是保持品牌常青和活力的必要保证。

《中国美术全集》

《老年学书画》系列

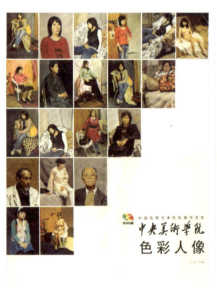

《范本传真》系列

第四节 "人美"品牌的未来发展

60年的品牌发展给我们提供了诸多的经验和思考，而面对新时代新挑战的人民美术出版社，对未来发展的规划主要建立在产业化、集团化、数字化、国际化和市场化等的发展道路和方法的探索、思考之上。

一、产业化发展之路的探索与思考

对产业化发展的思考，是新时代中国出版体制改革的内在要求。"出版产业"概念的提出伊始，产业化就成为出版业界需要认真面对的课题。不管是从宏观的国家出版文化产业的角度，还是从具体的某个出版企业和集团的层面，对产业化发展的探索与思考都日渐提到了发展日程之上。人民美术出版社作为一个中央级的大社，作为一个拥有60年优良传统和品牌文化的老社，同样需要面对这一问题。

对于一个美术专业出版社来说，专业范围的限制使得这种转向具有了一定的难度，而对于一个传统的中央级出版大社来说，对市场的敏感和把握还需要逐渐深化，对产业化的认知和理解还尚待时日。然而，大势已定，在整个出版业体制改革的整盘棋中，人民美术出版社已经充分体验并经历了产业化发展思路下的调整与变革，虽然这个过程对于一个以追求"至真至善至美"为唯一使命、仍旧坚守文化理想和品格的美术专业出版大社来说，似乎稍显残酷，但实际上，产业化的发展与人民美术出版社本身的品牌理念和文化理想并不矛盾，目前需要进一步加强的则是人民美术出版社的市场意识、品牌运营意识和产业化发展的理念。可喜的是，不管难度如何，这种探索和思考从未停止过。

二、集团化发展之路的探索与思考

在国家对出版业"做大做强"的整体方针的指导下，人民美术出版社在最近十多年，先后经历了总社重组、集团创建并内部重组、出版改制等变革，一直处于出版业改革的风口浪尖上。

在集团化发展的探索中，很多学者对目前的集团化操作方式还是有些疑虑的。也许，这需要经历多年后，从改革所产生的效果才能真正证明此举的优劣，但集团化的探索，并非人民美术出版社这类出版社所本应承担的使命和职责。作为一个普通的出版机构来讲，集团化的发展思路折射出来的问题也许主要集中在总社的成立对人民美术出版社的影响和中国出版集团成立后对自身所带来的影响上。

客观来讲，人民美术出版社在中国美术出版总社成立后，确实有被弱化的趋势。甚至2008年，荣宝斋和荣宝斋出版社分立后，也必然面临人民美术出版社和荣宝斋出版社之间的竞争关系。不过，这几年，随着人民美术出版社对品牌认识的提高，更加重视老品牌的发扬与光大，在处理中国美术出版总社与人民美术出版社的关系时，采取了根据实际情况区别对待、发挥各自优势的方法：在进入市场时，更多地宣传人民美术出版社。比如近几年拓展高校艺术教材，成立各省的人民美术出版社高校艺术教育专家委员会时，强化"人民美术出版社"的品牌；在播放宣传片的时候，基本上也着重介绍人民美术出版社的成就与发展历程。在全国性的活动中，比如全国美术出版社社长会、全国美术图书发行联合体的各种活动等，中国美术出版总社则发挥着重要的主导作用。荣宝斋出版社分立后，人民美术出版社2009年设立了书法篆刻编辑室、艺术教育编辑室等部门，加强此类图书的编辑出版。虽然两者存在一定的竞争关系，但各自也有相对的发展空间。

在集团化的改革大潮中，作为一个中央大社的人民美术出版社，能做的是顺应潮流，结合自身实际，利用改革的机遇，不断拓展自身的发展空间。这是一个积极应对的过程。

三、出版策划与营销的探索与思考

对于图书营销的认识，人民美术出版社尤其强调内容环节的控制，认为图书营销最基础、最关键的环节是图书选题策划过程。原来出版社都在年底做年度选题，2009年提出创建三级图书选题库，意在解决图书选题的数量和质量的问题。三级图书选题库，指的是编辑个人图书选题库、编辑室选题库、出版社选题库。编辑个人图书选题库可以是无限大的选题库，经过一定数量的策划论证和筛选，进入编辑室选题库，同样，编辑室的选题进入出版社的选题库。经过层层的论证和筛选，可以起到优

化选题的作用。

而同时，在畅销书的运作和打造方面，人民美术出版社有自己的理解。由于美术专业的特殊性和限制，很多编辑对于美术出版是否存在畅销书的可能一直心存疑虑。毕竟，美术出版原本都是阳春白雪类的居多，专业面的限制使其很难短期达到大众类畅销书的销售量，但近几年随着国内美术图书市场畅销书的不断涌现，似乎肯定了美术畅销书的存在。同时，人美人也意识到，畅销书的产生，受图书内容、读者定位和市场因素的影响，具有一定的偶然性。所以，把以再版次数和发行量作为衡量标准的常销书作为追求的目标，就成了兼顾文化理想和市场指标的当下选择。畅销书、常销书和品牌书，可以被称为图书产品的不同境界。很多出版社都期待着能够多出畅销书，从而拉动销售量，但是，一时一书的"畅销"，并非一个具有高尚出版理想和远见卓识出版者的最高追求，畅销书能够长盛不衰地"常销"，也许才是很多出版人毕生追求的梦想。踏踏实实地在畅销和常销中坚守的出版社，才能真正打造出优秀的品牌书。

在畅销书的运作上，人民美术出版社自感尚需不断提高。在畅销书的打造方面，由于大多数编辑擅长做理论书，擅长编辑高中档的画册和理论书，不熟悉低端的市场类图书，也缺乏与之配套的对口发行网络，在一定程度上制约了畅销书的编辑出版。在此方面进行积极思考后，采取与一些图书文化公司合作的方式弥补自身的不足，可以很好地扩大低端市场类图书品种，从而提高图书在零售市场中的市场占有率。目前，人民美术出版社正在与一些高质量的文化公司合作，从效果上看，获得了社会效益、经济效益双丰收。

在营销方式和策略上，最近几年人民美术出版社也采取了与往常不同的方式，比如，充分认识到

市场终端的重要性，积极主动地走出去，了解市场需求和信息反馈，从而更好地指导上游的选题策划。人民美术出版社采取了"大篷车"走进校园的方式，组织货源在各地高校销售。这种图书直销的方式受到了老师和同学的欢迎，在销售的同时更深入地了解了美术图书的市场需求，也宣传和扩大了出版社的品牌影响。

需要指出的是，人民美术出版社的营销观念和策略目前确实有很大进步，但是，尚有一定的提升空间。比如在对图书营销的认识上，虽然"大篷车"走进校园等活动的开展已经开始了图书营销方面的积极探索，但是还需具备把图书营销的因素纳入前期的选题策划环节，从而把图书营销作为贯穿出版物生产、流通全过程的系统工程来看待和运作，相信会收到更好的回报和品牌影响。

四、网络出版与数字化的探索与思考

网络出版与数字化的挑战和冲击，不仅是人民美术出版社所面临的问题，更是全国甚至全球出版业的共同课题。作为一家美术专业出版社，在面对网络出版时，由于美术出版自身的特征与出版内容的特殊性，既存在挑战也面临机遇。挑战在于，网络出版的最大特征和优势其实也是快餐式"读图"时代，而这与美术出版存在一定的重合，似乎将对美术出版构成一定的威胁，但同时反过来看，很多真正专业的美术出版尤其强调图片的质量、印刷的水平、实物的触摸感等，甚至很多出版内容并不适合数字化，这种特殊性使得美术出版又具有不可替代性。认识到这一点，便于我们有针对性地决定进入网络出版的策略和方式。

目前在网络出版与数字化方面的尝试，一是一些电子出版物的推出并获得了社会认可，二是出版社内管理信息系统、"图文数字化处理系统"的建设和出版社网站平台的建设与开通，这是企业信息化的基础。除此之外，与人民美术出版社同作为中国美术出版总社成员的动漫中心，积极探索动漫图书的电子出版、移动阅读市场之举，也可以带给我们一些启发和思索。

五、"走出去"的探索与思考

中国文化"走出去"是目前文化产业的重要目标。近几年文化"走出去"也取得了很好的成绩，像中华书局的《论语心得》，在世界上引起很大影响。美术出版"走出去"，其实存在很大的优势，因为图画是全人类共通的语言。纵观人民美术出版社的发展历程不难感受到，人美人总是身怀一种弘扬中华文化的使命与重任，积极寻找"走出去"的渠道与方式。从最初《苏加诺藏画集》的合作出版到1979年中日的首次合作出版，再到近些年一串串的版权输出书单，人民美术出版社携华夏文化"走出去"的梦想之火一直燃烧着。合作出版和版权输出的谈判桌上、交流与互访的行程中、各种国际书展和书业博览会的展台上，到处都能看到人民美术出版社的身影和足迹。把"走出去"作为自身发展的一种需要和动力，怀揣梦想，不断探索，是人民美术出版社扩大国际影响、弘扬华夏文化的途径和目标。

畅想未来"走出去"的蓝图，还需要进一步扩大"走出去"的范围和类型，在合作出版和版权输出方面，尚有很大的空间可以拓展。人美人还需更充分地发挥自身的优势和特色，不断加强对外交流合作的能力和水平，从而更好地加快和加强"走出去"的步伐和力度。

中国美术出版大厦设计效果图

　　对"人美"这样一个老品牌的认知和剖析，其实并非易事，而是否能做到客观公正，也尚不得而知。那就把此权当一种总结和探讨，若能引起人美人的些许共鸣，亦足矣。可以肯定的是，不管未来将会面临何种挑战和变革，人民美术出版社都能够应时而变，永葆品牌的活力与青春。祝福这个美术出版领域的优秀品牌能够在未来的品牌之路上越走越远，越走越好！

第八章

六十华诞　继往开来

最近的十年中，人民美术出版社历经重组、分立等机构调整，于2000年成立中国美术出版总社，不久划归中国出版集团公司。在中国出版集团公司领导下，文化建设的任务更加明确。在新中国成立60周年、中国共产党建党90周年等重大历史时期，人民美术出版社出版了一大批反映党在美术出版事业中领导地位、新中国美术发展成就的大型图书。

新中国美术出版从这里开始

——人民美术出版社成立六十年出版成就展前言

1951年，在北京中山公园举行了人民美术出版社成立大会。从此，新中国建立后的第一个国家美术专业出版机构诞生。周恩来总理亲笔题写社名，表明党和国家对新中国美术出版事业的关怀和期待。

时光昀霍、欣逢甲子，人民美术出版社已经发展60年了。这60年大致分为三个时期：

第一个时期以新中国美术出版快速增强、主流美术文化形态定位为特征。美术工作在建国初期的新文化建设中担负极其重要的责任。弘扬优秀民族文化，改造旧文化，普及革命的大众艺术是当时人民美术出版社最重要的工作。除大量绘制出版革命领袖像外，还积极创作新年画、新连环画和宣传画。20世纪五六十年代，人民美术出版社的出版物不仅在美术专业出版领域独占鳌头，而且无数图文并茂的"小人书"以及其他优秀普及性读物影响了几代人的成长。同时，新中国美术出版以其民族气派、民族风格、东方美学的独特成就在国际上引起关注。1959年，在莱比锡国际书籍艺术博览会为新中国首次赢得金银铜多项奖项。

第二个时期以美术出版的拨乱反正、大批重要艺术典籍出版和改革开放、积极对外合作为特征。20世纪80年代末，联合多家出版社的重点出版工程《中国美术全集》（古代部分60卷）付梓，6卷本的《中国历代艺术》、8卷本的《中国历代绘画——故宫博物院藏画集》、《中国民间美术全集》等相继问世，标志着新中国的美术出版再一次走向繁荣。经当时党和国家领导人批准，人民美术出版社首次与日本出版机构合作编辑出版《中国的旅行》（5卷），从此掀开中国美术出版走出国门新的篇章。在1979年至1989年间，人民美术出版社分别在日本、意大利、英国、法国等国家举办多次美术、出版展览，开展多项合作出版项目，使新中国的美术成就和艺术出版得到国外同行广泛的尊重和赞扬。

第三个时期以进入新世纪，在深入文化体制改革、深化出版改革的背景下，人民美术出版社进入出版规模和艺术产业快速发展的阶段为特征。

最近的十年中，人民美术出版社历经重组、分立等机构调整，于2000年成立中国美术出版总社，不久划归中国出版集团公司。在中国出版集团公司领导下，文化建设的任务更加明确。在新中国成立60周年、中国共产党建党90周年等重大历史时期，人民美术出版社出版了一大批反映党在美术出版事业中领导地位、新中国美术发展成就的大型图书，如《中国美术百科全书》《中国碑刻全集》《万山红遍——新中国美术60年访谈录 1949-2009》《国家重大历史题材美术创作工程作品集》《红色经典——新中国百种连环画》等，并多次荣获中国出版政府奖和中华优秀出版物奖。同时，人民美术出版社的出版结构更加丰富，形成中国美术、外国美术、设计艺术、艺术教育、书法篆刻、动漫少儿童书等出版产品线。初步形成以人民美术出版社为核心的完整艺术产业链，为今后的发展奠定了坚实的基础。

风华曾领六十载，彪炳更待新纪元。

在中宣部、新闻出版总署和中国出版集团公司的关怀下，人民美术出版社的明天将更灿烂。

中国美术出版总社

社长　常汝吉

人民美术出版社

庆祝人民美术出版社成立 60 周年系列展

在新中国第一家国家级美术专业出版机构——人民美术出版社成立60周年前夕，中共中央政治局常委李长春，中共中央政治局委员、书记处书记、中宣部部长刘云山，中共中央政治局委员、国务委员刘延东，全国人大常委会副委员长、民进中央主席严隽琪，分别发来贺信表示祝贺。

2011年8月15日，人民美术出版社在中国美术馆隆重举行了"庆祝人民美术出版社成立60周年系列展"开幕式。中宣部副部长蔡名照，全国人大常委、民进中央副主席朱永新，新闻出版总署出版管理司司长吴尚之，中国书法家协会名誉主席、人民美术出版社原副总编辑沈鹏，中国书法家协会主席张海，国家画院院长杨晓阳，中国美术馆副馆长马书林，中国出版集团公司党组书记王涛及副总裁刘伯根、林弋等领导莅临大会。美术机构负责人、画家、美术理论家，以及出版界、新闻界代表共计400余人参加了开幕式。

"庆祝人民美术出版社成立60周年系列展"包括五个展览：一、人民美术出版社出版成就展；二、沈鹏书法作品展；三、人民美术出版社连环画、年画、宣传画、领袖像展；四、中国当代名家邀请展；五、人民美术出版社编辑书画摄影展。

一、多位党和国家领导人发来贺信

李长春、刘云山、刘延东、严隽琪等党和国家领导人发来贺信，柳斌杰、聂震宁、冯远、刘大为、张海等领导题词或发来贺信表示祝贺。

中共中央政治局常委李长春在贺信中高度评价人民美术出版社60年来"始终坚持为人民服务、为社会主义服务的方向和百花齐放、百家争鸣的方针，牢牢把握正确出版导向，推出了一大批高品位、高质量的美术出版物，涌现出了一批成就卓著的出版编辑人才，在普及美术知识、推动美术创作、弘扬民族传统文化、促进中外文化交流等方面做出了积极贡献。特别是近年来，认真贯彻中央关于深化文化体制改革的决策部署，顺利完成转企改制任务，为加快发展注入了新的生机活力"。李长春同志提出："当前，全国各族人民正在以胡锦涛同志为总书记的党中央坚强领导下，为实现'十二五'规划目标而努力奋斗。希望你们高举中国特色社会主义伟大旗帜，以邓小平理论和'三个代表'重要思想为指导，深入贯彻落实科学发展观，发挥自身优势，勇于改革创新，不断提高编辑出版质量，加快走出去步伐，多出优秀作品，多出优秀人才，努力做大做强，建设具有国际竞争力的一流美术出版社，为促进我国美术事业发展，推动社会主义文化大发展大繁荣做出新的更大贡献。"

中共中央政治局委员、书记处书记、中宣部部长刘云山在贺信中高度赞赏人民美术出版社60年来取得的成绩，并要求人民美术出版社"站在新的历史起点上，高举中国特色社会主义伟大旗帜，深入贯彻落实科学发展观，坚持和发展人民美术出版社的光荣传统，深化改革，开拓进取，为推动中国美术出版更大繁荣做出新的贡献"。

中共中央政治局委员、国务委员刘延东在贺信中称赞人民美术出版社60年"牢记使命，继承创新，出版了大量优秀的美术图书，培育了一代代优秀的美术工作者，为宣传党和国家方针政策、弘扬中华文化做出了积极贡献"。她希望人民美术出版社"以建社60周年为契机，高举旗帜，深入落实科学发展观，发扬优良传统，坚持改革创新，不断打造图书精品，努力推动中国美术出版更好地服务群众、服务社会、繁荣文化出版事业，面向未来，走向世界，再创辉煌"。

全国人大副委员长、民进中央主席严隽琪同志在贺信中高度评价人民美术出版社60年来"始终遵循党的出版方针，牢记历史赋予的使命，着力打造美术书刊品牌，为现当代优秀美术家立传，向大众普及美术知识，为新中国的美术出版事业做出了重要贡献，在几代出版人的共同努力下，人民美术出版社已经形成了社会公认的品牌和学术影响力"。她祝愿人民美术出版社"再接再厉，与时俱进，开拓创新，进一步做大做强，建设具有国际竞争力的一流美术出版社，为繁荣和发展社会主义先进文化做出更大贡献"！

新闻出版总署署长柳斌杰、中国出版集团公司总裁聂震宁、中国美术家协会主席刘大为、中国书法家协会主席张海等领导分别题词祝贺，中国文联副主席、中国美术家协会副主席冯远发来贺信，数百位国内知名美术家纷纷作画表示祝贺。

二、人民美术出版社：新中国成立最早的国家级美术专业出版机构

人民美术出版社成立于1951年，是新中国成立最早的中央级出版社之一，也是新中国美术出版事业的发源地。60年来，已出书万余种，荣获国内、国际数百奖项，打造出了中国专业美术出版社的辉煌品牌，为新中国的美术出版事业做出了重要贡献，同时，也深刻影响着中国现代美术事业的发展进程。

60年来，人民美术出版社出版了逾万种美术类图书，印行逾50亿册（张），其中包括几十亿张革命领袖标准像（仅毛主席像就印刷了44亿张），以及国家重点文化出版工程《中国美术全集》(古代部分60卷)、《中国现代美术全集》、《中国近现代名家画集》、《中国当代名家画集》、《中国历代艺术》、《故宫博物院藏画集》、《新中国出版五十年》、《中国民间美术全集》、《向祖国汇报——新中国美术60年》、《国家重大历史题材美术创作工程作品集》、《中国美术百科全书》、《中国碑刻全集》和近现代绘画大师齐白石、徐悲鸿、黄宾虹、傅抱石、李可染等人的大型画集，还有全国第一套统编中小学美术教材、全国第一套中等师范美术教材、全国第一套普通高中美术教材和大量以提高人民艺术素质为宗旨的优秀普及类图书，包括美术期刊、少儿读物、连环画册等。

60年来，人民美术出版社的图书多次荣获国家图书奖、国家精神文明建设"五个一工程"优秀图书奖、中华优秀出版物奖、中国出版政府奖、全国优秀艺术图书奖，以及莱比锡国际书籍艺术博览会金奖、银奖、铜奖等，获奖多达数百项，蜚声海内外美术界。例如：《故宫博物院藏画集》荣获第一届国家图书奖；《中国美术全集》(古代部分60卷）荣获第一届国家图书奖荣誉奖；《中国古代木刻画选集》获得第一届国家图书奖提名奖、莱比锡国际艺术展金牌奖、莱比锡国际书籍艺术博览会银牌奖；《宋人画册》荣获莱比锡国际书籍艺术博览会金牌奖；《中国摄影家朱宪民作品集》荣获莱比锡国际书籍艺术博览会金牌奖；《中国历代艺术》荣获第七届国家精神文明建设"五个一工程"优秀图书奖；《永远的三峡》、《中国民间美术全集》荣获第六届国家图书奖；《百年中国画集》、《20世纪外国大师论艺书系》、《吴历精品集》、《中国近现代名家作品选粹》、《世界著名美术院校教育丛书》、《20世纪篆刻名家作品选》等荣获第二届全国优秀艺术图书奖；《汪稼华笔墨》、《美

男美女——中央美术学院学生状态》分别荣获2007年度、2010年度"中国最美的书"称号；《九如堂古陶瓷藏品》、《抗击冰雪 心系人民——新闻摄影展作品集》荣获第二届中华优秀出版物奖；《中国美术百科全书》荣获第三届中华优秀出版物奖；《野孩子系列》荣获第三届中华优秀出版物奖提名奖；《中国侗族在三江》《女红》荣获第二届中国出版政府奖装帧设计提名奖等。

三、名家荟萃，共同打造美术出版国家队品牌

在60年的发展历程中，人民美术出版社培育了一支优秀的人才队伍。有许多老一代的革命家、艺术家曾经在这里辛勤耕耘或参与工作。其中包括建社初期曾任编审委员会委员的萨空了、徐悲鸿、江丰、王朝闻、蔡若虹、蔡仪、张仃、华君武、叶浅予、朱丹、古元、彦涵、王式廓、邵宇、陈叔亮、邹雅、力群、沃渣等，还包括在新中国美术出版实践中成长起来的著名书画家、装帧设计家和文艺理论家，如王叔晖、刘继卣、徐燕孙、任率英、卢光照、秦岭云、黄苗子、刘迅、鲁少飞、曹辛之、林锴、李平凡、姜维朴、田郁文、沈鹏、陆志庠、阿老、曹洁、温泉源、罗尔纯、陈允鹤、李文昭等。一批当年的中青年画家，在这里成长为当代中国画坛具有一定影响的骨干，如杨先让、费声福、童介眉、丁午、徐希、张立辰、姚奎、张广、石虎、楼家本等。而曾经由人民美术出版社给予帮助或培养的美术家，更是遍布全国各地，难以计数。

60年来，人民美术出版社一贯秉承传统而不泥古、雅致却不呆板的出版品位，着力打造美术出版国家队的品牌，已形成覆盖美术专业、大众美育和高、中、低端市场的13条成熟产品线，以中国传统艺术门类为主的高、精、专作品为龙头，包括艺术画册、美术教材、美术理论、外国美术、美术设计、书法篆刻、绘画技法、美术工具书、美术期刊

群等。在几代"人美人"的共同努力下，60年的传承与追求、坚守与执著，让人民美术出版社成为了中国美术界的公认品牌。

目前，人民美术出版社作为中国版协全国美术出版社联合体、中国发协全国美术出版联合发行集团的发起组织者，无疑已成为中国美术出版业的领军社，正在为中国美术出版业的做大做强，承担着历史所赋予的重任。

四、领导讲话寄语，共祝人民美术出版社更上一层楼

开幕式上，人民美术出版社社长常汝吉介绍了人民美术出版社60年的发展历程。中宣部副部长蔡名照，中国出版集团公司党组书记、副总裁王涛等领导同志，以及中国书法家协会名誉主席、人民美术出版社原副总编辑沈鹏在开幕式上分别发表了热情洋溢的讲话。他们对人民美术出版社过去60年所取得的辉煌成果给予了充分肯定与高度评价，对其下一步发展提出了更高的要求和美好的祝愿。

2011年8月18日下午，中共中央政治局委员、中央书记处书记、中央宣传部部长刘云山同志在中国美术馆参观"庆祝人民美术出版社60周年系列展"中的"人民美术出版社出版成就展"、"沈鹏书法作品展"。中国出版集团公司党组书记王涛，中国美术出版总社、人民美术出版社社长常汝吉，党委书记汪家明，总编辑林阳，副总编辑欧京海，中国书法家协会名誉主席、人民美术出版社原副总编辑沈鹏等人陪同参观。刘云山同志一边参观，一边饶有兴趣地听取讲解，并询问了人民美术出版社的发展情况。刘云山同志说，人民美术出版社60年来，出版了许多好书，很受读者喜爱，人民美术出版社为中国美术事业和出版事业做出了重要的贡献，功不可没。我们要重视人民美术出版社这个著名的品牌，继续发挥品牌的作用。在观看展览中，他表示

对此次展出的一些图书非常熟悉，曾经认真读过。他指出，这些图书对群众的美育起到很好的示范作用。人民美术出版社是繁荣美术事业的重要阵地，在将来的美术出版工作中还要起到示范作用。

刘云山同志在参观"沈鹏书法作品展"时，还与沈鹏亲切交谈，并称沈鹏先生不仅是人民美术出版社的名片，也是中国出版集团公司的名片。

《中国美术》2011年第5期

"人民美术出版社成立60周年系列展"开幕式

中宣部部长刘云山参观人民美术出版社成立 60 周年成就展

中宣部部长刘云山参观人民美术出版社成立 60 周年沈鹏书法作品展

人美社社长常汝吉（左三）、著名书法家沈鹏（左一）等陪同国务委员马凯（右三）参观系列展

人美社总编辑林阳陪同中国书协主席张海（左一）、著名书法家沈鹏（左二）参观系列展

"人民美术出版社成立60周年系列展"出版成就座谈会

"人民美术出版社成立60周年系列展"专家座谈会

"人民美术出版社成立60周年系列展"
出版成就座谈会

"人民美术出版社成立60周年系列展"
布展现场

"人民美术出版社成立60周年系列展"
布展现场

"人民美术出版社成立60周年出版成就展"展览现场

"人民美术出版社成立60周年成就展"书稿档案陈列

"人民美术出版社成立60周年成就展"书稿档案陈列

"人民美术出版社成立60周年成就展"书籍陈列

"人民美术出版社成立60周年成就展"书籍陈列

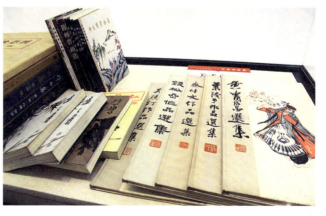

"人民美术出版社成立60周年成就展"书籍陈列

"人民美术出版社成立60周年连环画、年画、宣传画、领袖像展"展览现场

"人民美术出版社成立60周年连环画、年画、宣传画、领袖像展"展览现场

参考文献及附录

参考文献

附录1：甲子华诞　历史回顾——大事年表

附录2：琳琅满目　美不胜收——60年获奖图书目录

附录3：蓬勃向上　追求至美——工作团队

附录4：充满活力　代代相承——职工名录

附录5：披荆斩棘　胆魄舵手——历任社领导

参考文献

图书

1.《中国出版史话新编》，方厚枢著，郑州：河南大学出版社，2010年

2.《中国出版通史·中华人民共和国卷》，方厚枢、魏玉山著，北京：中国书籍出版社，2008年

3.《中华人民共和国出版史料》（1—13），中国出版科学研究所、中央档案馆，北京：中国书籍出版社，2009年

4.《中国编辑出版史（下）》，肖东发、方厚枢，沈阳：辽海出版社，2006年

5.《中国当代出版史料文丛》，方厚枢，北京：中国书籍出版社，2007年

6.《亲历新中国出版六十年》，宋应离、刘小敏，郑州：河南大学出版社，2009年

7.《亲历出版三十年——新时期出版纪事与思考（下）》，宋木文，北京：商务印书馆，2007年

8.《新中国对外文化交流史略》，孙维学、林地，北京：中国友谊出版社，1999年

9.《周恩来刘少奇朱德陈云与新闻出版》，袁亮，北京：中国书籍出版社，2003年

10.《周恩来年谱（1949—1976）》，中共中央文献研究室，北京：中央文献出版社，1997年

11.《新中国美术图史1966—1976》，王明贤、严善錞，北京：中国青年出版社，2004年

12.《武器工具与中国革命美术研究》，李蒲星，长沙：湖南人民出版社，2008年

13.《新中国连环画艺术简史》，魏华，北京：中国传媒大学出版社，2008年

14.《滋兰树惠》，《名社30年书系》编辑出版委员会，北京：人民美术出版社，2008年

15.《中国出版品牌研究》，张曼玲，博士学位论文，北京：北京大学，2004年

期刊

1.《战士画家邵宇（连载四）》，姜海波、汤洪年，《党史纵横》，2006年，第11期

2.《新中国美术进程中的出版队伍》，刘新，《美术之友》，2004年，第9期

3.《新年画运动在50年代的两次高潮》，廖国柱，《收藏》，2009年，第3期

4.《关于<苏加诺藏画集>》，田郁文，《美术之友》，2003年，第1期

5.《中国近现代美术期刊的历史贡献及研究价值》，卢培钊，《中国编辑》，2003年，第3期

6.《"阅"然纸上（1951—2011），〈连环画报〉60年印象》，佚名，连趣论坛

7.《<连环画报>创刊时间之谜》，佚名，连趣论坛

8.《惊回首，离天三尺三——纪念<中国摄影>杂志创刊五十周年》，闻丹青，《中国摄影》，2007年，第12期

9.《苏加诺总统藏画集在印度尼西亚》，司马文森，《文艺报》，1958年，第16期

10.《<苏加诺总统藏画集>的故事》，司马小莘，《中华读书报》，2010年10月27日

11.《荣宝斋，三百年老店的前世今生》，胡金兆，《民主与法制时报》，2006年9月24日

12.《连环画艺术的四次大检阅——中国连环画四届全国评奖概述》，姜维朴，《全国——四届连环画评奖获奖作品图录（1963—1991）》，哈尔滨：黑龙江美术出版社，2003年

13.《回忆新中国珂罗版印刷的前前后后》，胡永秀，《出版史料》，2009年，第4期

14.《中国出版史上一次拨乱反正的重要会议——记1978年庐山"全国少年儿童读物出版座谈会"》，喻建章，《中国出版》，2006年，第4期

15.《当代美术出版报告（三）——赢在似与不似之间》，刘新，《出版广角》，2001年，第10期

16.《对"现代性"的追问——90年代文学的一个趋向》，张颐武，《天津社会科学》，1993年，第4期

17.《把连环画打造成中国特色文化品牌》，柳斌杰，《光明日报》，2010年1月30日

18.《说林楷》，段兴诚，《美术之友》，2004年，第5期

19.《人民美术出版社创作室简介》，姚奎、张广，《美术之友》，2004年，第5期

20.《我与人美创作室——赵晓沫采访录》，成佩，《美术之友》，2004年，第5期

21.《我国美术期刊发展概况》，刘淑贤，《图书馆论坛》，1996年，第3期

22.《何溶时代的<美术>杂志》，王小箭，雅昌艺术网

23.《创作创作再创作——石虎访谈录》，佚名，《美术之友》，2004年，第5期

24.《新中国美术进程中的出版队伍》，刘新，《美术之友》，2004年，第5期

25.《历史不会忘记的<美术之友>——纪念<美术书刊介绍>创刊50周年》，吕文喆，《美术之友》，2003年，第5期

26.《介绍<连环画论丛>创刊号》，姜红伟，《清远日报》，2007年1月7日

27.《"东方飞来一只燕子，春天已经不远了"——第四、第五两届莫斯科国际书展记实》，游琪，《苏联东欧问题》，1986年，第5期

28.《国外书展两题——回忆1956年法兰克福书展与1983年莫斯科书展》，曹健飞，《出版史料》，2008年，第1期

29.《"美联"架起社店互动的桥梁》，张友元，《美术之友》，2001年，第5期

30.《自由自主自觉——改革开放30年中国美术创作回述》，徐红，《人民日报》，2008年10月26日08版

31.《刘玉山与<中国古代木刻画选集>》，蒋德钓，《瞭望》，1988年，第14期

32.《追随巨人的足迹——<李可染论艺术>编写纪实》，李宝林、阮宗华，《美术》，1991年，第3期

33.《从128万份到1万份，中国<连环画报>的前世今生》，罗利娜，《环球》，2009年，第11期

34.《从<漫画大王>的发展看优秀期刊的必备品质》，黄薇，《中国编辑学会第十三届年会优秀文集》，2008年

35.《中国书展将在香港隆重举行》，舒童，《中国出版》，1985年，第12期

36.《版协派观察员参加"国际美术设计大会"》，阿云，《中国出版》，1985年，第12期

37.《艺术之子曹辛之》，鹿耀世，《博览群书》，2008年，第11期

38.《我国电子出版物的发展现状与展望》，李海丽，《高校图书情报论坛》，2005年9月，第4卷，第3期

39.《弘扬中华民族传统文化，发展国内电子出版事业——访北京银冠电子科技公司朱一兵先生》，房美丽，《中国电子出版》，1998年，第1期

40.《"莫必斯"获奖光盘<故宫>编创始末》，吴本华，《多媒体世界》，1998年，第1期

41.《从美术出版史出发——首届中国美术出版界美术家作品展学术研讨会》，程翼、李果整理，《美术之友》，2004年，第5期

42.《中国出版集团在京成立》，《传媒》，2002年，第5期

43.《披荆斩棘顺势而为——关于美术出版的对话》，徐声、林阳，《美术之友》，2009年，第2期

44.《老树新花别样芬芳，人美品牌再创辉煌——访人民美术出版社图书出版中心胡建斌总编辑》，《新华书目报》，2009年9月25日04版

（按首次引用顺序）

附录 1　　甲子华诞　历史回顾—— 大事年表

1950 年

10 月，中央人民政府出版总署根据全国第一届出版会议关于出版专业化的精神，决定成立人民美术出版社。11 月开始筹备工作。负责人有萨空了、朱丹、邵宇、邹雅、刘北方、安靖等。

编辑部（筹备处）设在建国门内大牌坊胡同，经理部（筹备处）设在王府井大街，两处工作人员共计三十多人。同时筹建美术印刷厂。

秋，由新华书店总店管理处木印科即原石家庄大众美术社与原私营"北京荣宝斋"实行公私合营。合营后称"北京荣宝斋新记"，由郭沫若同志题写斋名。洽谈工作和接管事宜由邹雅、侯恺具体负责。合营后由侯恺（公方代表）任经理，王仁山（私方）任副经理，隶属人民美术出版社。后来业务领导分工由邵宇负责。

成立人民画报社，萨空了任社长，朱丹任总编辑，胡考、丁聪任副总编辑。毛泽东主席为画报题名。

1951 年

4 月，出版总署决定，摹绘、复制《毛主席像》及其他中外领袖像应以人民美术出版社印行的图像为标准。

根据 1949 年文化部、出版总署颁发的经毛主席亲自批阅的《关于开展新年画工作决定》《1950 年关于加强年画工作的指示》的精神，组织美术家创作出版了一大批新年画和普及读物。同时配合党和国家的政治运动和时事政策宣传，出版了大量宣传画。这些新年画、新连环画的印发，对改造旧年画、取缔内容不健康的旧小人书、占领图书市场发挥了较大的作用。如刘继卣绘的连环画《鸡毛信》《东郭先生》等在连环画界影响很大。

5 月，《连环画报》（半月刊）正式创刊，邹雅任主编。文化部部长沈雁冰（茅盾）题写刊名。

夏，从新闻总署摄影局、人民画报社、出版总署出版局美术室及文化部艺术局领导的大众图画社抽调部分人员合并组成人民美术出版社基本队伍。社址迁入灯市口北辰宫。

9 月 15 日，人民美术出版社正式成立。萨空了任社长，朱丹任副社长兼总编辑。在中山公园举行成

立大会。出版总署署长胡愈之、副署长叶圣陶、文化部副部长周扬出席大会并讲话。

周恩来总理为人民美术出版社题写社名。

9 月，制订了《人民美术出版社暂行组织条例》，经中共中央宣传部、中央文化部、出版总署修正，批准试行。条例中规定：人民美术出版社为国营企业机构，受中央人民政府文化部、出版总署共同领导。业务范围为：1. 出版各种美术出版物，以通俗的美术出版物为主。2. 领导管理北京美术印刷厂、荣宝斋新记。由政务院批准成立社务委员会，委员 7 人，有郑振铎、黄洛峰、江丰、严文井、蔡若虹、萨空了、朱丹，正副主任由正副社长兼任。由出版总署批准委任的编审委员会委员有徐悲鸿、王冶秋、张仲实、江丰、胡蛮、王朝闻、蔡若虹、蔡仪、张仃、华君武、叶浅予、古元、彦涵、王式廓、邵宇、陈叔亮、萨空了、朱丹、胡考、邹雅、石少华（以上两个委员会中大部分委员是聘请有关领导机关的负责人及有关的社会知名人士和专家担任）。制定的方针任务是：通过形象与艺术形式宣传马克思列宁主义、毛泽东

1952 年

思想，进行爱国主义及国际主义的教育；适应国家经济建设与文化建设的需要，提高人民群众思想文化、科学知识水平；以出版通俗的工农美术读物为主，有重点地编选介绍有代表性的艺术作品、民间艺术、历史文化遗产。

人民美术出版社组织机构，下设编审部、美术研究室、经理部，另辖人民画报社、北京美术印刷厂及公私合营北京荣宝斋新记。工作人员由最初的30多人发展到158人（不包括美术印刷厂和荣宝斋）。

同时，建立了党、团组织，成立了党支部和团支部。

自本年起，本社编辑出版工作实行计划化。各编辑部门都制订了编辑方针、任务及选题计划。确定本社出版物以普及读物为主。

根据出版总署指示，明确了人美社与地方美术出版机构的分工。领袖像及专门进行国际宣传的期刊与画册，由人美社出版。上海华东人民美术出版社以出版连环画为主。

为了加强年画的出版工作，成立了"年画工作委员会"。

为了解决连环画脚本不足问题，进一步占领旧小人书市场，人美社成立了"连环画脚本研究会"，吸引有关人员参加脚本创作及改编工作，并向文学界呼吁编写连环画脚本。

调整了组织机构：经理部由张朝同任经理；将原期刊编辑室改为《连环画报》编辑室，刘迅任主任；原图书编辑室改为图片画册编辑室，邹雅任主任，安靖任副主任；原美术工作室改为创作室，邵宇任主任，古元任副主任；另外增设了总编办公室。全社工作人员增加到260人。

为了进一步满足人民不断增长的文化需要，适当地增加美术出版物的品种，也为了给美术工作者提供更多的发表作品的机会，经上级批准，10月，开始以"朝花美术出版社"（为本社副牌）名义出版一些出版物。

邵宇调任人民日报社美术组组长赴朝，成为抗美援朝记者。

朱丹调离本社，邵宇接任副社长兼总编辑职务。

选编了《古元木刻集》，首次介绍古元在革命圣地延安所创作的木刻。出版了邵宇、古元、罗工柳、西野等画家创作的《抗美援朝速写》及邵宇作品《首都速写集》，重版邵宇作品《上饶集中营》画册。

1953 年

本社进入了调整、提高及发展时期。编辑出版工作贯彻"普及与提高并重"的方针。扩大了题材范围，形式也更多样化，克服了某些作品中概念化、公式化的倾向。在民族遗产、民间美术、艺术论著的整理与介绍工作上，有了一个良好的开端。装帧设计和印刷质量普遍有所提高。

力群调本社任副总编辑。王舒冰任专职党支部书记。

在组织机构上，原编审部撤销，专门成立了连环画册编辑室，由姜维朴先后任副主任、主任，武耀强任副主任。郑润调任《连环画报》编辑室副主任。增设了摄影组。成立了人民美术出版社上海办事处，贺礼逊任主任。

《人民画报》于本年6月脱离人民美术出版社，划归外文局领导。

制订了《人民美术出版社人事工作暂行条例》及《人民美术出版社劳动保险暂行办法》。

1954 年

为了进一步贯彻发稿与出版计划化，制订了《制订、检查发稿计划与出版计划试行办法》。

年初成立连环画脚本创作研究组，由孟超任组长。

春，由中国美术家协会与人美社联合召开会议，决定编辑出版"中国画家丛书"，参加会议者有江丰、蔡若虹、王朝闻、华君武、萨空了、邵宇、邹雅等，之后陆续出版了李可染、叶浅予、石鲁、李少言等十余册画家专集。

建立了工会组织（本社工会直属北京市总工会出版印刷工会领导）。工会在组织职工开展政治、文化、业务学习，活跃职工文化生活及提高职工生活福利方面发挥了积极作用。在工会组织领导下，召开了本社职工运动会，成立了业余京剧团、乐队及其他文体组织。

为了加强领导与职工群众的联系，反映各方面的意见，建立了党、政、工、团联席会议制度。

中国幻灯公司划归人民美术出版社领导，改为人美社幻灯编绘室，孟超任主任。脚本创作研究组撤销，人员并入连环画册编辑室。

10月，出版总署与文化部合并，人民美术出版社隶属文化部出版局领导。

出版《华君武漫画选集》，编选华君武在中华人民共和国成立前后时期创作的政治讽刺画。叶浅予编写的《怎样画速写》，归纳整理了速写技法，是一本美术基础知识的入门书。此书的编写与出版，成为人美社以后的多种美术知识和技法工具书的先例。

由中国美术家协会编辑的《美术》创刊，由人民美术出版社出版。

本年还出版了刘继卣绘制的《武松打虎》，王叔晖绘制的《西厢记》条屏年画和《孔雀东南飞》连环画。

胡乔木同志写信给人民美术出版社，指出连环画的编辑出版应开拓选题，可以根据古典文学改编，如《西游记》《南北东西四游记》《济公传》等都可以有计划地改编，以满足群众多方面的需要，从而占领思想文化阵地。

1955 年

副总编辑力群调离社，牛犇来社任副总编辑兼做党的工作。

出版画册《中国建筑彩画图案（清式彩画）》《全国基本建设工程中出土文物展览图录》《印度阿旃陀石窟绘画》等。

7月，《漫画》（月刊）由上海转人民美术出版社出版。

荣宝斋木版水印徐悲鸿《奔马》、齐白石《花卉》出版后，在国际国内产生影响。"木版水印"亦由此定名。

由姜维朴、徐淦、武耀强等改编，卜孝怀、任率英、墨浪等绘画的长篇连环画库《水浒》（共26册）开始出版发行，这是建国以来第一部根据古典文学编绘的连环画库。

1956 年

制订了本社"12年编辑出版规划"，开始有计划地、系统地出版我国及外国的美术作品。其中包括中国美术全集、民间美术选集、少数民族艺术选集、世界美术选集、中国美术史、中国历代画论、"五四"以来有代表性的美术作品及现代古典等文学名著改编的连环画的规划。

邵宇、安靖、姜信之等去印度尼西亚选拍、编辑苏加诺总统藏画。《苏加诺藏画集》（6册）组织动员了本社得力的编辑设计人员和全国最好的印刷、装订等力量，使彩色印刷达到了世界先进水平，总投资72万元，第一册、第二册发稿后4个月，在苏加诺总统访问中国的前夕印刷出版，作为礼品，由周恩来总理亲手赠给苏加诺总统。此书在1959年莱比锡国际书籍艺术博览会获金牌奖，并受到文化部奖励。

经理部撤销，改为出版部及行政处。幻灯编绘室（原中国幻灯公司）由人民美术出版社划出，归文化部直接领导。本社增设美术部（在东四四条办公），创作人员直接为人民美术出版社出版服务（主要创作连环、年画、宣传画）。

9月，人民美术出版社派邹雅参加中国出版界参观访问团，赴苏联参观访问。

10月，人民美术出版社社址由灯市口迁至北总布胡同32号（原出版总署署址）。

出版画册《伟大的艺术传统图录》、《苏加诺藏画集》（一、二集）、《八十七神仙卷》、《伦勃朗》、《雪舟》及文金扬编著的《艺用人体解剖学》等。

增设副牌"中国古典艺术出版社"，出版古典美术作品。

由邵宇、邹雅与故宫博物院院长吴仲超制订出版故宫藏画计划，由荣宝斋派人临摹《清明上河图》、木版印制《簪花仕女图》。

1957 年

4月，文化部派出以王益、邵宇为正副团长的代表团，参加莱比锡社会主义国家出版会议，讨论国际书籍艺术博览会筹备事项。

马肃任党支部书记。

人民美术出版社与苏联国家艺术出版社及美术家出版社建立样书（部分）直接交换关系。

出版画册《中国戏曲服装图案》《中国古代石刻画选集》《中国美术作品选集》《宋人画册》《古铜鼓图录》等。《中国摄影》（双月刊）4月创刊，由人民美术出版社出版。

根据古典名著改编、王叔晖绘画的连环画《西厢记》出版。该画册7次再版，总印数达40万册，在国内外有广泛影响。连环画册《我要读书》（根据高玉宝原作，徐光玉改编，王绪阳、贲庆余等绘）出版，这也是具有影响的一部力作。

系列连环画库《志愿军英雄传画库》开始出版。

系列连环画库《戏曲画库》出版《劈山救母》（任率英绘）等10种。

1958 年

一批干部分别下放河北遵化、江苏高邮劳动及参加文化工作队。

邹雅任副总编辑。

社党委会正式成立，党委成员有邵宇、牛犇、邹雅、张朝同、姜维朴、沃渣、侯恺。邵宇任党委书记，牛犇任副书记。

在组织机构上，先后撤销创作室和美术部，部分人员并入连环画册编辑室及图片画册编辑室图片组。由原北京美术印刷厂、工人书厂、印刷技术研究所合并组建人民美术出版社印刷厂，加强了彩色印刷技术，如中国国产凹印机的制造成功，为美术出版物提高质量奠定了基础。

成立王府井和平画店（属荣宝斋领导）。

制定了一系列规章制度。其中有《人民美术出版社方针任务及五年基本任务》（1958—1962）、《人民美术出版社1958年增产节约方案》《人民美术出版社革新工作面貌的措施》《人民美术出版社计划工作管理办法》《人民美术出版社人事工作条例》等。

编辑出版了《群众诗画》（周刊，1959年停刊）。

出版画册《中国丝绸图案》《唐

一禾画集》《徐悲鸿素描》《清明上河图》《长征路上写生集》《中国摄影年鉴》《中国建筑彩画图案（明式）》《杜米埃》《印度尼西亚华侨美工团美术作品选集》等。

黄镇绘《长征画集》系作者参加二万五千里长征时做政治宣传工作，在艰难困苦缺乏纸张的条件下，用粗纸绘制的速写画中仅存下来的25幅，亦是稀有珍贵的革命史资料。肖华作序，记述此书当时曾在国民党统治区的上海秘密出版发行过，因印数不多而鲜为人知。

长篇连环画库《岳飞传》（赵宏本等绘，共15册）开始出版。

《戏曲连环画库》共出版《昭君出塞》（康殷绘）等20种。

《志愿军英雄传画库》共出版《杨根思》（贺友直绘）等11种。

《青年近卫军》长篇连环画（王素改编，华三川绘）开始出版。

荣宝斋继续临摹《清明上河图》，并先后摹刻《韩熙载夜宴图》《簪花仕女图》。此时为木版水印之历史高峰期。之后，由出版社会同荣宝斋召开编辑会，编选古代木刻插图、百花谱、郭沫若亲书万字的配诗，陈毅为画谱写了序言。

1959 年

第二批干部下放四川广汉劳动。

4月，文化部和中国美术家协会在北京联合举办全国书籍装帧、插图展览会，人民美术出版社参展图书 36 种。

8月，文化部派出代表团参加莱比锡国际书籍艺术博览会。本社邹雅参加，并有荣宝斋孙日晓、田永庆在博览会现场表演木版水印工艺。我国选送的展品获得 10 枚金质奖章、9 枚银质奖章。其中《苏加诺藏画集》（曹辛之等设计）获书籍装帧金质奖，《杨柳青年画资料集》（邵景濂等设计）获银质奖。连环画展览及荣宝斋木版水印画展览获特殊奖。另有获铜牌奖。

周总理参观了齐白石画展后，指示出版齐白石作品。由卢光照责编的《齐白石作品集》（1—3卷）开始选编。

出版画册《傅抱石画集》、《中国妇女美术作品选集》、《云锦图案》、《吴昌硕画集》、《杨柳青年画资料集》、《齐白石作品选集》、《于非闇工笔花鸟选集》、《陈半丁画册》、《李可染水墨山水画集》、《徐悲鸿彩墨画》、《中国历代名画集》（上下）、《北京法海寺明代壁画》、《西游漫记》等。

历史名人连环画库开始出版《杜甫》（康殷绘）、《关汉卿》（王靖洲绘）等 7 种。

重点连环画册《钢铁是怎样炼成的》（王素等改编、毅进绘）出版。

1960 年

第三批干部下放陕西劳动，并抽调干部五人参加"万人下放干部"大军，去苏北农村做基层工作。

出版画册《清明上河图》（长卷）、《中华人民共和国十周年纪念画册》、《藏族木刻佛画艺术》、《敦煌彩塑》、《米谷漫画》、《1949—1959 年年画作品选》等。

7月，邵宇出国访问阿尔巴尼亚。

11月，文化部决定，人民美术出版社由企业单位改为事业单位。改制之后，仍执行经济核算制。

《连环画报》（12月号出版后）及《漫画》停刊。

邹雅任副社长。

文化部召开表彰全国文化先进工作者大会，姜维朴、王叔晖、赵筑及人美印刷厂杨耆寿、徐锦荣、胡永秀、杨润华被授予先进工作者称号。

1961 年

上海办事处撤销。建立书稿档案室。出版部与印刷厂合并，迁厂内办公，安靖任厂长。

响应中央提出的支援农业的号召，根据文化部的指示，遴选重印第一批优秀连环画作品 12 种，向全国农村发行。计有：《为了六十一个阶级弟兄》《童工》《东郭先生》《向秀丽》《铁道游击队》《黎明的河边》《渡江侦察记》《齐心斗天》《英雄少年刘文学》《鸡毛信》《王孝和》《钢铁运输兵》等。

出版画册《十年中国绘画选集》、《中国人民解放军第二届美术展览会选集》、《任伯年画集》、《中国画选编》、《苏加诺藏画集》（三、四册）、《印度尼西亚民间雕刻》、《日本浮世绘木刻》等。

刘近村调入人美社任党委副书记。

1962 年

出版画册《革命历史画选》《中国摄影作品选》《解放区木刻》《王式廓素描集》《石涛山水册页》《新版画选》《吴作人画集》《黄宾虹山水册》等。王叔晖绘连环画《生死牌》（武耀强改编）出版。

人美社与捷克合作，出版《中国古文物》画册。

1963 年

3 月，文化部发出通知，人民美术出版社和上海人民美术出版社从 1963 年起出版少数民族文字版年画，并要求最好能出版一些反映少数民族人民生活的作品，加印少数民族文字。

经中央宣传部、文化部党组批准，出版刘文西创作的《毛主席和农民谈话》木炭画的单幅画。

出版画册有：《鲁迅收藏中国现代木刻选集》、《齐白石作品集》（1—3 集）、《司徒乔画集》、《姜燕画集》、《唐永泰公主墓壁画集》、《中国古代绘画选集》、《道子墨宝》等。重点连环画《胆剑篇》（程十发绘，邱杨、陈长明编）出版。

人美社和中国美术家协会与廖承志共同选编的《何香凝诗画集》（是年何香凝 90 岁，任中国美术家协会主席）出版，在华侨界影响很大。

第一届全国连环画评奖，邵宇、姜维朴参加评委会。任率英、阎大方、蒋淑均获连环画工作劳动奖。

刘近村任副社长。

1964 年

2月，人美社一批干部下放山东沂源县农村参加劳动一年，后又继续参加农村"四清"工作。

人美社派出干部参加文化部组织的"四清工作队"，分赴北京郊区、山东、吉林、贵州、河南等地农村工作。

3月，文化部、外文局发出通知，要求有计划地出版美术明信片，加强对外宣传和对内进行爱国主义及社会主义教育，列为常年出版任务之一，并确定分工：1. 人民美术出版社和上海人民美术出版社着重出版美术作品（两社选题应相互协调），也可以出版各地的风景片。2. 文物出版社着重出版文物方面的作品。3. 人民教育出版社着重出版体育方面的作品。

8月，邵宇、安靖等同志为出版《苏加诺藏画集》（五、六集）赴印度尼西亚。

人美社与故宫博物院合作，在院长吴仲超主持下，编辑出版了《故宫博物院藏画》（隋唐部分）大型画册。此画册由陈允鹤、陈鹏责编，人民美术出版社印刷厂用故宫原稿直接分色制版。

出版部由工厂迁回社内办公。印刷技术研究所脱离本社印刷厂。

1965 年

12月，文化部召开年画、连环画出版工作座谈会。邵宇、姜维朴等参加。周恩来、朱德、邓小平等党和国家领导人于12月25日和与会代表合影。

出版画册有：《中国人民解放军第三届美术展览会选集》、《中国历代名画集》（1—5卷）等。

1966 年

经过历次调整精简，全社人员减少到120多人。

1月，《美术》停刊。

4月，《中国摄影》停刊。

5月，"文革"开始。

出版画册有：《苏加诺藏画集》（五、六集）等。

萨空了离社，任国家民委副主任。

1967－1969 年

"文革"期间，正常编辑出版工作处于停顿状态，仅出版毛主席像（包括摄影像）和《毛主席语录》及少数连环画、挂图等。

1967 年，荣宝斋改名为"人民美术出版社第一门市部"。王府井和平画店改名为"人民美术出版社第二门市部"。

1970 年

5 月 18 日，三分之二以上的人员下放湖北咸宁文化部"五七"干校。所余 39 人留守本社。

人美社划归"出版口"领导。

文物出版社留守人员 10 多人合并于本社。

人民音乐出版社排版工人 8 人并入本社印刷厂。

根据周恩总理指示，拍摄出版"文革"期间新出土文物的画册《马王堆西汉帛画》等，并随文物展览在法国、日本、美国发行。

1971 年

经军宣队决定，成立本社领导小组，成员有徐占和、刘近村、姜维朴、苏庆恒、肖顺权等。

原由文物出版社出版的刊物《文物》《考古》《革命文物》在人美社复刊出版。

部分留守人员去唐山"五七"干校劳动。

2 月 11 日，周恩来总理指示当时出版部门负责人要恢复连环画的出版工作，要努力解决青少年缺乏精神食粮的问题。

3 月，周恩来总理主持召开了出版工作座谈会。姜维朴同志参加会议。4 月 12 日周恩来总理接见了部分出版界负责人，又一次强调要解决青少年迫切需要图书的问题。人美社向会议提出恢复《连环画报》出版的报告，并开始恢复连环画和年画编辑出版工作。

国务院根据周恩来总理指示组织文化代表团访问加拿大，进行文化交流，邵宇任团长。

1972 年

下放湖北咸宁干校人员开始陆续回社工作。同时，在职人员开始第二次轮流去国务院石家庄干校劳动。

1973 年

9月，国家出版局正式成立，人美社直属出版局领导。

领导小组成员有：邵宇、徐德双、刘近村、姜维朴等。邵宇任组长。

《连环画报》于10月复刊，姜维朴分工主持编辑部工作。

编绘、出版了一批以现代京剧为题材内容的连环画、年画，有《红灯记》《智取威虎山》《海港》《平原游击队》《龙江颂》等，以及彩色连环画《杨根思》等。

1974 年

洪藏调任副总编辑。

荣宝斋由人美社划出，直属国家出版局领导。

《中国摄影》于9月复刊。人美社增加副牌"中国摄影出版社"。

12月，文化部湖北咸宁干校结束，干校人员除调出者外全部回社工作。邹雅调北京画院任院长。

连环画《无产阶级的歌》（汤小铭、陈衍宁绘）出版。该画册的绘画水平在当时连环画界引起了反响。

1975 年

人美社根据"开门办社"的要求设立"大庆编辑组"和"大寨编辑组",先后派遣多人驻大庆、大寨工作。编辑出版了《大庆》摄影画册(与黑龙江美术出版社、黑龙江画报社合作)及《大庆版画作品选》(1—3)、《大庆红旗》《大庆在前进》《周总理在大庆》《大庆速写》《大寨速写》等年画、宣传画、小画册。同期,图片画册编辑室部分人员在大连红旗造船厂和新金县举办宣传画学习班,培养了一批宣传画作者,成为人美社出版宣传画供稿基地。后来有相当一部分作者同时还创作了年画。

在邵宇主持下,人美社在北京手扶拖拉机厂举办工人美术学习班,并派创作人员驻厂辅导、培养工人业余作者。

连环画册编辑室在郊区顺义设点,培养了一批农村美术作者。

安靖到成都军区炮团辅导战士创作,并经军委批准组织画家高虹、何孔德等沿着红军长征的路线写生,反映长征新貌,出版了《长征路上写生集》。

1976 年

图片画册编辑室与山东人民出版社在山东石岛联合举办年画创作班,培养作者,解决稿源。

部分编辑、创作人员深入厂矿,在山西阳泉文化馆设立工人美术培训班,培养了一批业余美术作者。

编绘出版了一批歌颂少年英雄的系列彩色连环画册,如《刘胡兰》《刘文学》《张高谦》《草原英雄小姐妹》等。

1977 年

制订了《1978—1985 年选题规划》,加强出书的计划化、规范化和系列化,着重规划了当代画家作品的专集、专辑,中国古代美术与外国美术普及性读物,部分爱国主义题材的连环画册和低幼读物。

相继出版了歌颂革命领袖、反映各革命时期活动的摄影画册《毛泽东主席照片选集》(6 开)、《周恩来同志为共产主义事业光辉战斗的一生》、《朱德同志光辉战斗的一生》,以及连环画册《毛主席的故事》、《周总理的故事》、《朱德总司令的故事》等。

中组部下达通知,任命邵宇为社长兼总编辑,刘近村为副社长,燕生为副社长兼副总编辑,姜维朴为副总编辑。

1978 年

在国家出版局领导组织下，本社与文物出版社、上海人民美术出版社在和平宾馆召开座谈会，讨论《中国美术全集》和《外国美术选集》编辑规划，并确定了分工。

《中国历代绘画·故宫博物院藏画集》（1—8），开始编辑工作。

为丰富人民文化艺术生活，有系统地介绍世界各国从古代到现代有代表性的著名画家的美术作品，计划编印的一套《外国美术作品选》（12开）开始陆续出版，有《素描》（1—3）、《十九世纪法国绘画》、《文艺复兴欧洲美术》等多种。

为纪念毛泽东同志《在延安文艺座谈会上的讲话》发表35周年，编辑出版了大型画册《美术作品展览会选集》。

第二次全国出版工作会议后，制定了长远规划，有计划地编辑出版画家个人专集。出版了《新波版画集》（8开）及古代、现代画家活页画辑，有吴昌硕、任伯年、徐悲鸿、齐白石、黄宾虹、何香凝、傅抱石、吴作人、李可染、李苦禅等十余种。

同时，还编辑出版了"百图"丛书。当年出版了《中国古代绘画百图》，后陆续出版《中国古代雕塑百图》《中国古代版画百图》《西洋绘画百图》《西洋雕塑百图》《外国素描百图》《西洋肖像画百图》《印象派绘画百图》《外国版画百图》等。

著名女画家王叔晖绘制的连环画《杨门女将》（24开）出版。

在期刊丛刊方面，设立《中国书画》编辑组，出版了《中国书画》丛刊（8开），由沈鹏主编。该刊选编以现代题材为主的中国画及书法篆刻作品，以少量篇幅介绍我国古代优秀书画遗产，并刊登一些画论及评论文章。

出版的专业美术刊物有：《连环画报》《中国美术》《美术研究》《世界美术》《装饰》《中国工艺美术》《漫画》《版画》《中国摄影》等。

从各编辑室抽调部分美术编辑人员组成创作室，同时在连环画册编辑室设立创作组。

1979 年

3月，为适应我国改革开放的新形势，设立外事办公室，开展对外合作出版工作。

3月11日，经国务院批准，社长邵宇与日本讲谈社签订合作出版大型摄影旅游画册《中国的旅行》1—5卷的协议。此为我国首次开辟对外合作出版项目。本书着重介绍我国对外开放旅游地区的风光胜景、文物古迹、文化艺术、风土人情、革命纪念地和社会主义建设成就等，为准备来华者提供了参观旅游向导。这套书于1980年正式出版，1985年又修订再版。为出版《中国的旅行》，应讲谈社邀请组团赴日本工作访问。

6月1日至14日，与日本日中友协、中日友好画廊、日本版画协会、日本美术家同盟举办"中国现代版画展"。李平凡出席开幕活动。

6月，成立摄影旅游编辑室，确定编辑方针为：立足本国，面向世界，积极开展对外合作出版。

出版摄影画册《中国摄影艺术作品选》（1949—1979），编辑系列普及画册有《中国古代美术作品介绍》与《外国美术介绍》两套，介绍中外优秀作品的丛书各数十种。

1980 年

连环画册编辑室为加强青少年科学知识教育，1979 年至 1981 年编绘出版了一套《科学家故事连环画》丛书，有中外科学家的故事 20 种。

9 月，中国美术家协会组织连环画画家赴"丝绸之路"参观考察团，邵宇为团长。之后编绘、出版了《西行画记》。

12 月 21 日，中国出版工作者协会在湖南长沙举行成立大会，邵宇、赵筠被选为第一届理事会理事。

田郁文、沈鹏任副总编辑。

与日本国美术出版社美乃美签订协议，合作出版《漫游中国》《中国少数民族服饰》《西藏》《西藏佛本生壁画选》等摄影画册。次年，又签订了两项合作出版协议，编辑出版《中国工艺美术》丛书（计划 40 卷）、《中国彩色文库》（计划 100 卷），至 1988 年先后出版《贵州苗族刺绣》等 11 种、《新疆之旅》等 20 种。本社摄影工作者肖顺权、徐震时等首次进藏实地拍摄，创作室人员进藏写生。

为适应广大读者的需求，一套小开本、多篇幅的《美术家丛书》（32 开）首批出版，有《徐悲鸿素描》《徐悲鸿彩墨画》《齐白石作品选》《黄宾虹山水册》《傅抱石画选》等。

顾同奋应邀赴日参加亚洲文化中心举办的野间儿童插图比赛的评委工作。

5 月 20 日至 26 日，在东京举办"人民美术出版社画家作品展"。以邵宇为首的代表团出席开幕式，中国驻日大使符浩剪彩，并由形成社出版画册。

《儿童漫画》创刊。该刊是全国唯一的儿童漫画刊物。后改为月刊，每期发表有小朋友自己创作的漫画，并每年与中国儿童活动中心

联合举办一次"小小漫画家漫画大赛"有奖活动。

出版系列连环画《杨家将》（1—5），修订再版《岳飞传》（1—15）。

连环画理论刊物《连环画论丛》创刊，姜维朴任主编。第一期于 8 月出版。

人民美术出版社和上海美术出版社、辽宁美术出版社、天津美术出版社、河北美术出版社、天津杨柳青画社等出版社与北京市新华书店崇文区店在花市新华书店联合举办"年画展销"，受到广大读者欢迎。

珂罗版印刷厂由人美厂迁入社内，直属出版部管理，于 6 月正式开工。印制有《清明上河图》《八十七神仙卷》等。

1981 年

5月，经教育部发文通知，由本社出版《全日制小学美术试用课本》《全日制中学美术试用课本》，这是建国以来首次出版全国统编美术教材，是我国美术教材方面的一项开创性工作。

"六一"儿童节，人美社和少年儿童出版社及北京市新华书店合办儿童书市，展销图书。

9月，为庆祝人民美术出版社成立30周年，举办了30年图书展览。茅盾、周建人、叶圣陶、萨空了题字祝贺。

9月，为纪念鲁迅先生诞辰100周年，出版了《鲁迅画传》（中、日、英三种文版），其序言为宋庆龄所写，各大报纸载文广为介绍。这一时期还先后出版了《鲁迅论美术》（增订本）及《回忆鲁迅美术活动》《鲁迅美术系年》等研究资料。

10月，与沪、津、辽、粤、湘等地兄弟美术出版社共同发起创办一个评价和交流美术出版物信息的刊物《美术之友》。该刊于次年3月创刊，印数20万册，由沈鹏任主编，各社供稿。

10月，田郁文参加德国法兰克福国际书展。参展的图书有《中国历代绘画——故宫博物院藏画集》（1、2卷）、《宋元明清缂丝》等80余种，反应良好。

姜维朴赴日本参加"中国少数民族服饰展"开幕式。

谭云森随中国出版代表团访问澳大利亚。

王丕来、陈惠冠赴意大利举办中国连环画展。

加强了中外美术史论著作的编写，《中国绘画美学史稿》《中国美术史论集》《中国工艺美术简史》《阿英美术论文集》《潘天寿美术论文集》《西洋绘画史话》及《西欧近代画派画论选》等陆续出版。

出版了香港摄影家作品《陈复礼摄影集》。

根据国家档案局、国家出版局颁发的关于《出版社书稿档案工作暂行规定》的通知，重新设立了书稿档案室，建立书稿档案管理制度。

新绘古典连环画《水浒传》（1—30）开始陆续出版，于1984年出齐。

在全国第二届连环画创作评奖中，人美社王里、王叔晖、阎大方、刘继卣、任率英、郑洵、徐燕辞、曹作锐获连环画工作荣誉奖。

1982 年

为纪念何香凝逝世10周年、廖仲恺诞辰105周年，出版《双清诗画集》。

制订了"1983—1990年规划初步设想"，根据"十二大"的精神，要以继续宣传马列主义、毛泽东思想，推动美术创作、理论研究，积累文化艺术知识，普及美育，丰富人民的精神文化生活为基本任务。

5月23日至6月3日，人美社和京、津、沪、川的少儿出版社及北京市新华书店、北京少年儿童文化艺术科技委员会、市妇联、市团委、市教育局、市园林局等单位联合在劳动人民文化宫、北海公园、北京动物园三处举办"六一"儿童节书市。

与香港三联书店合作，在港举办了两个展览：4月举办连环画展览，7月举办人民美术出版社30年出版物展览。

8月，沈鹏为出版《西藏佛本生壁画选》赴日本。

王里随文化部少儿工作代表团访问菲律宾。

11月，赵筠随中国出版工作者协会代表团访问英国。

国务院委托人民美术出版社出版《全国第三次人口普查》宣传画。

1983 年

配合学校教育出版一套《中小学学生守则》宣传画。

古典连环画《封神演义》(1—15)于 1982 年至 1983 年编绘出版。

低幼读物《开花爷爷》等几十种小折叠编绘出版,这种形式深受小读者欢迎。

5 月,出版《中等师范学校美术课本》。

为纪念卡尔·马克思逝世 100 周年,出版了《卡尔·马克思画传》(中共中央马恩列斯著作编译局编,胡乔木撰写前言)。

在毛泽东同志诞辰 90 周年之际,由刘玉山责编、设计的《毛泽东故居藏书画家赠品集》出版。该书于 1986 年获莱比锡世界最美的书铜奖。

6 月,田郁文随中国出版工作者协会代表团访问南斯拉夫。

10 月,田郁文参加法兰克福国际书展。

12 月,与日本每日新闻社签署协议,在日本东京举办大型"中国现代画展",并于 1984 年 1 月正式展出。邵宇等 6 人应邀赴日参加开幕式和交流活动。

12 月 17 日,以国家出版局名义,由本社主办,邀请李可染、蔡若虹、古元、张仃、金维诺、启功、宿白、王世襄、冯先铭、史树青、安志敏、陈明达、马克、王代文、杨涵、邵宇、沈鹏等 30 余位美术家、考古学家、书法家及出版家于民族宫召开座谈会,讨论《中国美术全集》编辑规划。

为贯彻《全国评定编辑业务职称工作座谈会纪要》精神,成立社编辑业务职称评委会,邵宇任评委会主任,委员共 13 人,评出首批编辑职称:编审 7 名、副编审 26 名、编辑 35 名、助理编辑 15 名。其中高级职称报送国家出版局高级业务职称评委会评定。

为繁荣出版事业,满足多层次读者群的需要,于 1983 年恢复了朝花美术出版业务。它以普及性读物为主,出版美术画册、美术技法图书、连环画册、美术参考资料、美术辅导丛书、年画、年月历等。

再次出版了党和国家领导人为学习雷锋的题字。中国连环画研究会成立,姜维朴当选会长,顾同奋、闫大方、王里、费声福、吴兆修、曹作锐、徐淦为理事。

各类画册有 50 多种参加苏联莫斯科书展。

组织国内一些知名画家,绘制彩色系列连环画《中国动物故事》(1—15),于 1983 年至 1984 年出版。

连环画册《邦锦美朵》(韩书力绘,刘千编)出版。此作品获全国第三届连环画评奖金奖。

经国务院批准任命田郁文为社长。

陈允鹤任副总编辑。

1984 年

邵宇主持上海人民美术出版社、文物出版社、中国建筑工业出版社社长、总编辑联席会议，讨论落实《中国美术全集》规划分工、联合出版事宜。

2月，陈允鹤访问南斯拉夫，商谈合作出版事宜。

4月，文化部出版局召开表彰先进集体、先进工作者大会，王里、赵筠被授予1983年先进工作者称号。

6月，中宣部批准《中国美术全集》领导小组和编辑出版委员会正式成立。邵宇为领导小组成员兼编委会主任，田郁文、陈允鹤、王靖宪为委员。编委会的办公室设在人民美术出版社。首卷《中国美术全集·隋唐五代绘画》，于国庆35周年前夕按期出版。

《影画合璧》是绘画艺术和摄影艺术融为一体的产物，由香港摄影家陈复礼先生摄影，与著名画家合作，于是年出版。

为促进国际文化交流，出版了中国人民的朋友、保卫世界和平的国际社会活动家、智利著名画家何塞·万徒勒里先生的画册《万徒勒里》。

《春天的消息》是人美社出版的儿童画专集，由著名诗人柯岩题诗、卜镝作画。

著名漫画家张乐平的《三毛流浪记》全集出版。

《连环画艺术研究》丛书在姜维朴主持下出版《铁佛寺》（莫朴、吕蒙等作）、《翻身》（任迁乔绘）、《狼牙山五壮士》（彦涵作）、《三国演义》（朱润斋绘）等。

9月3日，和深圳市罗湖区合作经营的"深圳朝花书画社"正式开业。

9月28日，人民美术出版社门市部——朝花书画社，在西琉璃厂4号正式开业。

珂罗版印制《王翚山水卷》（清）、《清湘书画稿》（石涛作）等长卷陆续出版。

11月，深圳博雅艺术公司、中华书局香港分局联合主办"深圳艺术书市"和"日本艺术书展"，本社参展图书近百种。

第三届全国年画展评奖，本社王叔晖、方菁、盛此君、王角、徐震时、谭云森、王渤涛、陈振新分别获作者、编辑、出版工作荣誉奖。

田郁文当选中国出版工作者协会第二届理事。

1985 年

2月9日至24日，邵宇捐赠给国宾馆一批珍贵的古代、民间艺术品，并由文化部艺术局等单位联合举办了"邵宇捐赠文物展览"，在中国美术馆展出。

3月，中国出版工作者协会和中国美术家协会联合举办"书籍装帧艺术家十人联展"，本社参展的有陈允鹤、王荣宪、李文昭、曹洁、温泉源的作品。

中国出版工作者协会年画研究会于5月14日在天津成立。人美社被选任的有：邵宇为顾问，田郁文任副会长，徐震时为副秘书长。

在萨空了主持下，郑振铎生前编著的，由李平凡、朱章超、邵景濂责编设计的书稿《中国古代木刻画选集》，由责编刘玉山、李平凡重新整理出版，珂罗版印刷，线装本全函10册，共收入唐五代至清末的中国古代木刻画584幅，是研究中国古代版画的珍贵资料。此书曾荣获莱比锡世界最美的书金奖和莱比锡国际书籍艺术博览会银奖。

《故宫博物院藏明清扇面书画集》共5册，每册百幅，包括画扇和书扇。由王靖宪、章东磐责编，刘玉山设计。本年出版的第一集，于1987年获莱比锡世界最美的书

1986 年

铜奖。

为纪念弗里德里希·恩格斯逝世 90 周年，出版了由中共中央马恩列斯著作编译局编的《弗·恩格斯画传》，以丰富的图片资料形象地展现了恩格斯从事革命活动的一生。王震为画传写了前言。

邵宇主编的精印画刊《中国艺术》创刊。其内容包括古典艺术和现代艺术两大部分，栏目设有绘画、雕塑、艺术摄影、理论知识等各个方面。

出版物还有《中国美术全集》（部分卷册）、《日本版画藏书票》等画册。为配合全国妇联和民政部门工作，编辑出版了《创造祖国美好的明天》《联合国国际妇女十年——平等发展和平》《全国工业普查》《残疾人》等宣传画。

文化部出版局发出关于实行《美术出版物稿酬试行办法》的通知，自 1984 年 12 月 1 日起实施新稿酬标准。人美社修订了《赠发样书办法》。

8 月，曹辛之随出版代表团去法国参加国际装帧设计会议。

9 月 20 日，党委扩大会研究决定，为加强编辑出版专业分工领导，调整机构，分设现代美术、古典美

术、图片、摄影艺术编辑室和摄影部、发行部，任命了一批业务骨干为室主任、副主任。

12 月 12 日至 22 日，香港展览中心举办首届"中国书展"，人美社参展图书有 300 种，并提供了一批画家签名的特印本、珍藏本画册。

沈鹏随我国出版代表团去香港参加"中国书展"。

30 日，增设期刊丛刊编辑室。

经文化部批准，姜维朴和部分编辑调出，另成立中国连环画出版社。《连环画丛刊》划归该社出版。本社出版连环画册任务不变。《连环画报》由孟庆江任主编，并主持编辑室工作。

文化部聘任邵宇为文化部文化艺术委员会委员，任社编审委员会主任。沈鹏当选中国书法家协会副主席。

刘玉山任总编辑。

曹辛之当选中国装帧设计研究会会长。

陈允鹤被聘为中国美术家协会插图装帧艺术委员会委员。

1 月，人美社和日本每日新闻社在东京等地合作举办"中国画、版画展"，邵宇率团参加开幕式活动。

联合国教科文组织亚洲文化中心、日本野间国际图书基金会，每两年在东京举办一次野间儿童图书插图作品大赛，有亚洲、非洲和拉丁美洲等地区 30 多个国家参赛。从本年第五届开始，原国家出版局正式行文委托人美社办理野间儿童图书比赛组稿工作。

与英国牛津大学出版社合作出版《穿过月洞门看中国》一书，同期与法国纳坦出版社合作出版《中国》摄影画册。

为满足海外同胞和国际友人的需要，人美社与香港中华出版有限公司、中国广告有限公司联合出版中英文对照的《连环画报》国际版。

6 月，《连环画报》创刊 35 周年，全国 21 家连环画刊在京召开第一届工作年会，决定设立"金环奖"。

为贯彻《图书期刊版权保护试行条例》，社内先后举办两期学习班，对全体编辑人员进行了培训，普及版权知识，并开始实行与作者签订约稿合同制度。

中华全国总工会、共青团中央、

中国妇联联合编辑《中华腾飞》（10幅）系列宣传画，由人美社出版。

7月，《连环画报》第一届作者培训班开办。新闻出版署期刊司充分肯定这项工作的现实意义和长远意义。至1986年，已举办了4期，共培养作者、学员108人。

由中央档案馆编辑的《毛泽东题词墨迹选》出版。

中宣部批转编辑出版《中国美术分类全集》规划报告，文中确定：本社承担《中国碑帖全集》《中国民间美术全集》等30余册。

顾同奋当选中国连环画研究会副会长、中国幼儿读物研究会副秘书长。

8月13日，改选党委，为适应改革开放的新形势，人美社建立机关性质的党委会，探索党政分工，发挥党组织作用。顾同奋任党委书记。

9月，沈鹏赴瑞典参加中国书法艺术展开幕式。

为庆祝建社35周年，举办了图书成就展览，并为从事出版工作25年、30年以上的同志颁发了荣誉证书。其中获25年荣誉证书者33人，获30年以上荣誉证书者60人。

编辑白宇、吴兆修、张平良、

童介眉、赵隆义获第三届全国连环画工作荣誉奖。

成立社务委员会，成员有：田郁文、刘玉山、沈鹏、陈允鹤、顾同奋。

经社委会研究决定，先后成立儿童美术编辑室、财务处及调研室，并将社办公室工作暂并总编室，深圳、海南朝花书画社并入发行部，改为发行经营部。

1987 年

1月27日，召开全社职工大会，表彰1986年度本社先进工作者（23人）和宣布"1986年十种最佳图书"获奖书目，并颁发了证书和奖金。

3月，刘玉山为合作出版《苏联藏中国民间年画集》访问苏联。

4月20日，与苏联阿芙乐尔出版社签署协议，合作出版《苏联藏中国民间年画珍品集》，这是首次与苏联出版社开展文化出版领域的合作和交流。

5月，本社、文物出版社和日本讲谈社在中国美术馆联合主办"中日合作出版摄影展"。

6月，新闻出版署召开先进工作者表彰大会，授予1986年先进工作单位和先进工作者称号。李文昭、杨纯如、奚雷、胡智等四位同志被授予1986年先进工作者称号。

新闻出版署机关党委召开优秀党员表彰大会，授予杨纯茹优秀共产党员称号。

7月，与新加坡胜利私人出版有限公司合作出版连环画《民间神话故事》10册，出版后该套连环画被新加坡教育部指定为华语教材。

8月，与外文出版社签订合作出版《中国六大古都》（全6卷）协议书，中、日、英三种文版，于

1988 年

1991 年 9 月前陆续出版。

9 月 28 日，新闻出版署向老出版工作者颁发荣誉证书。本社从事出版工作 30 年以上获荣誉证书者 88 人。

10 月，刘玉山为合作出版《中国美术全集》法文版组团访问比利时。

为提高书稿质量，制订了《关于实行稿件齐、清、定的具体规定》。社务委员会做出《关于实行定编定员管理的决定》。

出版系统实行职称改革工作，本社先后完成编辑、编务、校对、技术编辑、图书资料、会计、经济等系列专业职务的评审工作。参加评审的共 196 人，聘任高级专业职务 39 人（其中正高 8 人、副高 31 人），中级专业职务 62 人，初级专业职务 57 人，已退离的编审 10 人、副编审 28 人。

11 月 26 日，与苏联行星出版社签署协议，以交换出版对等方式合作出版《中国》（行星版）、《苏联》（人美版）摄影画册。内容由各自在对方国家中 10 个城市拍摄的资料编成。两本画册已于 1989 年、1991 年先后出版。

邵宇接待台湾第一位来大陆探访的出版界同仁——锦绣出版社有限公司总经理吕石明先生，共商合作出版《中国美术全集》繁体字版的意向。

出版了一批中青年摄影家个人专集，其中《中国摄影家朱宪民作品集》（责编杨恩、设计邹新），于 1987 年获莱比锡国际书籍艺术博览会铜奖。

编绘出版了古典连环画《儒林外史》和《儿童知识画库》。

为繁荣美术教育，促进美术教材建设，组织有关专家编写出版《小学美术课本（普及版）试用本》。

新闻出版署批准《中国艺术》《儿童漫画》由丛刊改为期刊。

全国第一届幼儿图书评奖，本社裴兆明获编辑工作奖，顾朴获荣誉奖。

1 月 14 日，社长田郁文代表《中国美术全集》编委会与比利时范登梅伦出版公司签署协议，规划以 10 年期限合作出版《中国美术全集》60 卷法文版，并与中华商务联合印刷（香港）有限公司签订了分批印刷协议。到 1989 年已出版 7 册。

3 月，为出版《中国美术全集》法文版，陈允鹤与文物出版社等四社人员组团访问比利时。

5 月，为出版《苏联》摄影画册，沈鹏率团赴苏联。

6 月，总编辑刘玉山随国家新闻出版代表团访问英国，进行文化交流。

中国出版工作者协会于 1988 年 6 月在国际饭店召开记者招待会，庆贺本社连续三年（1986 年、1987 年、1988 年）荣获莱比锡国际书籍艺术博览会中世界最美的书银、铜牌奖。

9 月 5 日，社长田郁文为代表与台湾锦绣出版社（以香港 Genty 名义）签署协议，合作出版《中国美术全集》60 卷台湾版，以来料加工形式由中国印刷公司在北京、上海两地安排印刷，并于 1990 年底全部出齐。

10 月，社长田郁文参加法兰克

1989 年

福国际书展。

为加强幼儿读物的出版，编绘出版了《世界童话》（幼儿版）、《西游记》（幼儿版）连环画、《识字学画》、《幼儿动物系列画页》等。

期刊丛刊编辑室与商业部、中央工艺美院联合举办"全国商业橱窗设计函授培训班"，全国各地500余人参加培训。

童介眉、王双贵、杨春峰获全国连环画刊金环奖优秀编辑奖。

王双贵、郭小凌获华北地区连环画优秀编辑奖。

新闻出版署批复同意人民美术印刷厂划归中国印刷物资公司承包经营。

与文物、摄影、音乐、电影、戏剧、旅游、北京八家出版社联合成立发行中心。

孟伟哉于11月调入本社任社长。

3月，与台湾汉光文化事业股份有限公司合作出版彩色连环画《中国古代神话故事》9本和《中国童话精选》（1—6）、《世界童话精选》（1—6）。

4月，于大武去日本参加亚洲文化中心日本野间儿童文学作品领奖大会。

为繁荣中等美术教育、促进美术教材建设，组织有关专家编写出版《中学美术课本（普及版）试用本》，并于8月由国家教委正式审定通过。

5月17日，社务委员会决定，成立老干部处负责管理老干部工作。同时，决定撤销调研室，成立多种经营办公室。

国庆40周年前夕，8月18日《中国美术全集》60册全部出齐。9月20日，在人民大会堂召开《中国美术全集》出版发行大会。

9月21日至10月11日，与苏联行星出版社在莫斯科联合举办中苏合作出版摄影艺术展。应邀派人赴苏参加开幕式和交流活动。

与北京市社会科学院合作编辑的大型摄影画册《北京》出版，在北京饭店举行了新闻发布会。

与台湾光复书局以版权贸易方式，合作出版《中国民间美术大观》（10册）和彩色连环画《中国动物故事》（1—15）、《科学童话故事》（1—18）。

《宋人画册》（郑振铎、张珩、徐邦达编，卢光照、王靖宪责编，曹洁设计）再版，获莱比锡国际书籍艺术博览会金牌奖。

编辑出版珍贵的历史照片资料《北京旧影》（英、日文版）摄影画册。

深圳朝花书画社于1989年改称为"深圳朝花实业发展公司"（独立法人），由郑锦甫任总经理，向社内签订承包合同。本社有部分投资的深圳朝花大厦落成。

1990 年

2月，新闻出版署任命陈允鹤为社长，沈鹏为编审委员会常务副主任，孟伟哉调中国文联工作。社委会成员为：陈允鹤、刘玉山、沈鹏、顾同奋、田郁文。

3月，《连环画报》编辑部和国家教委合作编辑出版《鸦片战争150周年教育丛书》24开连环画，其中《鸦片战争图画故事》印数达418700册，创本社出版连环画册从"低谷"时期走向复苏时期的最高记录。

6月，新闻出版署直属机关党委授予李文昭、赵国瑞优秀共产党员称号。中共中央国家机关工委授予李文昭优秀共产党员称号。

7月，与台湾锦绣文化企业签订合作出版《中国佛教雕塑艺术》画册合同。

全国连环画报刊在辽宁召开会议，《连环画报》获"金环杯"奖。

8月，《第四届全国年画获奖作品选》出版。

组织职工向亚运会捐款、捐赠书画。

裴兆明随出版代表团去美国参加国际青年读物联盟大会。

10月，新闻出版署授予本社"精神文明单位"奖牌。

中央国家机关精神文明建设协调领导小组授予本社"中央国家机关迎亚运精神文明综合治理先进单位"奖旗。

为了进一步促进全国美术出版社的团结合作，共商在改革开放形势下美术出版社的繁荣大计，在新闻出版署的大力支持和倡导下，人民美术出版社和四川美术出版社联合发起，于10月10日至10月13日，在四川省成都市召开全国美术出版社社长研讨会。

新闻出版署转发本社社委会制定的《整改计划》和《廉政建设的十条规定》。

11月17日至20日，中宣部在杭州召开全国26家省、市和中央出版社会议，进一步落实、调整《中国美术分类全集》出版规划。本社分工出版《中国民间美术全集》《中国碑刻全集》以及《中国现代美术全集·中国画》分册，共30余册。

出版大型摄影艺术画册《中华》，收入著名摄影家的精品400多幅，并由著名作家学者张光年、玛拉沁夫等撰文，以形象生动的图文展示了中国古老的历史文化和风土民情。本画册有中、英、法、德四文版。外文版于1990年推出。

11月，新闻出版署批准实行美术出版物新稿酬标准。

由著名戏剧家曹禺作序，孟庆江、陈尔泰主编的《中国十大古典悲剧连环画集》和《中国十大古典喜剧连环画集》出版。初版印数10000套。

12月5日，在人民大会堂举行本社出版的《李可染论艺术》一书首发式。

12月8日，举行了本社出版的《中央美术学院四十年教师优秀作品选》画册首发式。

经新闻出版署决定，张友元任副社长、社委会成员。

邵宇任中国书法家协会党组书记、常务副主席。

12月20日，本社党委、纪委换届选举，顾同奋连任党委书记，张友元任纪委书记。

北京八家艺术出版社联合发行中心设立北京艺联书店。

1991 年

1月7日至10日，在哈尔滨召开"全国美术出版社发行会议"，讨论《全国美术出版社发行联谊会章程》，张友元当选会长。

2月11日，《神剑之歌——张爱萍诗词、书法、摄影选集》出版。国防科工委举行了庆贺座谈会。

4月22日，与苏联阿芙乐尔出版社合作出版的《苏联藏中国民间年画珍品集》（俄、中文版）在苏联驻华使馆举行新闻发布会。

5月28日，在人民大会堂举行本社出版的《苏联》摄影画册（沈鹏、林文碧主编）、《列宁画传》（中共中央马恩列斯著作编译局编）首发式。伍修权、刘杲等领导和苏联驻华大使索罗维约夫出席并讲话，沈鹏代表本社讲话。《苏联》摄影画册是中国新闻出版署与苏联出版委员会1987年达成协议，互派代表团到对方10个城市摄影采访，分别出版《中国》和《苏联》画册。苏联领导人1989年5月访华时，将苏联编辑出版的《中国》画册赠送给邓小平等同志。江泽民总书记访苏时，将人民美术出版社出版的《苏联》画册赠送给苏联领导人。

《齐白石绘画精品集》出版。

配合爱国主义教育，《连环画

报》编辑室和国家教委合编出版《从小热爱共产党》《抗日战争凯歌传》《抗美援朝英雄赞》等连环画册。

《中国现代名家画谱》丛书，有王叔晖、郭味蕖、黄胄等画家的作品开始陆续出版。

受新闻出版署委托，筹备、承办了全国优秀美术图书评奖。同时组织召开颁奖大会，举办全国美术图书展和订销活动。本社在评奖中，获特别奖3种，金奖4种，银奖9种，铜奖14种。

7月，中国版协出版研究会成立，陈允鹤当选为会长。

9月，为庆祝建社40周年，在中国历史博物馆（现中国国家博物馆）举办"人民美术出版社成立40周年图书展览"，同时在全国大中城市新华书店举办"庆人民美术出版社建社40周年图书大联展"。

11月，完成专业技术干部考核、设岗工作。

《中国历代绘画——故宫博物院藏画》8卷全部问世。另有《故宫博物院藏明清扇面书画集（4）》《列宁画传》《中华》《苏联》《黄宾虹精品集》等出版发行。

1992 年

社委会任命叶水旺为社长助理兼行政处长。

2月，本社举办为期一周的"1989—1991年图书回顾展"。

5月，新闻出版署任命李文昭为人民美术出版社副总编辑、社委会委员。

连环画册编辑部召开"纪念毛泽东同志《在延安文艺座谈会上的讲话》发表50周年座谈会"。

人美实业发展公司的前身"朝花美术服饰艺苑"成立。

6月4日，我社前任社长、总编辑、编审委员会主任邵宇在深圳因病逝世，终年73岁。

与上海出版印刷公司联营创办"上海朝花美术图书经营部"。

与台湾锦绣出版社就合作出版《中国近现代名家画集》达成协议，并举行了签字仪式。

深圳朝花实业发展公司新一届董事会成立。

"离退休干部书画展"在本社礼堂举办。

张书林被新闻出版署评为优秀共产党员，受到新闻出版署表彰。

社委会讨论通过《人民美术出版社实行聘任、聘用制暂行办法》，并下发执行。

1993 年

8月，《人民美术出版社关于实行目标管理责任制的暂行条例》下发执行。

房改领导小组正式成立，并召开第一次会议。

10月，刘玉山赴日本参加"东京国际图书博览会"。

现代美术编辑室被评为新闻出版署系统先进单位。李文昭、杨瑞芬被评为新闻出版署系统先进个人。

《中国美术全集》编委会办公室召开编委会，研究《中国美术全集》再版工作及《中国美术分类全集》编辑出版工作。

《中国美术五千年》（共8册）出版发行。该书汇集了《中国美术全集》60卷中的全部论文，是一部研究中国美术史的学术论著。

与日本小学馆、日本旭通讯社签署购买《机器猫》系列卡通连环画版权协议书。这是国内第一次按照国际惯例通过版权贸易的形式使用外国版权作品。

与台湾永全出版社签订协议，购买连环漫画《乌龙院》大陆版版权。

本年度享受国务院颁发的政府特殊津贴的人员是：田郁文、陈允鹤、刘玉山、李文昭、顾同奋、肖顺权、丁午。

经《中国美术分类全集》总编委会决定，刘玉山任《中国美术分类全集》总编委会副总编辑。

经新闻出版署批准，人民美术出版社从8月开始，实行处室干部聘任聘用制，完成各部门定编定员方案。

本社美术教育部邀请部分专家研究《北京市中小学书法教材》编写工作。

在第一届新闻出版署直属出版社优秀图书评奖中，本社有6种图书获奖：《小学美术课本》获编辑一等奖；《中国历代绘画·故宫博物院藏画集（七）》获设计一等奖；《中国美术五千年》获设计一等奖。

《儿童知识画库》获第二届全国少年儿童读物评奖二等奖；《小宝贝》获第二届全国少年儿童读物评奖三等奖。

《古都北京》获第六届全国图书金钥匙奖优胜奖。

《黄宾虹精品集》获中国图书奖二等奖。

《中国中小学美术》杂志创刊。

沈鹏任中国书法家协会代主席。

陈允鹤代表《中国美术全集》编委会和《中国民间美术全集》编委会与台湾锦绣出版事业股份有限公司董事长许钟荣正式签订再版《中国美术全集》1000套、合作出版《中国民间美术全集》台湾版协议书。

本社被评为"1992年度新闻出版署文明单位"。

与中央电视台首次合作录制教学节目，教学片《怎样写美术字》（作者余秉南）在中央电视台播出。

由中国版协美术出版研究会主办，全国美术出版社联合发行集团和重庆出版社承办，本社组织的首届全国美术图书交易会在重庆开幕。

4月，美术教材编辑部邀请国家教委有关同志及专家审定高中美术教材。

《中国版画》举行创刊号新闻发布会。

陈允鹤赴台湾参加中国出版工作者协会组织的"海峡两岸图书出版合作研讨会"。

5月，"平凡友好画院"落成典礼在天津举行。

6月，根据国家计委的投资要求，出版社有关人员开会研究与国家计委联合成立光盘公司事宜。

深圳市新闻出版局主办、人民美术出版社协办的《深圳画报》创刊。

《人民美术出版社直属企业管理的暂行办法》下发执行。

重点图书《中国民间美术分类全集·山西卷》出版。

6月，通过招标，确定定州市城建一公司为新宿舍楼承建单位。

新闻出版署任命孟庆江为副总编辑，免去沈鹏副总编辑和田郁文社委会委员职务。

为表彰人民美术出版社在中国画出版工作中做出的优异成绩，经新闻出版署推荐，人民美术出版社获"崔子范艺术国际基金会优秀美术读物出版奖"，基金会向本社颁发了奖状和崔子范作品一幅。

8月，全体职工分两批到怀柔双阳培训中心学习出版法规。

陈允鹤当选中国版协理事。

9月，《连环画报》编辑部举办"连环画创作培训班"。

11月，联合国出版商协会主席和秘书长到本社进行友好访问。

本年度享受国务院颁发的政府特殊津贴的人员有：孟庆江、徐震时、刘汝阳、张俊国、王靖宪、王里、

平野。

田郁文同志获第五届全国年画评奖年画工作荣誉奖。

曹辛之同志获中国出版工作者协会颁发的"韬奋出版奖"。

1994 年

1月，与上海人民美术出版社等五社联合出版的《中国美术全集》获国家图书奖荣誉奖。本社出版的《中国历代绘画——故宫博物院藏画集》获国家图书奖，《中国古代木刻画选集》获国家图书奖提名奖。

1月，孟庆江赴日本参加"东京国际图书博览会"。

召开工会会员代表大会，选举产生第四届工会委员会，叶水旺当选为工会主席。

《中国美术全集》办公室召开《中国历代艺术》编辑委员会工作会议，研究该画册的编辑出版工作。

4月，张友元赴台湾参加"大陆书展"。此次是大陆图书首次在台湾展出，引起台湾各界人士的关注。

5月，陈允鹤随中国新闻出版代表团赴瑞士，参加"日内瓦图书沙龙"。

继1990年、1992年之后，人民美术出版社第三次获得"新闻出版署文明单位"称号，受到新闻出版署的表彰。

刘玉山赴美国，参加"中国图书艺术展"。

7月，张友元、廖大健赴香港，参加"'94香港图书展"。

1995 年

8月，刘玉山、李文昭、刘汝阳应邀赴台湾进行学术交流活动。

为支援边疆地区，向西藏图书馆捐赠 1000 册图书。

11月，社委会召开扩大会议，研究新办公楼的筹建工作。

本社计算机中心成立。对提高出版物的质量和缩短出版周期起到了促进作用。

新闻出版署于友先署长、刘杲副署长等来本社检查工作。

《连环画报》获全国第八届连环画金环奖优秀栏目奖。

由五个出版社共同编辑的《中国历代艺术》问世，并于 9 月 3 日在国际饭店举行了出版座谈会。该书 1995 年获中宣部颁发的"五个一工程"优秀图书奖。

《古元画集》出版，同时召开了专家学者座谈会。

12月，与日本见闻社商谈出版日文版《中国美术全集》事宜，并于 1995 年达成协议。据此，与日本见闻社共同出版了日文版《中国美术全集·工艺美术编》。

中宣部"五一五五"工程之一的漫画刊物《漫画大王》创刊。

1月，"1992－1994年人民美术出版社优秀图书评选"活动在本社展开，共评出优秀图书 32 种。

在新闻出版署举办的第二届直属单位优秀图书评奖中，《九年义务教育三年制初级中学美术试用课本》获编辑二等奖、设计二等奖，《发展中的书籍艺术》获选题二等奖，《欧美行》获设计二等奖。

2月，法国出版总署访华团来社访问，交流编辑出版工作。

英国道林特斯莱有限公司董事长等人来社，就《摄影向导》一书版税问题与有关人员交换意见。

3月，邓力群、王忍之、于友先等领导同志及启功先生听取《中国现代美术全集》编辑工作会议情况汇报。

4月，由本社和美协联合主办的"《孙其峰画册》出版座谈会"在中国人民革命军事博物馆举行。

房改小组完成向职工出售公有住宅楼房工作。职工购买了 150 套住房，使人民美术出版社房改工作大大向前推进一步。

人民美术出版社读者服务部正式开业，为出版社开辟了又一联系读者、宣传销售的窗口。

为纪念中国抗日战争和反法西斯战争胜利 50 周年，《中国版画》编辑部出版了纪念专刊，并邀请在京的版画家进行座谈。

在中国民主促进会北京市委员会庆祝会暨表彰先进大会上，民进人民美术出版社支部获得"先进集体奖"。

修订《人民美术出版社"九五"图书出版规划》。

出版图书：《中国近现代名家画集》系列书简体字版；以《爸爸妈妈读过的书》为题，再版了一批内容健康、深受读者欢迎的连环画，共印制 15000 套。

1996 年

4 月，张友元应邀访问美国西岸摄影图片公司。

王双贵前往新加坡参加 "'96 世界华文图书展览"。

参加农民日报社举办的 "向希望工程小学赠书" 活动，为贫困山区学校捐赠了近万元图书。

为纪念《连环画报》创刊 45 周年，在中央美术学院展览馆举办 "连环画精品原作展览"。

7 月，中国图书发行协会美术发行专业委员会成立（同时保留美联集团），张友元当选主任委员，廖大健为副主任委员。

党委组织全社职工到京郊昌平工商干部培训中心集中学习出版政策法规。

由中国扇子艺术协会主办、我社协办的 "首届中国扇子艺术大展" 在中国历史博物馆（现中国国家博物馆）举行，王光英、彭冲等领导光临剪彩。展览之后，我社出版了大型画集。

9 月 16 日，召开 "人民美术出版社成立 45 周年纪念大会"，新闻出版署副署长于永湛代表署党组到会祝贺并讲话。

《儿童漫画佳作选》获 "全国优秀少儿读物评选" 三等奖。

10 月，刘玉山赴法兰克福参加国际图书博览会。

11 月，中国出版工作者协会授予赵笰 "全国首届出版工作伯乐奖" 称号。

曹洁享受国务院颁发的政府特殊津贴。

为纪念孔繁森同志逝世两周年，出版了《领导干部的楷模——孔繁森》宣传画。

12 月，经社委会研究决定，出版部印制、校对人员试行分室管理，对口安排到相应的编辑室工作。

为全体职工建立了住房公积金。

再版了《宋人画册》《外国素描选集》等。

1997 年

1 月，郜宗远调入本社，经新闻出版署党组决定，任命为人民美术出版社社长。同时，署机关党委任命郜宗远为社党委委员。陈允鹤离任（2 月起离休）。

应丁绍光艺术研究会的邀请，陈允鹤等赴美国洛杉矶进行学术访问。

2 月，为悼念邓小平同志，本社在 8 天之内，完成了印制发行 340 万张《邓小平同志像》的任务。为此，本社受到新闻出版署的嘉奖。发行部被评为先进集体；徐震时、张京、祁旺、孙凯同志被评为先进个人。

为纪念《连环画报》创刊 100 期，本刊编辑部到北京郊区举行送书下乡活动。

3 月，为宣传贯彻《出版管理条例》，全社开展了知识竞赛活动。

人民美术出版社、中国连环画出版社、荣宝斋的领导开会讨论三单位重组问题。

4 月，为纪念周恩来同志诞辰 100 周年，出版了大型画册《伟人周恩来》，并在人民大会堂举行了画册出版新闻发布会。

6 月，三单位领导开会，讨论修改《重组方案》（讨论稿）。

1998 年

在新闻出版署第三届直属出版社优秀图书评选中，《故宫博物院藏明清扇面书画集（5）》《风迹——中国摄影家张岚作品集》获设计二等奖。

著名画家、出版社老编辑卢光照先生画展在中国美术馆举行。

王石之当选中国民主促进会北京市第十一届委员会委员。

社委会决定，根据出版社生产任务及重组工作需要，印制、校对人员自 7 月起恢复集中办公，统一管理模式。

邵宗远赴匈牙利进行学术交流活动。

顾同奋赴瑞典进行学术访问。

7 月，为庆祝香港回归，出版了《魂系山河》长卷及大型摄影画册《邓小平与香港》。

8 月 7 日，人民美术出版社等 13 家美术出版社与新华书店总店《共同投资、联合发行〈中国现代美术全集〉协议书》签字仪式在中国出版之家举行。出版社与新华书店大规模联合出版发行图书在国内尚属首次，它解决了出版资金困难的问题，为该套重点画册的出版创造了条件。

10 月 13 日，经署党组批准，

三单位重组领导小组成立，邵宗远任组长。

教材编辑室完成了陕西地方版美术教材的修改审定。《中国艺术》《中国版画》杂志在新闻出版署直属出版社首届期刊评比中获美术设计奖。

与北京市教委签订出版《北京地区民间美术中小学教科书》协议书。

与北京银冠电子科技公司联合编辑、制作、出版的《世界文化遗产》CD-ROM 在法国莫比斯国际多媒体大奖赛中获评委特别奖。

出版图书有：《龚贤精品集》《王原祁精品集》《王鉴精品集》《沈周精品集》等古典画册出版发行。年内，制订下发了《关于加强出版物印制管理的暂行规定》《内部稿酬支付办法》《医药费报销暂行办法》《厉行节约，缩减开支暂行规定》等制度。

程大利调入本社，4 月 17 日经署党组任命为人民美术出版社副总编辑。

新闻出版署举办印研杯"十五大"知识竞赛，本社李杨、李滢、厉亚明获优秀奖。

本社被评为 1997 年度建国门地区共建精神文明先进单位。

4 月 17 日至 19 日，新闻出版署计财司在昌平召开三单位重组工作研讨会，邀请国管局、财政部等有关部委的同志就资产重组的运作方式进行探讨。

为纪念周恩来同志诞辰 100 周年，党办组织全社干部职工到中国人民革命博物馆参观"人民的好总理"展览。重组工作领导小组开会研究《重组方案》。

6 日，新闻出版署下发《关于同意人民美术出版社、中国连环画出版社、荣宝斋出版社重组改革实施方案的批复》。根据新闻出版署的批复精神，三单位重组成立中国美术出版总社。署党组任命邵宗远为董事长，迟乃义、刘玉山、张均康、程大利为副董事长，张友元、徐世斌、叶水旺、马五一、王铁全为董事。

新闻出版署党组决定，邵宗远任人民美术出版社社长，刘玉山任

1999 年

总编辑，程大利和迟乃义任副总编辑，张友元任副社长，叶水旺任人民美术出版社工会主席。

根据新闻出版署党组决定，顾同奋、李文昭、孟庆江离任退休。

根据新出人[1998]348号文件，三单位重组后，总社所属人民美术出版社原有性质不变，具有法人资格，荣宝斋出版社、连环画出版社为人民美术出版社副牌社。

新闻出版署下发批文，同意人民美术出版社与北京银冠电子科技公司合办"北京银冠电子出版有限公司"。

6月，《中国现代美术全集·漆器》《中国现代美术全集·中国画人物卷》获《中国美术分类全集》办公室颁发的出版质量奖。

7月，总社成立的调查组赴深圳，调查人民美术出版社朝花实业发展公司产权和债务问题。

8月，《儿童漫画》《漫画大王》编辑部与中央电视台动画部联合主办"'98中国青少年漫画夏令营"。中宣部、新闻出版署领导，著名漫画家方成、王复羊、丁午及来自全国各地的营员出席了开营仪式。

郜宗远当选中国版协理事、中国版协美术出版研究委员会会长，

程大利当选秘书长。

为宣传抗洪精神，支援灾区抗洪救灾，本社高质量、高效率地完成了抗洪救灾宣传画的出版发行工作，受到新闻出版署的表彰。

9月，郜宗远当选中国美术家协会理事。

在新闻出版署第四届直属单位出版社优秀图书评选中，《龚贤精品集》获优秀选题一等奖、优秀装帧设计一等奖。

《中国近现代名家画集——白雪石》获第11届中国图书奖。

9月，《中国艺术》编辑部邀请在京部分美术评论家召开座谈会。

本社召开少年儿童文学作家、评论家座谈会，邀请专家就少儿图书选题的开发进行研讨。

10月，在第14届全国连环画报刊金环奖评选中，徐永林被评为优秀编辑，张满红被评为优秀编务。

11月，沈鹏被新闻出版署、中央国家机关工委评为"抗洪救灾先进个人"。

由扶贫基金会及本社主办的"功在千秋——扶贫书画展"在中国历史博物馆（现中国国家博物馆）举行。

1月，《中国现代美术全集》出版发行新闻发布会在国际艺苑举行。

为揭露"法轮功"歪理邪说，本社突击绘制出版了《李洪志其人其事》《"法轮功"欺世害人》两套连环画册及宣传画。

5月，全体党员开会，学习中组部文件《关于在维护社会稳定中发挥共产党员作用的通知》。

10日，全体职工大会，传达新闻出版署"关于以美国为首的北约轰炸我驻南使馆"紧急会议精神，并宣读了总社致美国住华使馆及美国政府的抗议书。

6月，全社党员参加新闻出版署机关纪委发起的党纪条规教育问卷测试答题活动。

为展示老干部书法班教学成果，举办"老干部书法作品观摩展"，展出书法作品30件。

8月，人民美术出版社与中央电视台联合主办"'99中国青少年漫画夏令营"。中宣部有关领导及著名漫画家方成、丁午、徐宝信等参加了开营仪式，来自全国各地的小漫画家、漫画爱好者参加丰富多彩的活动。

在新闻出版署直接领导下，本

2000 年

社编辑、设计、出版人员共同努力，完成了《新中国出版50年》出版任务。该书总结了新中国成立50年来的出版成就。

部分党员干部到北京展览馆参观"五十年辉煌成就展"。

在署直机关迎国庆50周年文艺汇演中，由社领导和部分职工组成的合唱队获演出一等奖。在2000年举办的署直单位庆"七一"演出中，本社演出再获一等奖。

领导班子开会学习江泽民同志在十五届四中全会召集人会议上的讲话和四中全会《决定》。

10月，在北京市教委组织的《北京市21世纪教材》招标工作中，本社中标。

《中等师范美术课本》根据教学大纲完成修订，并出版发行。

与中国美术家协会合作出版的《新中国美术五十年》《第九届全国美展中国画作品集》出版发行。与中国文史出版社合作出版了《近现代名家画集》。

第五届分房委员会完成大红门宿舍楼分配工作。

与北京制版厂签署协议，以异地安置方式交换西什库产权房。之后，发行部完成西什库书库搬迁工作。

《少年漫画》获全国连环画报刊第十四届金环奖，林阳同志获优秀主编奖，徐永林获优秀设计奖。

中国发行业协会美术发行专业委员会召开第三次全体会员代表大会，张友元被选为常务理事，廖大健被选为理事。

11月，我社协办的"中华情书画大赛获奖作品展"在中国革命博物馆（现中国国家博物馆）开幕。

经有关人员多方努力，本社收回东四390号产权证，避免了国有资产流失。

新闻出版署发行司在全国出版发行系统组织社店互评活动，经过社店投票、评委审定，本社被评为1999年度"讲信誉，重服务"出版发行单位。

教材部组织教材编写委员会根据新修订的教学大纲，完成了《中小学九年义务制教育美术教材》的修订工作。

为加强图书编校质量，从5月1日起，编辑发稿执行填写《书刊质量记录卡》制度。

7月，与山东新华印刷厂签订合作办厂协议。

"任率英画展"在中国美术馆举行。

连环画编辑室编辑出版的连环画《董晓玲》（原名：《背负瘫痪母求学》）于7月29日至31日在深圳举行了首发式和义卖活动，在当地产生了极大影响。深圳电视台、深圳广播电台等新闻媒体纷纷进行了连续报道。《连环画报》获2000年度全国连环画报刊金环奖。《少年漫画》获金环奖，林阳获优秀主编奖。

本社被新闻出版署评为1997—1998年度全国良好出版社，并由新闻出版署颁发荣誉证书。

2001 年

《世界文化遗产·故宫》CD-ROM 获首届国家电子出版物荣誉奖。

《连环画报》编辑部召开"纪念《连环画报》创刊50周年老编辑、老作者座谈会"。

7月，北京市21世纪《中小学美术教材》和《中等师范学校美术教材》（第三册）的编写工作启动。教材编辑部多次组织教材编写委员会的专家、教师，就教材编写工作进行研究、论证。

8月，在国家义务教育课程标准美术教材招标过程中，经艰苦努力，本社中标，并启动编写工作。

由教育部艺术教育委员会主办、《中国中小学美术》编辑部承办的"21世纪美术教育创新与培养"培训班于8月13日至18日在河北廊坊举办。全国各地350多位美术教师参加了培训。

党员干部参观在中国人民革命军事博物馆举办的"北京市打击和预防经济犯罪展览"。

程大利同志当选中国编辑学会理事。

9月，全体中层干部、党员参加警示教育学习班，收看《胡长清案件警示录》电教片。

11月，受教育部的委托，教材编辑部举办中师教材培训班。

12月，新闻出版署党组决定，刘玉山离任退休，程大利为代理总编辑。

全社党员干部和离退休党员同志收看中央党校原教育长王瑞璞同志所作《江泽民同志关于"三个代表"的思想是加强党建的伟大纲领》的录像报告。

本年度张广享受国务院颁发的政府特殊津贴。

4月至8月期间，全社党员干部按照中央规定参加了"三讲"教育；12月进行了"三讲"教育回头看。

1月，桂晓风来社宣布，刘玉山同志离任退休，程大利为代总编辑。

2月，全体党员干部开会，传达中纪委五次会议、新闻出版署第九次反腐败工作会议文件。

石宗源署长、杨牧之副署长及署人教司李敉力司长等来社调研。

4月，本社"出版管理信息系统"、"图文数字化处理系统"方案通过署科技发展司主持的专家论证。

国家实验教材美术课本（第一册—第十三册）和北京市21世纪美术课本（第一册—第十三册）审定通过，并开始在中小学试用。

为保证国家实验美术教材试验工作顺利进行，教材编辑室配合教材编委会，对全国20多个试验区的美术教师开展了培训。

5月，与山东新华印刷厂合资创办的"北京燕泰美术制版印刷有限责任公司"正式投入运营。

6月，受新闻出版署委托，承办的"首届全国优秀艺术图书奖"评奖工作在香山饭店举行。

为编辑出版《中国美术百科全书》，召开专家座谈会及第一次编委会。《中国美术百科全书》编辑

2002 年

工作启动。

社领导专题学习"三个代表"重要思想，结合实际进行深层次理论思考。

9月，《连环画报》成立50周年暨连环画2000年"金环杯"颁奖大会在华润大厦举行。国家重点图书《中国民间美术全集》编辑工作会在长春市举行。

由人民美术出版社与中国展览交流中心等单位联合举办的"黄河·2001中国画创作展"在中国美术馆举行。

在首届全国优秀艺术图书评奖中，《中国藏传佛教铜像》等11本图书获奖。

为配合中国美术家协会"百年中国画展"，出版了《百年中国画集》。

10月，研究审定《总社改革方案》；研究分析人民美术出版社建社50周年庆祝活动筹备工作；研究分析中国美术出版总社办公楼筹建工作。

中宣部副部长李从军、出版局局长邬书林、新闻出版总署副署长杨牧之等领导来中国美术出版总社调研。

中国美术出版总社科技项目招

标会议在昌平九华山庄举行。

人民美术出版社资深编辑、中央文史馆馆员、著名中国画画家卢光照先生因心脏病医治无效，在北京去世，享年88岁。

《儿童漫画》进入中国期刊展"双百方阵"。

11月，为庆祝人民美术出版社建社50周年，中国美术出版总社在全国政协礼堂召开了座谈会。

12月，为庆祝人民美术出版社建社50周年，中国美术出版总社召开"中国连环画走过50年座谈会"。

12月25日至28日，"庆祝人民美术出版社建社50周年、荣宝斋新记50周年综合展"在中国美术馆举行。中宣部领导、新闻出版总署领导及美术界代表和观众数千人参观了展览。

1月，中国美术出版总社与北京科希盟公司签订《中国美术出版总社管理信息系统项目合同书》。

人民美术出版社与首都发行所共同主办的"中华魂"读书活动发奖会在人民大会堂举行。

2月，社领导参加"中国出版工作者协会常务理事扩大会"。林阳同志被评为第四届全国优秀中青年编辑，中国版协为其颁发了证书。

4月，召开职工代表会，讨论《总社目标管理实施方案》《总社职工上岗管理办法》《总社职工等岗管理办法》及《关于出版单位岗位津贴、效益奖金分配实施办法》等改革文件。改革小组的同志，就职工有关问题进行了答疑。会议通过了上述文件。

韩国漫画协会副会长许英万先生一行来社访问。

中国出版集团成立大会在人民大会堂举行。中国美术出版总社社委会成员、中层干部参加了成立大会。

5月，在中央国家机关和新闻出版总署发起的"全面开展救助贫困母亲"捐款活动中，中国美术出版总社共126人捐款，共捐11928元。其中沈鹏同志捐款1万元。

北京国际图书博览会在北京展览馆举行，总社全体编辑前往参观。

6月，中国美术出版总社于2002年6月6日至6月8日在北京外企培训中心举办了干部培训班，学习出版管理条例等法规性文件，介绍总社改革的有关情况，举办专题业务讲座，组织座谈讨论，颁发聘书及签订2002年目标管理责任书。社委会成员、"五社一中心"负责人、编辑室主任、刊物主编、职能部门负责人等参加了会议。

吴本华任人民美术出版社图书出版中心总编辑助理；张建平任荣宝斋出版社总编辑；刘延江任连环画出版社总编辑；汤锐任朝花少年儿童出版社总编辑；林阳仼中国美术出版总社报刊社总编辑；欧京海任中国美术出版总社教材中心主任。

"2002秋全国美术图书交易会"在厦门举行，编辑及出版发行人员共30多人到会。其间召开了《中国民间美术全集》工作会议。

总社220名职工分别与本部门责任人签订了上岗聘书。

7月，社领导赴西藏，参加中国出版集团向西藏地区捐赠图书仪式。总社捐赠了价值15万元的图书。

为庆祝中国人民解放军建军75周年，总社组织召开了专业、复员、退伍军人座谈会。

总社考勤打卡制度开始实行。

8月，召开北京、天津、山西、河北地区"全国美术图书百家专销店"代表调研会。

2002年度全国连环画报刊"金环奖"颁奖大会暨连环画报刊年会在湖北武汉举行。《连环画报》"人物"专栏、《儿童漫画》"游游乐乐园"、《少年漫画》封面设计获2002年度"金环奖"单项奖。

与山东新华印刷厂、燕泰公司商讨召开燕泰公司董事会筹备工作。

为顺利推广使用国家新课标美术教材，教材中心编辑人员与教材主编、编委一起在29个省市开展了36次美术教师培训。

9月，召开《中国美术百科》全书第四次编辑工作会议。该书主编李松、邵大箴及分卷主编刘曦林等10余人参加会议并发言。会议对调整编辑思路及下一步工作进行了讨论。

报刊社牵头在湖南张家界举行了"报刊发行探讨会"，邀请全国各省市报刊局发行人员参加。

总社出版单位共53名编辑业务人员首次参加新闻出版系统职称资格考试。

10月，由中国美术出版总社、中国对外艺术展览公司等5家联合主办的"中日青少年漫画交流展"在首都图书馆隆重开幕。《少年漫画》编辑部荣获"优秀团体奖"。

11月，召开《中国民间美术全集》通稿会。《中国美术分类全集》总编委会领导许力以参加会议并讲话。各分卷主编及浙江、吉林、江苏、岭南美术出版社的同志到会。

《美术向导》创刊100期座谈会在台湾饭店举行。在京著名画家杨力舟、史国良、郭怡孮、张道兴、龙瑞、徐希、王迎春等参加了此次座谈会。《美术向导》第一任主编沈鹏应邀出席。

12月，《美术之友》创刊20周年座谈会在台湾饭店举行。

出版的重点图书有《百年中国画集》（上下）、《吴历精品集》《外国美术史庆》丛书、《汤加丽人体艺术写真》、《中国古代名家作品选粹》系列、《20世纪外国大师论艺》书系等。

2003 年

2 月，《儿童漫画》编辑部在天伦王朝饭店召开《儿童漫画》创刊 200 期暨"儿童漫画与素质教育"主题研讨会。缪印堂、方成等漫画家及有关领导参加了研讨会。

"中国版协第四次常务理事会"及"第四届全国百佳工作者表彰会"召开。总社王铁全被评为"新闻出版系统百佳工作者"。

《儿童漫画》在全国第二届国家期刊奖评比中获国家期刊奖百种重点期刊。

3 月，总社召开办公楼改造工作领导小组会，通报办公楼改造近期情况，布置电力增容事项。会议要求行政处基建办于 5 月 31 日前完成电力增容工作，于 6 月 15 日前完成办公室空调配备工作。

召开"中国美术出版总社艺术委员会第一次会议"。会议确定人民美术出版社出版的《中国近现代名家画集》入选标准及有关作者以预付书款形式出版作品问题。

4 月，中国出版集团召开成立一周年座谈会，总社郜宗远、叶水旺、胡建斌、姜维朴参加了会议，胡建斌代表中青年编辑做了发言。

总社召开会议，传达中国出版集团关于预防"非典"文件精神，布置预防"非典"工作。

6 月，经过行政处基建部门的艰苦工作及有关部门的积极配合，总社院内电力增容及安装空调的工作顺利完成，从而改善了办公环境。

7 月，程大利、王铁全等参加中国美术馆重新开馆仪式。

教育部教材审定委员会对我社报送的普通高中实验美术教材编写立项材料进行了审核，准予立项。

在中国出版集团优秀图书评奖中，总社共 4 种图书获奖。其中《百年中国画集》获优秀奖，《彩图唐诗三百首》获优秀编辑奖，《叶毓中国画重彩后集·唐风》获优秀设计奖，《吴历精品集》获优秀印制奖。

人民美术出版社原副社长刘近村同志因病医治无效去世。

总社图文数字化管理系统招标工作在赵家楼饭店进行。

全国优秀艺术图书评奖工作在香山饭店进行。总社送评图书共 14 种，11 种获奖，其中《中国美术分类全集·中国民间美术全集》《永远的三峡》获一等奖，并入围国家图书奖。

人民美术出版社教材中心组织的"东三省人美版教材工作座谈会"在辽宁省沈阳市召开。

9 月，总社领导召开朝花少儿社全体人员会议。郜宗远传达了集团领导关于朝花少年儿童出版社更名的有关指示精神，要求朝花少年儿童出版社全体人员从大局出发，坚决服从集团的决定，安下心来，要以正确的态度对待这次变动。

郜宗远到中国出版集团参加"新华发行集团"挂牌新闻发布会。

经总社领导研究决定，集中总社专职校对人员，成立校对部，统一管理总社校对工作。

中国出版工作者协会美术出版研究会社长年会在和平宾馆举行。会议由秘书长程大利主持。郜宗远会长讲话。会议确定了中国版协美术出版研究会 2004 年工作计划，审议通过了关于举办出版界美术家作品展方案和美联集团关于联合创办经济实体的原则意见。

12 月，郜宗远、程大利当选为中国美术家协会理事。

出版重点图书《中国民间美术全集》（共 6 卷，人民美术出版社承担 1 卷）、《永远的三峡》、《西方后现代艺术流派》书系、《外国名家作品选粹》、《中国古代书法作品选粹》、《甲申贺岁》。

2004 年

1月，"第二届全国优秀艺术图书奖颁奖大会"在皇家大酒店举行。部宗远主持会议。新闻出版总署图书司副司长李宝中介绍评奖基本情况。程大利宣读获奖名单。沈鹏、刘杲同志到会并讲话。图书获奖单位的代表及有关专家 100 多人到会。

总社退休干部李平凡捐赠艺术作品仪式在中国美术馆举行，共捐赠作品 1091 件。

2月，召开专家会研究《20 世纪中国美术理论丛书》（现丛书名为《中国现代美术理论批评文丛》）。

3月，由人民美术出版社、人民音乐出版社、地图出版社联合召开的第十二届全国教材工作会议在云南举行。会议进行了教材质量评比活动。

讨论修改《总社校对管理暂行规定》和《总社发货管理暂行规定》。

新课标高中美术教材，经教育部审定通过。

5月1日至6日，由中国动画学会主办，《少年漫画》杂志、大连亿源展览公司承办的"2004中国国际动画漫画（大连）展览会"在大连举行。

中国出版工作者协会美术出

版工作委员会 2004 年社长年会及"2004 秋季全国美术图书交易会"于 6 月 22 日至 24 日在古城西安举行。全国各美术出版社社长及有关同志 40 多人到会。

总社工会筹备组完成出席中国出版集团工会代表的选举工作。经过认真提名、推荐、投票，叶水旺等 14 名同志为出席中国出版集团工会联合会第一次代表大会的代表。他们于 6 月 29 日参加了大会，叶水旺被选为第一届委员会委员。

7月，为时 6 天的"首届全国美术出版界美术家作品展"在中国美术馆隆重开幕。画展展出了全国各美术专业出版社参展绘画作品近 400 件。展览期间召开"首届全国美术出版界美术家作品展"研讨会，在京的十几位专家学者参会。研讨会对画展给予充分肯定，对全国美术出版社在弘扬民族文化、促进精神文明建设工作中发挥的作用给予高度评价。

出版重点图书《乙酉贺岁》、《古风古韵——中国古代建筑艺术》书系、《中国古代玉器艺术》（上下）、《西域文明探秘》系列、《中国古代书法作品选粹》。

2005 年

1月，召开《中国美术分类全集》编辑工作会议，与辽宁美术出版社、天津美术出版社及全集办公室有关人员商讨合作出版《中国美术分类全集·岩画卷》事宜。

总社全体职工踊跃向印度洋海啸受灾地区捐款，共计 32090 元，其中出版单位 22030 元，荣宝斋 10060 元。

4月，人民美术出版社、人民音乐出版社、地图出版社联合召开的"全国教材出版工作会议"在贵阳举行，全国各省教材租型单位、出版集团和新华书店的有关领导和业务人员共 100 多人到会。

5月，召开社委会，考察并研究办公楼异地置换地点及条件。

7月，传达中国出版集团召开的"参加中华书局大兴集资建房购房会议"精神，布置调查参加购房人员情况工作。

总社艺术委员会召开会议，对《中国近现代名家画集》入选标准和原则、每年出书的数量等问题进行了探讨，形成共识，制定了相关规定。

首届"海峡两岸图书贸易会"在厦门国际展览中心举行。总社组织三社三中心出版的近百种图书、

2006 年

期刊参加了图书贸易会。

8月，为纪念中国人民抗日战争胜利60周年，总社与中国美协连环画艺委会、中国版协连环画艺委会、北京市美协共同主办的"纪念抗日战争胜利60周年连环画名作展览"在中央美术学院美术馆举行。

集团党组聘任决定：林阳为总社副总编辑，杨辉为总社副社长，欧京海为总社副总编辑。

9月，集团党组对总社领导班子调整决定，宣布总社领导班子组成人员：郜宗远（社长）、程大利（总编辑兼党委书记）、马五一（副社长）、王铁全（副总编辑）、常汝吉（副社长）、林阳（副总编辑）、杨辉（副社长）、欧京海（副总编辑）。

10月，中国出版集团王俊国、纪存双来中国美术社总社，宣布了集团党组关于郜宗远等职务任免通知。根据集团党组决定：免去郜宗远总社社长、人民美术出版社社长、荣宝斋总经理职务，办理退休手续，由程大利代行中国美术出版总社、人民美术出版社法定代表人职责，任命马五一为荣宝斋总经理（法定代表人）。

11月，由人民美术出版社等30

家美术出版社主办的"正当代·盛世中国画——中国美术出版界提名中青年画家作品展"在今日美术馆开幕。

与四川省教育厅和教研所的领导就合作编写出版《义务课程标准实验教科书·写字》达成协议，并于2006年春季开始使用本教材。

出版重点图书《中国古代陶瓷艺术》、《隋唐五代工艺美术史》、《古木神韵》、英文版《HAPPY NEW YEAR》、《解构人体——艺术人体解剖》、《丙戌贺岁》。

2月，郜宗远当选中国编辑学会副会长，王铁全、林阳当选中国编辑学会理事。

4月，与英国托比·伊迪协会国际文学代理联合公司总裁托比·伊迪商讨、确定、签署《永远的三峡》输出版权合同。

在第二届中国出版集团图书奖的评奖中，人民美术出版社三种书获奖。

5月，常汝吉与赵国瑞到西安参加陕西省中小学教材招投标会，我社教材最终全部中标。

人民美术出版社退休干部林锴同志因病于5月24日上午在北大医院去世，享年83岁。

人民美术出版社退休干部徐淦同志因病于27日零时在天津去世，享年91岁。

人民美术出版社退休干部肖顺权同志因病于5月28日下午在北京协和医院去世，享年72岁。

6月，总社有关人员到瀚洋大厦了解有关总社置换办公地点情况，研究有关总社置换办公地点问题。

在中国美术馆就《中国美术馆》杂志的编辑和出版工作进行了商讨。双方表示力争把此刊办成优秀

2007 年

的博物馆专刊。

新闻出版总署纪念中国共产党建党85周年重点图书40种选题目录中，人民美术出版社图书《"纪念建党85周年"连环画精选》，作为中国出版集团唯一的作品入选。

全国美术图书交易会在贵州凯里召开。我社有关编辑、发行人员参加。开幕式上，我社代表全国美术出版社向贵州黔东南自治州贫困地区捐赠价值30万码洋图书。

9月，人民美术出版社、人民音乐出版社和中国地图出版社联合在湖南省张家界召开了第十四次全国教材工作会议。

人民美术出版社退休干部林文碧同志去世。

10月，林阳同志参加德国法兰克福国际书展。

沈鹏同志在中国文学艺术界联合会举行的"2006年度造型表演艺术创作研究成就奖"评选中，获得"造型表演艺术创作研究成就奖"。

程大利、郜宗远参加中国文联第八次全国代表大会，汤锐参加中国作协第七次全国代表大会。程大利当选为第八届全国文联委员。

在工会礼堂召开庆祝人民美术出版社建社55周年职工代表座谈

会。中国出版集团副总裁聂震宁、宋晓红出席了座谈会。

召开人民美术出版社建社55周年社庆美术界专家研讨会。参加会议的专家有：邵大箴、郎绍君、薛永年、孙克、水天中、翟墨、赵立中、吕品田等。

举行庆祝人民美术出版社建社55周年联谊会，社领导和美术界各方面的代表人士、人民美术出版社图书出版中心的部分编辑人员参加。

林阳当选为东城区政协常委。

出版的重点图书：《中国美术全集》(修订版)、《百年水彩画集》、《中央美术学院附属中等美术学校留校作品集》系列、《丁亥贺岁》。

2月，中共中央政治局常委李长春同志看望了我社离休干部黄苗子先生及夫人郁风同志。

我社获得2005—2006年度中国出版集团公司文明单位的荣誉称号。

5月，林阳与胡建斌到新加坡、马来西亚参加"新加坡世界书展"和"马来西亚海外华文书市"。

参加集团"第二届中国出版集团报纸、期刊奖"颁奖大会，总社获奖情况如下。

《美术向导》获中国出版集团报纸、期刊奖优秀设计奖、优秀校对奖。

《荣宝斋》获中国出版集团报纸、期刊奖优秀印制奖。

《儿童漫画》获中国出版集团报纸、期刊奖优秀经营奖、优秀印制奖。

《中国中小学美术》获中国出版集团报纸、期刊奖优秀经营奖。

《中国艺术》获中国出版集团报纸、期刊奖·优秀编辑奖、优秀设计奖。

《漫画大王》获中国出版集团报纸、期刊奖优秀栏目奖。

7月，人民美术出版社总编辑助理、创作室主任姚奎同志逝世。

8月，中国编辑学会美术编辑

2008 年

专业委员会和黑龙江美术出版社共同主办的第十六届"金牛杯"优秀美术图书评奖会在哈尔滨召开。

《艺术沙龙》首发式在北京长安俱乐部举行。

9月，常汝吉随中国出版集团代表团赴俄罗斯参加第20届莫斯科国际书展。

11月，人民美术出版社《汪稼华笔墨》获得2007年度"中国最美的书"称号。

12月，总社召开全体中层干部会议，会上由中国出版集团公司领导宣布新领导班子任免决定：常汝吉任中国美术出版总社社长，马五一任中国美术出版总社党委书记，王铁全任中国美术出版总社总编辑。免去程大利中国美术出版总社党委书记、总编辑职务，办理退休手续。

人民美术出版社《修军评传》荣获由中国传记文学学会颁发的第三届中国传记文学优秀作品（长篇）奖。

出版重点图书《20世纪北京绘画史》、《中国岩画全集》（5卷）、《中国工艺美学史》、《中国当代油画名家·王沂东》、《九如堂古陶瓷藏品》、《戊子贺岁》。

2月，总社编辑系列讲座开讲，中国出版集团聂震宁总裁做《编辑的职业精神与修养》报告。

3月，中国出版集团党组书记李朋义、副总裁王俊国及纪存双来我社宣布干部任命：经集团党组研究决定，任命肖启明同志为中国美术出版总社副社长、副总编辑。

由我社发起的有全国十家出版社参与的"高等教育'十一五'全国规划教材"编辑委员会成立大会在安徽省合肥市举行。会议确定由总社与九家美术社共同编辑一套具有时代特征和中国特色的高校美术专业教材，决定成立高校美术教材编辑委员会和学术委员会。

人民美术出版社图书中心召开《名社30年》编辑方案座谈会。

5月，总社成立了以总社领导为组长，党办、社办、工会办负责人为成员的"向四川汶川县地震灾区捐款领导小组"。总社领导带头捐款，在短短两天，个人共捐款220298.5元（其中，荣宝斋个人捐款31865元），是集团成员单位中个人捐款最多的单位。

以人民美术出版社和四川新华文轩名义，向四川灾区学生捐赠书包5000个、《儿童漫画》5000本、

抗震救灾宣传画及"爱心卡"，总价值约37万元。

总社党委动员全体党员向灾区开展献爱心活动。总社党员共计交纳"特殊党费"89434.2元（209人），其中总社本部交纳63932元（132人）。

6月，由中国出版工作者协会美术出版工作委员会和中国书刊发行业协会美术发行专业委员会主办的"2008年全国美术图书交易会"在黑龙江省哈尔滨市举行。会议期间，全国美联集团向各成员社发出了向四川地震灾区定向捐赠艺术图书的倡议。其中，中国美术出版总社在原有各种捐献的基础上，再次向灾区捐赠艺术图书2万码洋。

8月，中国出版集团召开"第三届中国出版集团图书奖"颁奖大会，人民美术出版社出版的《中国古代书籍装帧》获图书奖，《中国古代陶瓷艺术·元明清釉下彩》获优秀印制奖。

9月，欧京海与赵国瑞代表我社全体职工前往四川省德阳。共向地震灾区捐赠书包5000个、《儿童漫画》5000本，爱心卡近千个，总价值30万元。

林阳到四川汶川映秀镇映秀小

2009 年

学参加由中国出版集团、中国美术出版总社等单位组织的"向汶川灾区捐赠《抗震救灾印谱》和救灾衣被活动"的捐赠仪式。仪式上,中国美术出版总社另捐赠书刊千余册。《抗震救灾印谱》由人民美术出版社出版。

第十七届"金牛杯"优秀美术图书评奖会在杭州举行。人民美术出版社出版的《九如堂古陶瓷藏品》《三江源》获金奖。

12月,与天津人民美术出版社召开《任伯年全集》编辑工作会议。

《漫画大王》《儿童漫画》被中宣部、民政部、新闻出版总署、中国期刊协会等有关部门的领导和专家组成的评审委员会评为"抗震救灾宣传报道先进期刊"。

出版重点图书《抗震救灾 众志成城——5·12汶川大地震纪实系列连环画》《中国古代陶瓷艺术明清彩瓷与颜色釉》《三江源》《中央美术学院造型基础部素描教学》《中央美术学院基础部色彩教学》、《吴冠中画作诞生记》《丹青陶韵》《中国艺术品拍卖年鉴》《滋兰树蕙——人民美术出版社》及"高等教育'十一五'全国规划教材"系列15种。

中国出版集团公司任命张胜彬任中国美术出版总社党委书记、副社长。

由中国美术出版总社牵头,全国美联集团在北京举办了"2009年全国美联集团新书推介暨好社名店联谊会"。全国26家美术出版社以及包括美术图书百家专销店在内的160余家书店参会,到会社店代表共550余人。

林阳参加由新闻出版总署举办的第二届"三个一百"原创出版工程表彰大会暨首届原创出版论坛,我社有三种图书获奖。

3月,在第二届中华优秀出版物奖评奖中,人民美术出版社出版的《九如堂古陶瓷藏品》(2卷)获图书奖,《抗击冰雪 心系人民——新闻摄影展作品集》《抗震救灾 众志成城——5·12汶川大地震纪实系列连环画》获抗震救灾特别奖。

4月,日本集英社一行先后访问了中国出版集团公司、中国美术出版总社。

由人民美术出版社、天津美术学院共同主办的"天津市高校艺术教育专业教材建设研讨会暨人民美术出版社艺术教育专家(天津)委员会"在天津召开。

中国美术出版总社举办编辑系列讲座第四讲,由徐波律师主讲"编辑工作中的法律风险与防范"。

4月至8月,人民美术出版社分别在天津、山东、贵州、四川成立艺术教育专家委员会,为在各省市组织编写高校艺术教材打下了基础。

6月,"2009年全国美术图书交易会"在广西南宁市举行。

7月,总社召开党政联席会议,专题研究总社办公楼置换事宜,介绍了人民美术出版社1994年开始至今的办公楼项目从自建到合建再到异地置换的整个过程。

在第四届中国出版集团公司图书奖中,人民美术出版社出版的《九如堂古陶瓷藏品》(2卷)、《抗击冰雪 心系人民——新闻摄影展作品集》等10种书刊获奖。

8月,林阳、肖启明与郜宗远赴台北参加全国美联集团主办的首届两岸美术图书展、首届两岸美术界书画家作品邀请展。人民美术出版社参展图书共488种、4644册。

9月,第十六届北京国际图书博览会召开。我社举行了《中国美术百科全书》首发式。

人民美术出版社在山东省开展

2010 年

了"人民美术出版社走进校园"活动，"大篷车"队先后赴山东艺术学院等 7 所大学展示和销售图书，召开专家座谈会，受到了广大师生的热烈欢迎。

中国编辑学会美术编辑专业委员会(筹)年会暨第十八届"金牛杯"优秀美术图书评奖会在厦门召开。《中国美术百科全书》《女红——中国女性闺房艺术》获金奖。

中国出版集团公司举办"庆国庆 60 周年书画摄影展"，我社有 48 人共计 76 幅作品参展。

10 月，肖启明与胡建斌随中国出版集团公司赴德国参加第 61 届法兰克福国际书展。其间，人民美术出版社与美国哈珀·科林斯出版公司举行了《中国侗族在三江》一书版权输出签约仪式。

11 月，人民美术出版社原"艺术教育编辑室"改为"艺术教育研发中心"。

12 月，在中国出版集团公司举行《万山红遍——新中国美术 60 年访谈录 1949—2009》新书发布暨研讨会。著名美术理论家邵大箴出席。

为纪念毛泽东同志下达连环画工作重要指示 60 周年暨姜维朴著《新中国连环画 60 年》座谈会在

中国出版集团公司举行，新闻出版总署署长柳斌杰等领导出席会议。

由我社举办的"展望 2010 年中国中小学美术教育"研讨会在中国出版集团公司举行。

人民美术出版社的《吴冠中画作诞生记》获得第五届国家图书馆文津图书奖。

《儿童漫画》《连环画报》分别获得由中国期刊协会和中国出版科学研究所共同颁发的"新中国 60 年有影响力期刊"证书和奖牌。

出版的重点图书《中国美术百科全书》、《万山红遍——新中国美术 60 年访谈录 1949—2009》、《中国侗族在三江》、《女红——中国女性闺房艺术》、《日本最新设计模板》、《范本传真——中国高等艺术院校教学范本》系列。

1 月，林阳参加"2010 中国公共阅读文化论坛暨'60 年中国最具影响力的 600 本书'系列推展活动颁奖盛典、2009 年年度好书颁奖盛典"。我社有 13 种图书获奖。

召开社委(扩大)会，传达学习了中国出版集团公司《关于立即清理人民美术出版社所属分支机构的通知》(中版［2010］15 号)文件。会议经过充分、认真的研究和讨论，一致决定通过决议：根据上级文件精神和实际情况，从即日起，停止人民美术出版社上海分支机构的一切工作，成立清算组依法进行清算，确保国有资产不受损失。

人民美术出版社《万山红遍——新中国美术 60 年访谈录 1949—2009》在中央电视台《子午书简》与中国图书商报社联合举办的"2009 年度最值得一读的 30 本好书"推荐活动中入围获奖。

人民美术出版社《黄继光》等 10 种图书和连环画出版社《地球的红飘带》等 2 种图书在中国图书商报社与中国出版科学研究所联合举办的"60 年中国最具影响力的 600 本书"的推介活动中入围获奖。

2 月，我社在北京贵宾楼饭店举行人民美术出版社 2010 年新春联谊会暨《艺术沙龙》年度贺岁展。在京美术机构负责人及知名书画家、理论家共120余人聚集一堂。

3月，《中国美术》期刊创刊。

工会组织职工代表参加中国出版集团公司工会联合会和女工委组织召开"集团公司优秀女职工集体、优秀女职工及优秀女工干部"表彰大会，我社李滢被评为优秀女职工。

4月，由中国美术出版总社承办、中国出版集团公司主办的庆祝中国出版集团公司成立8周年书画摄影展在中国美术馆开幕，并召开了"艺术创作与出版专题研讨会"。本次共展览200余幅绘画、书法、摄影作品，我社共有71人74件作品参展，其中书法14件，绘画48件，摄影12件。

总社举行以工会小组为基层选举单位的会员代表（职工代表）选举工作。共产生会员代表37名，其中，中层干部11名，职工代表26名。

中国出版集团公司召开书画摄影协会成立大会，林阳与张书林等有关人员参加。总社共有32位（含离退休）职工成为协会会员。

为响应中央国家机关直属机关工委关于迅速开展向青海玉树地震灾区"送温暖、献爱心"的号召，

总社积极组织全体干部职工开展了捐款活动，共有201名职工捐款142790元，其中沈鹏同志捐款10万元。

5月，总社组织社领导、各职能部室及出版经营单位负责人、职代会（工会小组长）代表与离退休老干部代表到东三环内双井地块，现场察看办公楼置换地点（拟），听取了华润置地公司的情况介绍。

总社召开党政联席会，会议讨论了以下议题：

1. 总社办公楼置换工作。社里先后组织了三批人员现场考察、听取介绍。华润置地公司表示在原地给我社留下展示、交流用房。大家总的反映是基本符合我社历届领导班子提出的"三环以里、独立成院、交通方便"的置换要求，一致认为要抓住时机，做实总社资产，确保总社的长远利益得到落实。会议决定向集团公司请示，启动置换谈判工作。

2. 关于工资总额结余贴补转企后职工交纳养老保险、企业年金的办法。此办法已分别在总社职能部室、出版经营单位负责人、职工代表、工会小组长会上做了通报和解释，会议通过《办法》。

3. 会议通报了总社职代会筹备及新一届工会换届工作的进展情况，提名总社工会主席、副主席人选。

由我社《连环画报》编辑部与中国美术家协会动漫艺术委员会、连环画艺术委员会以及鲁迅美术学院共同主办的"连环画漫画插图艺术展"在大连举行。

6月，总社召开党政联席会议，会议传达了中国出版集团公司总裁办公会议对总社办公楼置换工作的意见：原则同意总社与华润公司进行办公楼异地置换（双井）谈判工作，总社要成立专门谈判小组，集团公司派专人参加，确保国有资产增值。根据上级要求，会议决定调整总社办公楼置换筹建领导小组，并成立置换筹建谈判小组。

出版大型画册《国家重大历史题材美术创作工程作品集》。

文化部举办《国家重大历史题材美术创作工程作品集》在京首发仪式，社领导出席并做主题发言。

7月，总社召开第一届职工代表大会成立大会，总社领导常汝吉、张胜彬、欧京海与37位职代会代表到会。会议选举由总社领导、中层干部、职工共9人组成的职代会

1951 1952 1953 1954 1955 1956 1957 1958 1959 1960 1961 1962 1963 1964 1965 1966 1967 1968 1969 1970 1971 1972 1973 1974 1975 1976 1977 1978 1979 1980

主席团以及执行主席，审议通过了《中国美术出版总社改制方案》。张胜彬书记代表总社党委向大会发表了《抓住改制机遇，创建和谐总社》的讲话。总社各工会小组长列席了本次会议。

常汝吉社长、张胜彬书记率总社办公楼置换筹建谈判工作小组全体成员到华润大厦，与华润置地（北京）有限公司董事长陈鹰率领的华润置地方谈判小组人员会面，正式启动总社办公楼异地置换筹建谈判工作。

8月，中国美术出版总社在中国出版集团公司举行《中国碑刻全集》首发仪式暨出版研讨会。中宣部出版局副局长郭义强、集团公司总裁聂震宁、副总裁刘伯根与我社社长常汝吉、美术分类全集领导工作委员会常务副组长许力以、中国书协主席张海、名誉主席沈鹏以及该书主编、副主编等有关方面领导、专家学者参加，林阳主持会议。

为响应中直机关工委号召，根据中国出版集团公司通知精神，总社开展了向"舟曲灾区捐款活动"，我社共有208名职工捐款共计122570元，其中沈鹏先生捐款10万元。

9月，由中国编辑学会主办的第十九届"金牛杯"优秀美术图书评奖和首届优秀编辑评奖会议在上海举办。在首届优秀编辑评奖中，刘继明被评为首届优秀美术编辑，霍静宇、李翎、李滢获首届优秀美术编辑提名奖。

《国家重大历史题材美术创作工程作品集》《中国碑刻全集》获荣誉奖。

《万山红遍——新中国美术60年访谈录1949—2009》获金奖。

经中国出版集团公司直属机关党委批复：我社增补文永利、吴本华、胡建斌为党委委员。

10月8日，召开《中国美术研究年度报告》筹备工作会。林阳与胡建斌及相关编辑人员和来自中国艺术研究院美术研究所、中央美术学院、北京大学、清华大学、故宫博物院的专家、学者参加。

第三届中华优秀出版物奖评选揭晓。

《中国美术百科全书》获图书奖。

11月，总社召开工会会员代表大会。常汝吉、张胜彬、欧京海与工会会员代表60余人参加。

与会代表听取了有关大会筹备

情况汇报，审议通过了《中国美术出版总社工会委员会选举办法》，以及上届工会工作报告、经费使用情况等文件。。

集团公司发文，聘任胡建斌为总社副总编辑，聘任沈行止为总社社长助理。

总社工会召开女工会员代表大会，女工代表21人参加了此次会议。按照议程，会议选举产生出女工委员会主任、副主任及委员人选，并表决通过由9人组成的女工委员会。

胡建斌参加中国出版集团公司"第五届香山论坛·重庆峰会"，并代表我社在重庆出版传媒创意中心的"出版林"种植了一颗常青树。

《美男美女——中央美术学院学生状态》荣获2010年度"中国最美的书"称号。

12月，中国版协连环画艺委会在总社召开专家讨论会，与会专家就"纪念中国共产党建党90周年百种优秀连环画"选题项目做了讨论，对拟出版的160余种待选连环画目录做了详细的研究。

"人民美术出版社辽宁艺术教育专家委员会成立大会"在沈阳鲁迅美术学院举行。来自鲁迅美术学院、沈阳师范大学、东北大学、沈

2011 年

阳大学等 13 所院校的 80 多位代表参加。

2010 年获奖图书情况。

一、第三届中华优秀出版物奖

图书奖：人民美术出版社《中国美术百科全书》

二、第二届中国出版政府奖

装帧设计提名奖：人民美术出版社《中国侗族在三江》《女红——中国女性闺房艺术》

三、2010 年"中国最美的书"奖

人民美术出版社《美男美女——中央美术学院学生状态》

出版重点图书《中国碑刻全集》、《任伯年全集》（6 卷）、《国家重大历史题材美术创作工程作品集》、《沈鹏书画续谈》（上下）、"高等教育'十二五'全国规划教材"系列、《范本传真——中国高等艺术院校教学范本》系列。

1 月，我社举办的全国美术出版社社长联谊会在北京渔阳饭店召开，全国美术出版社社长共 40 余人参加。

总社召开办公楼置换谈判工作小组会。会议听取了华润公司及北京建筑设计院介绍双井办公楼设计方案。

2 月，人民美术出版社原总编辑王铁全同志因病逝世，王铁全同志追悼会在八宝山革命公墓举行。

总社职代会（扩大）会议在燕龙生态度假酒店举行。常汝吉、林阳、欧京海、胡建斌与总社职工代表 37 人参加，工会小组长、中层干部 40 人列席。中国出版集团公司人力资源部高级法律顾问张立杰到会并对相关法律进行了解释。大会首先审议了《中国美术出版总社劳动合同书》文本，并一致表决通过该方案。与会代表还重点审议了总社土地置换方案。社长常汝吉就土地置换工作的重要性做了说明，沈行止就土地置换的历史情况及目前方案做了详细的介绍。与会代表一致认为，土地置换工作事关总社长远发展及职工利益。以职工代表大会的形式民主审议、集体决策，这是总社转企改制后民主化管理的重大进步。鉴于总

社现住所北总布胡同 32 号土地已于 2003 年出让，不能逆转，代表普遍认为现置换方案基本符合总社置换要求与条件，应积极推进，尽早付诸实施。最后，大会就总社土地置换工作形成书面决议，并以代表签名表决的方式全票获得通过。

其间召开 2011 年出版工作会。

3 月，审议办公楼《拆迁安置框架协议》，会议对框架协议逐条进行审议。

中版国际传媒有限公司以及法国巴黎漫画出版公司负责人一行来访。向对方展示介绍了《漫画中国历史》《情韵中国》《西厢记》《水浒传》等系列图书情况。

中国出版集团公司党组书记王涛、副总裁林弋等一行来我社宣布干部任命：经中宣部批准，任命汪家明为中国美术出版总社党委书记、副社长，任命林阳为中国美术出版总社总编辑，免去张胜彬中国美术出版总社党委书记、副社长职务。

中国出版政府奖颁奖大会在京召开，人民美术出版社出版的《中国侗族在三江》《女红——中国女性闺房艺术》获得装帧设计奖提名奖。

4 月，中国美术出版总社有限公司、人民美术出版社有限公司与华

润置地（北京）股份有限公司、北京富恒房地产开发有限公司《拆迁安置框架协议》签字仪式在北京华润大厦"美洲俱乐部"举行。我方出席签字仪式的有：中国出版集团公司党组书记王涛，总社领导常汝吉、汪家明、林阳、欧京海、胡建斌，中国出版集团公司资产经营部主任王朝东、副主任刘健以及总社谈判工作小组全体成员。对方出席签字仪式的有：华润置地有限公司高级副总裁、华润置地（北京）股份有限公司董事、总经理陈鹰等领导，以及华润方谈判工作小组全体成员。中国美术出版总社社长常汝吉，华润置地副总裁、总经理陈鹰在签约仪式上分别致辞，并代表双方在《拆迁安置框架协议》签字。北京市方正公证处公证员在现场进行了公证。

中国出版集团公司召开成立9周年庆典暨第五届出版奖颁奖大会。我社十六种书刊获第五届中国出版集团公司出版奖。

在2010年度"北人杯"印刷质量大奖评比中，我社图书《中国近现代名家画集——张仃》获得质量大奖提名奖。

人民美术出版社分别在四川、广西、广州、山东、河北、天津召

开了"高等教育'十二五'规划教材"工作会议。常汝吉、胡建斌与吴本华及我社有关人员同来自当地美术院校的领导、教师及从事艺术教育的专家学者参加会议。

5月，总社召开治理"小金库"专项工作动员会，传达了中央、集团公司有关文件。

常汝吉参加中国出版工作者协会第六次代表大会，会上颁发了第三届"中华优秀出版物奖"的10种图书奖。人民美术出版社的《中国美术百科全书》获得图书奖。

与中国美术馆共同举办"任率英百年回眸暨捐赠作品展及作品研讨会"。

人民美术出版联合上海人民美术出版社、天津人民美术出版社、连环画出版社，并在人民大会堂召开首发式。出版"庆祝中国共产党成立90周年百种红色经典连环画"。

6月，召开总社党政联席会议，就《中国美术出版总社员工手册》内容进行讨论，决定将修改后的《中国美术出版总社员工手册》提交职代会讨论表决。在职代会第四次会议上，审议了《中国美术出版总社员工手册》。手册共分12个部分，规范了员工的行为准则。与会各位

职工代表进行了充分的讨论，提出修改意见后，表决通过《中国美术出版总社员工手册》。

召开总社艺术委员会工作会议，会议确定了人民美术出版社出版《中国近现代名家画集》、《中国当代名家画集》（大红袍）入选标准，并对有关作者著作权、家属授权和出版经费等问题作了规定。会议决定：今后出版"大红袍"要采取集中申报，经艺术委员会投票后确定选题。

由中国出版集团公司主办，人民美术出版社、连环画出版社、上海人民美术出版社、天津人民美术出版社共同承办的"庆祝中国共产党成立90周年百种红色经典连环画"新闻发布会在人民大会堂北京厅召开。中国出版集团公司总裁聂震宁、新闻出版总署副署长邬书林、中宣部副部长蔡名照分别发表了重要讲话。

中国出版集团公司举行"颂歌献给党——纪念建党90周年"歌咏比赛，我社领导班子全体成员及41名职工代表参赛并获得优秀奖。

中国出版集团公司庆祝中国共产党成立90周年百种重点图书新闻发布会，中国出版集团公司庆祝中国共产党成立90周年书画摄影展暨全国出版界同仁书画邀请展开幕。

召开会议，讨论关于"中国美术出版大厦"设计规划方案，原则同意华润公司向北京市规委上报的设计方案。

由人民美术出版社、连环画出版社、天津人民美术出版社、上海人民美术出版社联合出版的《庆祝中国共产党成立 90 周年 百种红色经典连环画》入选中宣部、新闻出版总署确定的"庆祝中国共产党成立 90 周年 200 种优秀图书书目"。

7 月，召开第一届职工代表大会第五次会议。会议通过表决成立"中国美术出版总社会员帮扶互助基金会"。

2011 年全国美术图书交易会在内蒙古呼和浩特市举行，我社共推出 300 余种图书参展。同期召开全国美术出版社社长年会暨《中国美术》编辑座谈会。

总社组织生产经营单位责任人及部分职能部室负责人到双井"富力中心"现场察看周转办公场地。

8 月，为庆祝人民美术出版社成立 60 周年，《艺术沙龙》举办创刊 5 周年"人美甲子"沙龙展暨人民美术出版社书画家联谊会。

8 月 15 日至 22 日，由中国出版集团公司、中国美术出版总社、人民美术出版社共同主办的"庆祝人民美术出版社成立 60 周年系列展"（人民美术出版社出版成就展，沈鹏书法作品展览，人民美术出版社连环画、年画、宣传画、领袖像作品展，中国当代名家作品邀请展，人民美术出版社编辑书画摄影展）开幕式在中国美术馆隆重举行。中宣部副部长蔡名照，全国人大常委、民进中央副主席朱永新，新闻出版总署图书司司长吴尚之，中国书法家协会名誉主席沈鹏，中国书法家协会主席张海，国家画院院长杨晓阳，中国编辑学会会长桂晓风，中国期刊学会会长石峰，中国出版集团公司党组书记王涛及副总裁宋晓红、王俊国、刘伯根、林弋等莅临。美术机构负责人，画家，美术理论家及出版界，新闻界代表，人美社老领导，人美社老同志共计四百余人出席了开幕式。开幕式由林阳主持。

开幕式上，集团副总裁刘伯根分别宣读了中共中央政治局常委李长春，中共中央政治局委员、书记处书记、中宣部部长刘云山，中共中央政治局委员、国务委员刘延东，全国人大常委会副委员长、民进中央主席严隽琪的贺信。

常汝吉社长介绍了人民美术出版社 60 年的发展历程。中宣部副部长蔡名照、总署出版管理司司长吴尚之以及集团党组书记王涛等领导分别在开幕式上致辞。他们都对人民美术出版社过去 60 年所取得的辉煌成果给予了充分肯定与高度评价，并对其下一步发展提出了更高的要求，寄予了美好的祝福。

系列展期间，中共中央政治局委员、书记处书记、中宣部部长刘云山同志，中共中央委员、国务委员、国务院秘书长马凯同志亲临中国美术馆参观了"人民美术出版社 60 周年出版成就展"与"沈鹏书法作品展览"，并做重要指示。

由新闻出版总署主办，中国新闻出版传媒集团有限公司、中国编辑学会、荣宝斋、解放军出版社与我社共同承办的"光荣的使命——庆祝中国共产党成立 90 周年全国新闻出版行业书画展"在中国人民革命军事博物馆举办。中国美术出版总社获特殊贡献奖。我社书画家分别获得特别奖（12 名）、佳作奖（4 名）、优秀奖（2 名）。

第十八届北京国际图书博览会在新国展中心开幕。期间，我社领导和编辑、版权人员分别参加了与德国、英国相关出版公司的洽谈交流活动，并出席了中国出版集团组织的"中港、中日出版交流会"。

人民美术出版社离休干部顾朴同志逝世，退休干部丁午同志逝世。

9月，常汝吉参加中国出版集团公司代表团赴巴西参加里约热内卢国际书展。

林阳与张阳参加由中国编辑学会组织的第二十届"金牛杯"优秀美术图书评选。我社《宫崎滔天家藏——来自日本的中国革命文献》等8种图书分获金奖、铜奖。

欧京海赴台湾参加海峡两岸纪念辛亥革命100周年书画展览活动。

人民美术出版社组织的艺术图书"大篷车"赴豫，先后在河南大学、河南师范大学等艺术院校开展"走进校园"活动。其间，举办了图书展销活动，并同参与教材编写工作的教师进行了座谈。

召开总社党委会。学习胡锦涛总书记在中国共产党成立90周年庆祝大会上的重要讲话，研究布署了总社开展党员公开承诺活动的具体实施方案。

10月，召开职代会第一届第六次会议，审议《总社有限公司企业年金方案实施细则》。职代会代表通过表决同意《总社有限公司企业年金方案实施细则》的实施。

由我社与中国人民大学艺术学院合办的"中国连环画插图硕士课程班"在我社举行开班式，美术界、出版界有关领导及专家学者参加。

11月，中国出版集团公司人力资源部来我社进行领导班子考核测评工作。

常汝吉参加中国文学艺术界联合会第九次全国代表大会。

中国出版集团公司总裁谭跃，副总裁王俊国、刘伯根与集团本部各部门负责人来我社进行工作调研。总社领导班子成员常汝吉、汪家明、林阳、欧京海、胡建斌与部分中层干部参加会议。集团总裁谭跃作重要讲话指出：中国美术出版总社是非常著名的金字招牌，尤其是人民美术出版社，经过60年的发展，积聚了一批人才，掌握了重要的美术专业资源，在全国教材市场占有重要份额，对集团公司具有重要意义。在集团公司的发展中，中国美术出版总社的发展应放在重要的战略地位来考虑。

12月，社领导与职能部室、出版经营单位负责人一行，到双井富力大厦验收总社周转办公用房。

胡建斌参加中国出版集团公司

人才梯队赴日本学习考察团，并出任团长。

常汝吉赴吉林参加中国出版集团公司召开的"香山论坛"。

由人民美术出版社、中国美术家协会主办，人民美术出版社教材中心、《中国中小学美术》杂志协办的首届"美育最基层——全国中小学美术教师作品展"在中国美术馆举行，并召开了"美育最基层——中国中小学美术教育研讨会"。

社领导参加中国出版传媒股份有限公司揭牌仪式。

人民美术出版社《剪纸的故事》荣获2011年度"中国最美的书"称号。

出版重点图书《宫崎滔天家藏——来自日本的中国革命文献》、《中国现代美术理论批评文丛》（10卷）、《中国美术研究年度报告2010》、《中国印谱全书》、《剪纸的故事》、"高等教育'十二五'全国规划教材"系列、《庆祝人民美术出版社成立60周年·盛世华章——中国当代名家作品集》、《庆祝人民美术出版社成立60周年·沈鹏作品集》、《庆祝人民美术出版社成立60周年·人民美术出版社书画摄影作品集》。

附录2　琳琅满目　美不胜收—— 60 年获奖图书目录

1952 年

《群英会上赵桂兰》
人民美术出版社
文化部 1951—1952 年年画
创作评奖一等奖

《保卫和平》
人民美术出版社
文化部 1951—1952 年年画
创作评奖一等奖

《新娘子讲话》
人民美术出版社
文化部 1951—1952 年年画
创作评奖二等奖

《毛主席和农民谈话》
人民美术出版社
文化部 1951—1952 年年画
创作评奖二等奖

《中朝部队前线胜利联
欢》
人民美术出版社
文化部 1951—1952 年年画
创作评奖二等奖

《毛主席的代表访问太
行老根据地人民》
人民美术出版社
文化部 1951—1952 年年画
创作评奖三等奖

《庆祝中国共产党成立
30 周年》
人民美术出版社
文化部 1951—1952 年年画
创作评奖三等奖

《向苏联老大哥学习》
人民美术出版社
文化部 1951—1952 年年画
创作评奖三等奖

《伟大的友谊》
人民美术出版社
文化部 1951—1952 年年画
创作评奖三等奖

《农忙托儿所》
人民美术出版社
文化部 1951—1952 年年画
创作评奖三等奖

《女拖拉机手》
人民美术出版社
文化部 1951—1952 年年画
创作评奖三等奖

《劳模北海游园大会》
人民美术出版社
文化部 1951—1952 年年画
创作评奖三等奖

《中国人民大团结》
人民美术出版社
文化部 1951—1952 年年画
创作评奖三等奖

《组织起来生产多　娃
娃合作最快乐》
人民美术出版社
文化部 1951—1952 年年画
创作评奖三等奖

《儿童游戏》
人民美术出版社
文化部 1951—1952 年年画
创作评奖三等奖

《农村气象》
人民美术出版社
文化部 1951—1952 年年画
创作评奖三等奖

《收割归来遇喜报》
人民美术出版社
文化部 1951—1952 年年画
创作评奖三等奖

《北京劳动人民文化宫》
人民美术出版社
文化部 1951—1952 年年画
创作评奖三等奖

《要在文化上翻身》
人民美术出版社
文化部 1951—1952 年年画
创作评奖三等奖

《成渝铁路通车》
人民美术出版社
文化部 1951—1952 年年画
创作评奖三等奖

1959 年

《苏加诺工学士》《博士藏画集》
人民美术出版社
莱比锡国际书籍艺术博览会世界最美的书金奖

《杨柳青年画资料集》
人民美术出版社
莱比锡国际书籍艺术博览会世界最美的书银奖

1963 年

《穷棒子扭乾坤》
人民美术出版社
全国第一届连环画评奖绘画、脚本一等奖

《西厢记》
人民美术出版社
全国第一届连环画评奖绘画一等奖

《我要读书》
人民美术出版社
全国第一届连环画评奖绘画一等奖

《鸡毛信》
人民美术出版社
全国第一届连环画评奖脚本一等奖

《风暴》
人民美术出版社
全国第一届连环画评奖脚本一等奖

1978 年

《三打白骨精》(连环画)
人民美术出版社
联合国教科文组织亚洲文化中心野间儿童艺术插图比赛奖

1979 年

《中国历代绘画——故宫博物院藏画集 II 》
人民美术出版社
全国书籍装帧艺术展览印刷装订奖

《外国美术选集·素描》
人民美术出版社
全国书籍装帧艺术展览封面设计奖

《新波版画集》
人民美术出版社
全国书籍装帧艺术展览整体设计奖

1980 年

《东汉碑刻的隶书》
人民美术出版社
全国书籍装帧优秀作品评
比封面设计奖

《袁运甫画集》
人民美术出版社
全国书籍装帧优秀作品评
比版式设计奖

1981 年

《伤痕》
人民美术出版社
全国第二届连环画创作评
奖绘画一等奖

《鉴真》
人民美术出版社
全国第二届连环画创作评
奖绘画二等奖

《蔡文姬》
人民美术出版社
全国第二届连环画创作评
奖绘画二等奖

《三个法庭》
人民美术出版社
全国第二届连环画创作评
奖绘画二等奖

《伤逝》
人民美术出版社
全国第二届连环画创作评
奖绘画二等奖

《秋瑾》
人民美术出版社
全国第二届连环画创作评
奖绘画二等奖

《最后一课》
人民美术出版社
全国第二届连环画创作评
奖绘画二等奖

《鲁迅的青少年时代》
人民美术出版社
全国第二届连环画创作评
奖绘画二等奖

《黄继光》
人民美术出版社
全国第二届连环画创作评
奖绘画二等奖

《在海上》
人民美术出版社
全国第二届连环画创作评
奖绘画二等奖

《驮炭记》
人民美术出版社
全国第二届连环画创作评
奖绘画二等奖

《无产阶级的歌》
人民美术出版社
全国第二届连环画创作评
奖绘画二等奖

《草原上的小路》
人民美术出版社
全国第二届连环画创作评
奖文学脚本一等奖

《胆剑篇》
人民美术出版社
全国第二届连环画创作评
奖文学脚本一等奖

《敦厚的诈骗犯》
人民美术出版社
全国第二届连环画创作评
奖文学脚本二等奖

《东郭先生》
人民美术出版社
全国第二届连环画创作评
奖文学脚本二等奖

《爱迪生》
人民美术出版社
全国第二届连环画创作评
奖文学脚本二等奖

1982 年

《湖上晨曲》（单幅画）

人民美术出版社

全国宣传画展览作品评奖
二等奖

1983 年

《大家动手　植树栽花
美化环境》

人民美术出版社

全国宣传画展览作品评奖
二等奖

《全国各民族人民大团
结万岁》

人民美术出版社

全国宣传画展览作品评奖
二等奖

1984 年

《同欢共乐》

人民美术出版社

全国第三届年画展作品评
奖二等奖

《江姐》

人民美术出版社

全国第三届年画展作品评
奖二等奖

《百岁挂帅》

人民美术出版社

全国第三届年画展作品评
奖二等奖

《在希望的田野上》

人民美术出版社

全国第三届年画展作品评
奖二等奖

《人民功臣》

人民美术出版社

全国第三届年画展作品评
奖二等奖

《雷锋和红领巾》

人民美术出版社

全国第三届年画展作品评
奖二等奖

《期望》

人民美术出版社

全国第三届年画展作品评
奖三等奖

《春色满园》

人民美术出版社

全国第三届年画展作品评
奖三等奖

《朱总司令和儿童》

人民美术出版社

全国第三届年画展作品评
奖三等奖

《在艺术的故乡》

人民美术出版社

全国第三届年画展作品评
奖三等奖

1985 年

《中国古代木刻画选集》
人民美术出版社
日本国中日艺术研究会版
画史出版功劳纪念杯

《邦锦美朵》
人民美术出版社
全国第六届美展金质奖

1986 年

《中国美术全集·绘画编2·隋唐五代绘画》
人民美术出版社
全国第三届书籍装帧艺术展览会优秀作品评奖整体设计二等奖

《张仃画集》
人民美术出版社
全国第三届书籍装帧艺术展览会优秀作品评奖整体设计三等奖

《中国美术全集·书法篆刻编4·宋金元书法》
人民美术出版社
中国图书评论奖荣誉奖

《一个儿子》
人民美术出版社
全国第三届连环画创作评奖绘画二等奖

《伊利亚特的故事》〔上下〕
人民美术出版社
全国第三届连环画创作评奖绘画二等奖

《带阁楼的房子》
人民美术出版社
全国第三届连环画创作评奖绘画二等奖

《高山下的花环》
人民美术出版社
全国第三届连环画创作评奖绘画二等奖

《红楼梦的故事》
人民美术出版社
全国第三届连环画创作评奖绘画三等奖

《幻灭》
人民美术出版社
全国第三届连环画创作评奖绘画三等奖

《莱特湾大海战》
人民美术出版社
全国第三届连环画创作评奖绘画三等奖

《开花爷爷》
人民美术出版社
全国第三届连环画创作评奖绘画三等奖

《哦，香雪》
人民美术出版社
全国第三届连环画创作评奖绘画三等奖

《林肯》
人民美术出版社
全国第三届连环画创作评奖绘画三等奖

《人到中年》
人民美术出版社
全国第三届连环画创作评奖文学脚本一等奖

《啊！枪声》
人民美术出版社
全国第三届连环画创作评奖文学脚本二等奖

《拿破仑传》
人民美术出版社
全国第三届连环画创作评奖文学脚本二等奖

《人到中年》
人民美术出版社
全国第三届连环画创作评奖绘画一等奖

《月牙儿》
人民美术出版社
全国第三届连环画创作评
奖绘画一等奖

《邦锦美朵》
人民美术出版社
全国第三届连环画创作评
奖绘画一等奖

《罗伦赶考》
人民美术出版社
全国第三届连环画创作评
奖绘画一等奖

《辛弃疾》
人民美术出版社
全国第三届连环画创作评
奖绘画二等奖

《雪雁》
人民美术出版社
全国第三届连环画创作评
奖绘画二等奖

《人生》
人民美术出版社
全国第三届连环画创作评
奖绘画三等奖

《一个女人的刚毅》
人民美术出版社
全国第三届连环画创作评
奖绘画三等奖

《长恨歌》
人民美术出版社
全国第三届连环画创作评
奖绘画三等奖

《船过青浪滩》
人民美术出版社
全国第三届连环画创作评
奖绘画三等奖

《小鼓手》
人民美术出版社
全国第三届连环画创作评
奖绘画三等奖

《贵妇还乡》
人民美术出版社
全国第三届连环画创作评
奖绘画二等奖

《黑骏马》
人民美术出版社
全国第三届连环画创作评
奖绘画二等奖

《舒克贝塔历险记》
人民美术出版社
全国第三届连环画创作评
奖文学脚本二等奖

《玛丽娜一世》
人民美术出版社
全国第三届连环画创作评
奖文学脚本三等奖

《三毛流浪记全集》
人民美术出版社
全国第三届连环画创作评
奖优秀封面奖

《家》
人民美术出版社
全国第三届连环画创作评
奖优秀封面奖

《罗伦赶考》
人民美术出版社
北京地区精装书籍装帧全
优三等奖

《毛泽东故居藏书画家
赠品集》
人民美术出版社
莱比锡国际书籍艺术博览
会世界最美的书铜奖

《快活林》（连环画）
人民美术出版社
联合国教科文组织亚洲文
化中心野间儿童艺术插图
亚军奖

1987 年

《中国美术全集·绘画
编 21·民间年画》
人民美术出版社
全国第三次书刊印刷优质
产品评奖优质产品奖

《中国美术全集·雕塑
编 2·秦汉雕塑》
人民美术出版社
全国第三次书刊印刷优质
产品评奖优质产品奖

《毕加索生平与创作》
人民美术出版社
全国第一届图书金钥匙奖
纪念奖

《十二个月》
人民美术出版社
全国第一届幼儿图书评比
优秀绘画一等奖

《小鸟的歌》
人民美术出版社
全国第一届幼儿图书评比
优秀绘画二等奖

《老鼠嫁女》
人民美术出版社
全国第一届幼儿图书评比
优秀绘画三等奖

《吹牛大王历险记》
人民美术出版社
全国第一届幼儿图书评比
优秀绘画三等奖

《热乎乎的蒙古包》
人民美术出版社
全国第一届幼儿图书评比
优秀绘画三等奖

《洋葱头历险记》
人民美术出版社
全国第一届幼儿图书评比
优秀绘画三等奖

《中国动物故事》
人民美术出版社
编辑工作奖

《啊，长城》
人民美术出版社
建军 60 周年美展优秀作
品奖

《故宫博物馆藏明清扇
面书画集》
人民美术出版社
莱比锡国际书籍艺术博览
会世界最美的书铜奖

1988 年

《天下为公》
人民美术出版社
全国第四届年画评奖一等
奖

《尊老爱幼福乐寿》
人民美术出版社
全国第四届年画评奖二等
奖

《开国元勋》
人民美术出版社
全国第四届年画评奖三等
奖

《理想之歌》
人民美术出版社
全国第四届年画评奖三等
奖

《和平幸福》
人民美术出版社
全国第四届年画评奖三等
奖

1989 年

《中国美术全集·绘画
编原始社会至南北朝绘
画》
人民美术出版社
北京地区精装书籍装帧全
优一等奖

《中国雕塑艺术史》
人民美术出版社
中国图书奖荣誉奖

《中国古代木刻画选集》
人民美术出版社
莱比锡国际书籍艺术博览
会世界最美的书银奖

《哪吒闹海》
人民美术出版社
联合国教科文组织亚洲文
化中心野间儿童艺术插图
大奖

《中国美术全集·雕塑
编四川石窟雕塑》
人民美术出版社
全国首届书刊磁带方面设
计大赛一等奖

《中国雕塑艺术史》
人民美术出版社
全国首届书刊磁带方面设
计大赛三等奖

《张胜远山水画画集》
人民美术出版社
全国首届书刊磁带方面设
计大赛三等奖

《儿童知识画库》
人民美术出版社
全国首届书刊磁带方面设
计大赛三等奖

《中国历代绘画——故
宫博物院藏画集V》
人民美术出版社
北京地区精装书籍装帧全
优三等奖

《中国美术全集·麦积
山石窟雕塑》等15种
人民美术出版社
全国第四届书刊印刷产品
评奖优质产品奖

《中国雕塑艺术史》
人民美术出版社
全国第三届优秀图书评奖
优秀图书奖

《双龙戏珠》
人民美术出版社
第七届全国美展年画作品
铜牌奖

《中国古代木刻画选集》
人民美术出版社
莱比锡国际书籍艺术博览
会金牌奖

《宋人画册》
人民美术出版社
莱比锡国际书籍艺术博览
会金牌奖

《中国摄影家朱宪民作
品集》
人民美术出版社
莱比锡国际书籍艺术博览
会世界最美的书铜奖

1990 年

《人体摄影艺术》
人民美术出版社
全国第四届图书金钥匙奖
二等奖

《中国艺术（总第五期）》
人民美术出版社
全国期刊展览整体设计二
等奖

《中国历代绘画——台
湾故宫博物院藏画》
人民美术出版社
首都 1990 年精装书籍装
帧全优一等奖

《中国美术全集·雕塑
编 12·四川石窟雕塑》
人民美术出版社
首都 1990 年精装书籍装帧
全优荣誉奖

《黄鼬护秋》（连环画）
人民美术出版社
国际儿童读物联盟荣誉奖、
安徒生提名奖

1991 年

《中国美术全集（本社
编 19 卷）》
人民美术出版社
中国优秀美术图书奖特别
金奖

《中国古代木刻画选集》
人民美术出版社
中国优秀美术图书奖特别
金奖

《中国历代绘画——故
宫博物院藏画集》
人民美术出版社
中国优秀美术图书奖特别
金奖

《宋元明清缂丝》
人民美术出版社
中国优秀美术图书奖金奖

《宋人画册》
人民美术出版社
中国优秀美术图书奖金奖

《苏联藏中国民间年画
精品集》
人民美术出版社
中国优秀美术图书奖金奖

《故宫博物馆藏明清扇
面书画集》
人民美术出版社
中国优秀美术图书奖金奖

《中国工艺美术丛书》
人民美术出版社
中国优秀美术图书奖银奖

《中华》
人民美术出版社
中国优秀美术图书奖银奖

《齐白石绘画精品集》
人民美术出版社
中国优秀美术图书奖银奖

《清明上河图》
人民美术出版社
中国优秀美术图书奖银奖

《马克思 恩克斯 列宁画
传》
人民美术出版社
中国优秀美术图书奖银奖

《西藏》
人民美术出版社
中国优秀美术图书奖银奖

《毛泽东故居藏书画家
赠品集》
人民美术出版社
中国优秀美术图书奖银奖

《中国十大古典悲剧连
环画集》
人民美术出版社
中国优秀美术图书奖银奖

《中国十大古典喜剧连
环画集》
人民美术出版社
中国优秀美术图书奖银奖

《天下为公》
人民美术出版社
中国优秀美术图书奖银奖

《万徒勒里绘画和版画
艺术》
人民美术出版社
中国优秀美术图书奖铜奖

《美术百科丛书》
人民美术出版社
中国优秀美术图书奖铜奖

《苏联》
人民美术出版社
中国优秀美术图书奖铜奖

《中国之旅》
人民美术出版社
中国优秀美术图书奖铜奖

《中国雕塑艺术史》
人民美术出版社
中国优秀美术图书奖铜奖

《中国画论类编》
人民美术出版社
中国优秀美术图书奖铜奖

《李可染论艺术》
人民美术出版社
中国优秀美术图书奖铜奖

《美术心理学》
人民美术出版社
中国优秀美术图书奖铜奖

《古代神话传说》
人民美术出版社
中国优秀美术图书奖铜奖

《清宫演义》
人民美术出版社
中国优秀美术图书奖铜奖

《儿童知识画库》
人民美术出版社
中国优秀美术图书奖铜奖

《人民功臣》（年画）
人民美术出版社
中国优秀美术图书奖铜奖

《开国元勋》（年画）
人民美术出版社
中国优秀美术图书奖铜奖

《古代书法名迹》（月历）
人民美术出版社
中国优秀美术图书奖铜奖

《列宁画传》
人民美术出版社
第五届中国图书奖一等奖

《西方美术发展史》
人民美术出版社
第五届全国图书金钥匙
优胜奖

《春桃》（《连环画报》
作品）
人民美术出版社
全国连环画评奖绘画二等
奖

《孔雀东南飞》
人民美术出版社
全国连环画评奖绘画三等
奖

《马路天使》
人民美术出版社
全国连环画评奖绘画三等
奖

《柳毅传书》
人民美术出版社
全国连环画评奖绘画三等
奖

《中国十大古典悲剧连
环画集》
人民美术出版社
全国连环画评奖套书二等
奖

《中国十大古典喜剧连
环画集》
人民美术出版社
全国连环画评奖套书二等
奖

《清宫演义》
人民美术出版社
全国连环画评奖套书三等
奖、封面奖

《小无知的故事》
人民美术出版社
全国连环画评奖套书三等
奖

1992 年

《黄宾虹精品集》
人民美术出版社
第六届中国图书奖二等奖

《古都北京》
人民美术出版社
第六届全国图书金钥匙优胜奖

小学美术课本及美术教材参考书
人民美术出版社
第一届新闻出版署直属出版社优秀图书奖编辑一等奖

《中国历代绘画——故宫博物院藏画集Ⅶ》
人民美术出版社
第一届新闻出版署直属出版社优秀图书奖设计一等奖

《中国美术五千年》
人民美术出版社
第一届新闻出版署直属出版社优秀图书奖设计一等奖

《中国美术五千年》
人民美术出版社
第一届新闻出版署直属出版社优秀图书奖选题二等奖

《中国十大古典悲剧连环画集》
人民美术出版社
第一届新闻出版署直属出版社优秀图书奖选题二等奖

《中国十大古典喜剧连环画集》
人民美术出版社
第一届新闻出版署直属出版社优秀图书奖选题二等奖

《中国十大古典悲剧连环画集》
人民美术出版社
第一届新闻出版署直属出版社优秀图书奖设计二等奖

《中国十大古典喜剧连环画集》

人民美术出版社
第一届新闻出版署直属出版社优秀图书奖设计二等奖

《中国黑白体系论》
人民美术出版社
第一届新闻出版署直属出版社优秀图书奖校对二等奖

《黄宾虹精品集》
人民美术出版社
第一届新闻出版署直属出版社优秀图书奖设计二等奖

1993 年

《小宝贝》
人民美术出版社
第二届全国优秀少年儿童读物奖三等奖

《儿童知识画库》
人民美术出版社
第二届全国优秀少年儿童读物奖二等奖

《中国美术全集》（本社编19卷）
人民美术出版社
第一届国家图书奖荣誉奖

《中国古代木刻画选集》
人民美术出版社
第一届国家图书奖提名奖

《中国历代绘画——故宫博物院藏画集》
人民美术出版社
第一届国家图书奖

《三雄吉祥图》
人民美术出版社
第五届全国年画评奖二等奖

1994 年

《神州大地》
人民美术出版社
第五届全国年画评奖二等
奖

《花香四季》
人民美术出版社
第五届全国年画评奖二等
奖

《连年有余》
人民美术出版社
第五届全国年画评奖二等
奖

《草原之春》
人民美术出版社
第五届全国年画评奖三等
奖

《人民的好总理》
人民美术出版社
第五届全国年画评奖三等
奖

《海趣》
人民美术出版社
第五届全国年画评奖三等
奖

《辉煌》
人民美术出版社
第五届全国年画评奖三等
奖

《鹤乡》
人民美术出版社
第五届全国年画评奖三等
奖

《发展中的书籍艺术》
人民美术出版社
全国第二届装帧艺术研究
成果评奖特别奖

《字体设计基础》
人民美术出版社
全国第二届装帧艺术研究
成果评奖特别奖

《欧美行——中国摄影
家辛凯作品集》
人民美术出版社
第二届新闻出版署直属出
版社优秀图书奖设计二等
奖

《九年义务教育三年制
初级中学美术试用课本》
人民美术出版社
第二届新闻出版署直属出
版社优秀图书奖设计二等
奖

《九年义务教育三年制
初级中学美术试用课本》
人民美术出版社
第二届新闻出版署直属出
版社优秀图书奖编辑二等
奖

《发展中的书籍艺术》
人民美术出版社
第二届新闻出版署直属出
版社优秀图书奖选题二等
奖

《中国童话精选》
人民美术出版社
国家教委第二届优秀幼儿
读物评选优秀作品

《世界童话精选》
人民美术出版社
国家教委第二届优秀幼儿
读物评选优秀作品

1995 年

《中国历代艺术》

人民美术出版社

精神文明建设"五个一"
工程图书奖

《苏联藏中国民间年画
精品集》

人民美术出版社

第四届全国书籍装帧艺术
展览暨评奖设计三等奖

1996 年

《故宫博物院藏明清扇
面书画集》

人民美术出版社

第三届新闻出版署直属出
版社优秀图书奖设计二等
奖

《风迹——中国摄影家
张岚作品集》

人民美术出版社

第三届新闻出版署直属出
版社优秀图书奖设计二等
奖

1997 年

《世界文化遗产·故宫》
CD-ROM

人民美术出版社

莫必斯多媒体国际大奖赛
评委特别奖

1998 年

《龚贤精品集》

人民美术出版社

第四届新闻出版署直属出
版社优秀图书奖选题一等
奖

《文徵明精品集》

人民美术出版社

第四届新闻出版署直属出
版社优秀图书奖编辑一等
奖

《中国近现代名家画
集——白雪石》

人民美术出版社

第四届新闻出版署直属出
版社优秀图书奖编辑二等
奖

《齐白石篆刻集》

人民美术出版社

第四届新闻出版署直属出
版社优秀图书奖设计二等
奖

2000 年

2001 年

《伟人周恩来》
人民美术出版社
第四届新闻出版署直属出
版社优秀图书奖编辑一等
奖

《中国近现代名家画
集——白雪石》
人民美术出版社
第十一届中国图书奖

《中国美术全集》CD-
ROM
人民美术出版社
首届国家电子出版物奖荣
誉奖

《新中国出版 50 年》
人民美术出版社
第五届新闻出版署直属出
版社优秀图书奖选题一等
奖

《新中国出版 50 年》
人民美术出版社
第五届新闻出版署直属出
版社优秀图书奖设计一等
奖

《新中国出版 50 年》
人民美术出版社
第五届新闻出版署直属出
版社优秀图书奖校对一等
奖

《外国美术史话丛书》
人民美术出版社
第五届新闻出版署直属出
版社优秀图书奖优秀选题
奖

《外国美术史话丛书》
人民美术出版社
第五届新闻出版署直属出
版社优秀图书奖优秀设计
奖

《黔境古风》
人民美术出版社
第五届新闻出版署直属出
版社优秀图书奖优秀设计
奖

《纪念孔子 2550 周年全
国美术作品展——中国
画作品集》
人民美术出版社
第五届新闻出版署直属出
版社优秀图书奖优秀设计
奖

《鲁迅装帧系年》
人民美术出版社
第四届全国书籍装帧艺术
论文与研究成果特别奖

《中国藏传佛教金铜造
像艺术》
人民美术出版社
首届全国优秀艺术图书奖
二等奖

《连环画收藏珍品系列》
人民美术出版社
首届全国优秀艺术图书奖
二等奖

《外国美术史话丛书》
人民美术出版社
首届全国优秀艺术图书奖
三等奖

《王原祁精品集》
人民美术出版社
首届全国优秀艺术图书奖
三等奖

《王鉴精品集》
人民美术出版社
首届全国优秀艺术图书奖
三等奖

2003 年　　2004 年　　2006 年

《廊下巡礼》
人民美术出版社
首届全国优秀艺术图书奖
三等奖

2003 年

《中国美术分类全集·中国民间美术全集·雕塑》
人民美术出版社
第二届全国优秀艺术图书奖一等奖

《永远的三峡》
人民美术出版社
第二届全国优秀艺术图书奖一等奖

2004 年

《中国美术分类全集·中国民间美术全集·雕塑》
人民美术出版社
第六届国家图书奖荣誉奖

《永远的三峡》
人民美术出版社
第六届国家图书奖一等奖

《中国藏传佛教金铜造像艺术》
人民美术出版社
首届中国出版集团图书奖优秀奖

《百年中国画集》
人民美术出版社
首届中国出版集团图书奖优秀奖

《百年中国画集》
人民美术出版社
第六届全国书籍装帧艺术展览优秀奖

《吴历精品集》
人民美术出版社
首届中国出版集团图书奖印刷奖

2006 年

《中国美术分类全集·中国民间美术全集·雕塑》
人民美术出版社
第二届全国优秀艺术图书奖荣誉奖

《永远的三峡》
人民美术出版社
第二届全国优秀艺术图书奖荣誉奖

《古风·中国古代建筑艺术》
人民美术出版社
第二届中国出版集团图书奖

《欧洲招贴设计大师作品经典》
人民美术出版社
第二届中国出版集团图书奖优秀设计奖

《地球的红飘带》（连环画）
连环画出版社
2006 年中国出版集团优秀出版物奖

2007 年

《"纪念建党 85 周年"
连环画出版社环画精选》
（第 1 辑、第 2 辑）
连环画出版社
2006 年中国出版集团优秀
出版物奖

《美术向导》
期刊
第二届中国出版集团期刊
奖优秀设计奖、优秀校对
奖

《儿童漫画》
期刊
第二届中国出版集团期刊
奖优秀经营奖、优秀印制
奖

《中国艺术》
期刊
第二届中国出版集团期刊
奖优秀编辑奖、优秀设计
奖

《荣宝斋》
期刊
第二届中国出版集团期刊
奖优秀印制奖

《中国中小学美术》
期刊
第二届中国出版集团期刊
奖优秀经营奖

《漫画大王》
期刊
第二届中国出版集团期刊
奖优秀栏目奖

《中国工艺美学史》
人民美术出版社
第二届"三个一百"原创
出版工程

《修军评传》
人民美术出版社
第三届中国传记文学优秀
作品（长篇）奖

2008 年

《十二生肖珍藏册》
荣宝斋出版社
第三届中国出版集团图书
奖 荣誉奖

《中国古代书籍装帧》
人民美术出版社
第三届中国出版集团图书
奖

《南瓜堡之小仙女眉眉
系列》
连环画出版社
第三届中国出版集团图书
奖

《瓷典——徐龙珍藏历
代名瓷》
荣宝斋出版社
第三届中国出版集团图书
奖优秀设计奖

《中国古代陶瓷艺术·元
明清釉下彩》
人民美术出版社
第三届中国出版集团图书
奖优秀印制奖

《解构人体——艺术人
体解剖》
人民美术出版社
中国出版集团"双推计
划"2008 年度优秀常销书
奖

《亲近文学走进名
著——三国演义》
连环画出版社
中国出版集团"双推计
划"2008 年度优秀常销书
奖

《我的第一本书——动
物》
连环画出版社
中国出版集团"双推计
划"2008 年度优秀畅销书
奖

《情韵中国》系列丛书
中《京剧猫——长坂坡》
连环画出版社
第二届亚洲青年动漫大赛
暨"宏立城"中国（贵阳）
卡通艺术节最佳作品奖

2009 年

《荷花回来了》
连环画出版社
"中国最美的书"

《漫画大王》
期刊
全国连环画报刊年会"金
环奖"

《漫画大王》
期刊
中国期刊协会授予"抗震
救灾报道先进期刊"荣誉
称号

《九如堂古陶瓷藏品》(2
卷)
人民美术出版社
第四届中国出版集团公司
图书奖荣誉奖

《抗击冰雪 心系人
民——新闻摄影展作品
集》
人民美术出版社
第四届中国出版集团公司
图书奖荣誉奖

《抗震救灾 众志成
城——5·12 汶川大地
震纪实系列连环画》(8
册)
连环画出版社
第四届中国出版集团公司
图书奖荣誉奖

《三江源》(2本)
人民美术出版社
第四届中国出版集团公司
图书奖荣誉奖

《20 世纪北京绘画史》
人民美术出版社
第四届中国出版集团公司
图书奖荣誉奖

《中国工艺美学史》
人民美术出版社
第四届中国出版集团公司
图书奖特别奖

《中国情韵丛书》(我
的小马、纸马、长坂坡)
连环画出版社
第四届中国出版集团公司
图书奖特别奖

《改革开放 30 年优秀连
环画代表作品选》(20种)
连环画出版社
第四届中国出版集团公司
图书奖特别奖

《中国花鸟画技法》
人民美术出版社
第四届中国出版集团公司
图书奖优秀编辑奖

《吴冠中画作诞生记》
人民美术出版社
第四届中国出版集团公司
图书奖优秀设计奖

《吴冠中画作诞生记》
人民美术出版社
第四届中国出版集团公司
图书奖优秀印制奖

《儿童漫画》
期刊
第三届中国出版集团期刊
奖优秀栏目奖

《连环画报》
期刊
第三届中国出版集团期刊
奖优秀编辑奖

《中国艺术》
期刊
第三届中国出版集团期刊
奖优秀设计奖

《中国中小学美术》
期刊
第三届中国出版集团期刊
奖优秀设计奖

《美术向导》

期刊

第三届中国出版集团期刊奖优秀设计奖

《美术向导》

期刊

第三届中国出版集团期刊奖优秀校对奖

《九如堂古陶瓷藏品》（2卷）

人民美术出版社

第二届中华优秀出版物奖图书奖

《抗击冰雪 心系人民——新闻摄影展作品集》

人民美术出版社

第二届中华优秀出版物奖抗震救灾特别奖

《抗震救灾 众志成城——5·12汶川大地震纪实系列连环画》

连环画出版社

第二届中华优秀出版物奖抗震救灾特别奖

《中国美术百科全书》

人民美术出版社

中国出版集团公司2009年度优秀常销书奖

《幼儿经典启蒙阅读丛书》

连环画出版社

中国出版集团公司2009年度优秀常销书奖

《解构人体——艺术人体解剖》

人民美术出版社

中国出版集团公司2009年度优秀畅销书奖

《中国传统山水画技法》

人民美术出版社

中国出版集团公司2009年度优秀畅销书奖

《中国美术百科全书》

人民美术出版社

第十八届"金牛杯"优秀美术图书金奖

《女红——中国女性闺房艺术》

人民美术出版社

第十八届"金牛杯"优秀美术图书金奖

《中国当代油画名家画集·艾轩》

人民美术出版社

第十八届"金牛杯"优秀美术图书银奖

《丹青陶韵·2008中国著名画家陶艺挂盘》

人民美术出版社

第十八届"金牛杯"优秀美术图书银奖

《吴冠中画作诞生记》

人民美术出版社

第十八届"金牛杯"优秀美术图书铜奖

《深浅看西藏——以经卷艺术为线索》

人民美术出版社

第十八届"金牛杯"优秀美术图书铜奖

《吴冠中画作诞生记》

人民美术出版社

第五届国家图书馆文津图书奖

《万山红遍——新中国美术60年访谈录》

人民美术出版社

在中央电视台《子午书简》与中国图书商报社联合举办的"2009年度最值得一读的30本好书"推荐活动中入围获奖

《儿童漫画》

期刊

"新中国60年有影响力期刊"称号

《连环画报》

期刊

"新中国60年有影响力期刊"称号

2010 年

《万山红遍——新中国美术 60 年访谈录 1949—2009》
人民美术出版社
第十九届"金牛杯"优秀美术图书金奖

《第十一届全国美术作品展览》作品集（11 册）
人民美术出版社
第十九届"金牛杯"优秀美术图书银奖

《任伯年全集》（6 卷）
人民美术出版社
第十九届"金牛杯"优秀美术图书银奖

《中国侗族在三江》
人民美术出版社
第十九届"金牛杯"优秀美术图书银奖

《何正璜考古游记》
人民美术出版社
第十九届"金牛杯"优秀美术图书银奖

《新中国连环画 60 年》
连环画出版社
第十九届"金牛杯"优秀美术图书银奖

《中国历代绘画西安美术学院珍藏》
人民美术出版社
第十九届"金牛杯"优秀美术图书铜奖

《细节——忻东旺》
人民美术出版社
第十九届"金牛杯"优秀美术图书铜奖

《国家重大历史题材美术创作工程作品集》
人民美术出版社
第十九届"金牛杯"优秀美术图书荣誉奖

《中国美术百科全书》
人民美术出版社
第三届中华优秀出版物奖图书奖

《野孩子图画书系列》（6 册）
连环画出版社
第三届中华优秀出版物奖图书提名奖

《中国侗族在三江》
人民美术出版社
第二届中国出版政府奖装帧设计奖提名奖

《女红——中国女性闺房艺术》
人民美术出版社
第二届中国出版政府奖装帧设计奖提名奖

《美男美女——中央美术学院学生状态》
人民美术出版社
2010 年"中国最美的书"奖

《吴冠中画作诞生记》
人民美术出版社
中国出版集团公司"双推计划"2010 年度优秀常销书奖

2011 年

《中国近现代名家画集——张仃》
人民美术出版社
2010 年度"北人杯"印刷质量大奖提名奖

《中国侗族在三江》
人民美术出版社
第五届中国出版集团公司出版奖荣誉奖

《女红——中国女性闺房艺术》

人民美术出版社
第五届中国出版集团公司出版奖荣誉奖

《中国美术百科全书》
人民美术出版社
第五届中国出版集团公司出版奖荣誉奖

《野孩子图画书系列》（6 册）
连环画出版社
第五届中国出版集团公司出版奖荣誉奖

《任伯年全集》
人民美术出版社
第五届中国出版集团公司
出版奖综合奖

《国家重大历史题材美
术创作工程作品集》
人民美术出版社
第五届中国出版集团公司
出版奖综合奖

《万山红遍——新中
国美术60年访谈录
1949—2009》
人民美术出版社
第五届中国出版集团公司
出版奖优秀选题奖

《细节——忻东旺》
人民美术出版社
第五届中国出版集团公司
出版奖优秀编辑奖

《中国艺术》
期刊
第五届中国出版集团公司
出版奖优秀编辑奖

《红山诸文化玉石考》
人民美术出版社
第五届中国出版集团公司
出版奖优秀设计奖

《艺术沙龙》
期刊
第五届中国出版集团公司
出版奖优秀设计奖

《艺术沙龙》
期刊
第五届中国出版集团公司
出版奖优秀印制奖

《中国中小学美术》
期刊
第五届中国出版集团公司
出版奖优秀印制奖

《漫画大王》
期刊
第五届中国出版集团公司
出版奖优秀经营奖

《魔力小帅》
连环画出版社
北京市委宣传部、市新闻
出版局"首届北京阅读季
青少年快乐阅读系列活
动——最受青少年喜欢的
100本图书推荐书目"

《宫崎滔天家藏——来
自日本的中国革命文献》
人民美术出版社
第二十届"金牛杯"优秀
美术图书金奖

《剪纸的故事》
人民美术出版社
第二十届"金牛杯"优秀
美术图书铜奖

《中山王礜器文字编》
人民美术出版社
第二十届"金牛杯"优秀
美术图书铜奖

《从〈黄河大合唱〉谈
油画创作》
人民美术出版社
第二十届"金牛杯"优秀
美术图书铜奖

《从〈圆明园劫难〉谈
历史画创作》
人民美术出版社
第二十届"金牛杯"优秀
美术图书铜奖

《盒子、瓶子、袋子——
世界最佳包装设计》
人民美术出版社
第二十届"金牛杯"优秀
美术图书铜奖

《庆祝中国共产党成立
90周年百种红色经典连
环画》（164册）
人民美术出版社、连环画
出版社
第二十届"金牛杯"优秀
美术图书铜奖

《花果山》
连环画出版社
第二十届"金牛杯"优秀
美术图书铜奖

《儿童漫画》
期刊
首届BIBF全国十佳动漫
报刊奖

《野孩子图画书系列》(6
册)
连环画出版社
第三届"三个一百"原创
图书出版工程证书

《漫画中国历史》
连环画出版社
中国文化艺术政府奖"首
届动漫奖"

《剪纸的故事》
人民美术出版社
2011年"中国最美的书"
奖

《剪纸的故事》
人民美术出版社
莱比锡国际书籍艺术博览
会2011年"世界最美的书"
银奖

《中国美术》
期刊
第23届香港印制大奖

附录3　蓬勃向上　追求至美——工作团队

沈行止　胡建斌　林阳　常汝吉　汪家明　欧京海　汤锐　王玉山

现任总社领导班子

1951 1952 1953 1954 1955 1956 1957 1958 1959 1960 1961 1962 1963 1964 1965 1966 1967 1968 1969 1970 1971 1972 1973 1974 1975 1976 1977 1978 1979 1980

佟仁和　　彭京飞　　　肖春生　　　李恩祥　　　　　　刘军　　　金杰
　　　　　　　　　　　　　　　　　李桂波
王梽戎　　马晓宁　　赵士民　　沈行止　　　陈寿仁

综合管理中心

郭青　　　田传俊　　　刘波　　邵小宁　　　　　张阳

文娅　　　　　魏雅娟　　　　马晓婷

刘平　　　　　　　　陈姜

厉亚明　　　　　常志英

编辑管理中心

孙建虎

文永利

管丹　　　　　冯敏

刘东红　　何宇辰

人力资源、党办

孟伟宏　　康强　　王秋红　李爽
康改峰

张平　　孙文颖　　李建国　　张淑伟　　胡雨竹
郭小玲

财务管理中心

王效宓　　赵小来

王玉山　　　　尹然

程翼　　刘畅　　　　李翎　　　　于瀛波

苏滨

刘继明　　　　　　黄贞

中国美术编辑室

任继锋　　张侠　　　　张琳琳　夏岚

　　　　　成佩　　　　　王铁英

日高

外国美术编辑室

徐洁

张冰　　霍静宇
吉祥

刘普生

设计艺术编辑室

雏三桂

张冬冬　　吕寰　　　　　　　李宏禹

书法篆刻编辑室

陈林

黎琦　　左筱榛　　　　　　张钟心

王远

胡晓航

艺术教育编辑室

刘士忠

苏胜　　　　　　　　纪欣　　管维

潘彦任

对外合作编辑室

蒋筱霖　刘玉梅

夏丽

徐永林

当代艺术编辑室

白凤鸥　　教富斌　　王振华　欧京海　　　　赵国瑞

　　　　　　　　　　　　　　　　　　张百军　　　郭庆

王建平　　　　　　邹依庆　　陆惠国　　黄宗亮　张朝生

　　　庞立利

郝莉莉　刘莉芬　韩丽　李梓馨　李春立　赵兰　张桦

教材出版中心

王延军　　　　　　　　　　　　　　　　　　　　　　　　　　　　宋正伟

　　方政　　　　姜旭文　　何玉麟　　张志军　　　刘泽　　何兵

　　　沙海龙　　　　　　　　　　　倪延凤　　　　　　高瑾

刘建春　　　刘毅　　欧京海　　　　　　　　　　　　　　　白劲光

　　杨柳　　　　　　刘永梅　　　朱薇　　金萌萌　　李滢

　　　耿剑　　段小白　　高珊　　欧云波　　　　李雪竹　　林晓阳

连环画出版社

周殿宝　欧京海

　　　　　　　　　祁旺　　石建国

　　　　　　　　　　　　　　　田迎川

盛兵

　　　　王然非　陈丽　陈欣欣

宫林娜　李杨

　　　杨燕淑　包志会　　张雪梅

美术期刊中心

刘竞艳　　　　苗菁

杨会来　　　　　　　徐声

《中国美术》期刊编辑部

赵丹　　　　　张金春

刘毅　　关青　奚雷　张剑中

　　　　　　　　　　刘建春

阎景辉　文燕军　魏玉英　　付立

印务中心

铁桂云 　　　　　　　　　夏建超

曾文超 　　　　　　　李勇

冯尧　　　孙继伟 　　　　　　赵秀嫔　　孙杰 　　吴本华

周凤英　　　　　李巍 　　　　　　张玉敏

邓立红　　　赵献娥

图书营销中心

　　　　　　　　张明君　　　　　张福安
　　　　　　　　　　　刘泽民
　　　卢仙容　肖安山　　　　梁文华　朴京玉　　　　尹春明　　于文玉
　李全纯　　　　　　　　　　　　　　郭亚琴

物流中心

李淑玲　　　余彩北　　张京友

那颖　　吴翠萍　　罗倩　　赵凤茹

人美读者服务部

附录 4　　充满活力　代代相承——职工名录

人民美术出版社工作人员名录 (899 人)1951 年—2011 年（按汉语拼音排序）

安国贞	曹作锐	陈允鹤	董庆东	傅 扬	顾 朴	韩亚洲
安 靖	常柏玲	陈振新	董雨萍	傅作宾	顾同奋	韩忠霞
安 林	常汝吉	陈重森	董志海	高德香	顾永祥	韩宗琦
敖乃梅	常胜利	陈子蓉	杜松儒	高红莉	关景宇	郝慧敏
白凤鹃	常秀英	成 佩	杜小雷	高 瑾	关 青	郝莉莉
白建军	常志英	程大利	杜志成	高峻莹	关 山	郝振址
白劲光	车 俊	程锡瀛	段富光	高 兰	关 毅	何 兵
白 明	陈彩蛾	程振方	段即克	高兰祥	关振海	何 凤
白淑玉	陈昌煜	迟乃义	段伟君	高梅仪	关忠禄	何 溶
白熙金	陈杜宇	楚恒志	段小白	高佩芬	管 丹	何玉麟
白 炎	陈广如	崔桂珍	樊絜之	高 奇	管 维	贺礼逊
白 燕	陈惠冠	崔建堂	方斐娜	高如兰	郭烽明	洪 藏
白 宇	陈建波	崔静真	方 菁	高 适	郭怀仁	洪 涛
白玉刚	陈 姜	崔永喜	方钦德	高 屯	郭江生	侯惠英
包志会	陈 鹏	崔玉山	房力平	高维坤	郭 青	侯印封
毕 成	陈 丽	戴洪英	费 竞	高锡鹏	郭 庆	胡宝军
卞宗谦	陈 林	邓俊娥	费声福	高英杰	郭庭荣	胡建斌
卜汝璞	陈履生	邓立红	冯成本	高颖如	郭文培	胡木清
卜孝怀	陈明灿	邓文凯	冯光华	高振东	郭文堉	胡世芬
卜义良	陈铭勋	丁宝秀	冯洪林	郜宗远	郭小玲	胡湘晖
蔡 军	陈沙兵	丁 军	冯美芳	葛长荣	郭小凌	胡小航
蔡玉霞	陈寿仁	丁守均	冯 敏	葛晓林	韩 光	胡晓航
曹次民	陈小强	丁 午	冯 尧	耿履生	韩光第	胡永秀
曹 家	陈欣欣	丁永道	冯伊湄	耿守忠	韩 丽	胡雨竹
曹 洁	陈兴华	丁 源	冯银芳	古 元	韩茂堂	胡 智
曹梦芹	陈 渊	董洪元	付 利	谷凤珍	韩万年	花林平
曹辛之	陈云华	董立言	傅秀山	谷 谿	韩宪政	华文德

黄苗子	金 杰	李 方	李世佩	李志强	刘海盈	刘世纶
黄 勤	金萌萌	李 戈	李书芹	力 群	刘含贞	刘淑英
黄 群	金 仪	李广德	李 曙	厉亚明	刘 和	刘 炜
黄 薇	晋雅娟	李桂波	李 爽	栗俊卿	刘 鸿	刘孝远
黄韵芳	景 春	李宏禹	李思源	梁耀平	刘继明	刘秀英
黄 贞	君金新	李鸿恩	李 巍	梁也正	刘继卣	刘 雪
黄宗亮	阚凤岗	李季灏	李苇成	梁振宗	刘金德	刘 迅
霍静宇	康改峰	李济平	李文昭	梁仲秋	刘金英	刘延江
吉 祥	康建平	李佳林	李锡武	廖大建	刘近村	刘 毅
纪双鼎	康 健	李建刚	李 贤	廖 英	刘竟艳	刘永凯
纪 欣	康 强	李建国	李秀玲	林 锴	刘 静	刘永梅
贾敦生	康 冉	李洁英	李秀卿	林文碧	刘 军	刘玉衡
贾淑芳	亢官童	李景春	李秀晴	林晓阳	刘 昆	刘玉山
贾 瑛	寇志贤	李 静	李秀忍	林 阳	刘丽芳	刘玉书
简 琼	郎丽丽	李静森	李雪竹	林一鹤	刘龙庭	刘毓敏
江建宇	老宪洪	李菊华	李 炎	林裕章	刘曼玲	刘 泽
江 莹	雷从宝	李 娟	李 杨	令狐彪	刘铭杰	楼家本
姜佩玲	雷彦昭	李玲霞	李荫棠	刘宝华	刘 平	卢光照
姜 旗	冷延梅	李 翎	李英魁	刘宝坤	刘平杜	卢援朝
姜维朴	李 飙	李平凡	李 湜	刘宝芝	刘普生	鲁少飞
姜 冶	李渤英	李 萍	李 勇	刘北方	刘庆川	鲁晓明
蒋 琳	李长林	李青芦	李优金	刘 波	刘庆瑞	陆惠国
蒋淑均	李承策	李青萍	李余林	刘存宇	刘汝明	陆廷桢
蒋苏林	李春立	李庆茂	李玉杰	刘德芳	刘汝阳	陆耀义
焦长春	李春霖	李 琼	李玉琴	刘德义	刘石生	陆之琼
焦焕之	李东原	李全纯	李芸生	刘东红	刘士忠	陆志庠
教富斌	李恩祥	李仁哉	李振平	刘 芳	刘世恩	吕东阁

吕寰	苗毅征	秦岭云	沈小川	孙成新	田迎川	王里
吕研	墨浪	秦萍	沈行止	孙继伟	田郁文	王立军
栾好杰	牟丹因	秦星宝	盛此君	孙建虎	田造福	王立言
罗尔纯	穆国增	秦臻	施怀谷	孙金友	铁桂云	王林
罗广德	穆寅生	邱惠涛	施唯	孙凯	铁玉宽	王渼
雒三桂	那宗沛	裘兆明	石丙春	孙慕龄	铁振国	王明明
马宝来	倪延风	屈绍贞	石呈虎	孙荃	佟奎元	王念祥
马程	聂群	任继锋	石建国	孙文颖	佟仁和	王丕莱
马福寿	牛犇	任善后	石景富	孙希相	童介眉	王平
马海方	牛星垣	任叔圭	石松	孙秀容	汪家明	王秋红
马骥	欧京海	任率英	宋建中	孙宗歧	王丙中	王然非
马肃	欧云波	任永津	宋静欣	索成立	王渤涛	王荣宪
马五一	潘清泉	日高	宋书鑫	谈竟一	王长治	王汝华
马祥	潘润章	萨空了	宋学广	谈静如	王澂	王赛利
马晓宁	潘彦任	桑士魁	宋蕴琦	谭晓春	王凤云	王石之
马晓婷	庞立利	沙更世	宋振铎	谭云森	王桂荷	王士之
马振	庞林生	沙海龙	宋正伟	汤锐	王桂芝	王叔晖
马振东	庞孝先	邵东安	苏滨	唐德鑑	王红路	王舒冰
马志毅	裴立	邵国寰	苏福奎	唐世林	王家祥	王栓柱
马子明	裴树荣	邵景濂	苏晖	唐子煜	王建平	王双贵
毛君炎	彭增贵	邵小宁	苏坚	陶方怡	王角	王铁全
门成烈	平野	邵宇	苏启峰	滕学令	王景芬	王铁英
孟超	蒲以庄	申让竹	苏庆恒	滕子玉	王景泉	王挺
孟庆江	濮思蓉	沈广宏	苏胜	田传俊	王靖宪	王皖民
孟伟宏	朴京玉	沈俊元	苏卫兵	田村	王俊玲	王万英
孟伟哉	祁旺	沈鹏	苏文书	田明	王俊叶	王文成
苗东培	强明珠	沈渭娜	苏燕	田珊	王可苡	王锡舜

王效宓	文 杰	夏 风	徐国莉	阎大方	姚 颖	喻宜苓
王 欣	文 娅	夏建超	徐 洁	阎景辉	姚仲明	曾文超
王 新	文燕军	夏 岚	徐竞辞	颜铁明	叶凤阁	翟绍蓉
王 绣	文永利	夏 丽	徐 娟	燕 生	叶惠元	翟世和
王学源	沃 渣	夏瑞墨	徐 声	杨春峰	叶 洛	詹蕙娟
王一奎	吴保仑	向 阳	徐士英	杨纯如	叶水旺	张百军
王荫柯	吴本华	肖春生	徐世斌	杨 恩	叶 曦	张 冰
王永耀	吴传麟	肖翠梅	徐守华	杨更新	叶 欣	张伯诚
王玉昌	吴 棣	肖桂远	徐 希	杨光明	易 琼	张朝生
王玉海	吴国俊	肖 林	徐锡林	杨 辉	殷晓翼	张朝同
王玉山	吴宏宾	肖启明	徐杏珍	杨会来	尹 晨	张春兰
王裕安	吴华纶	肖顺权	徐燕孙	杨继堂	尹春光	张冬冬
王 远	吴甲丰	肖万庆	徐永林	杨奎汉	尹春明	张凡夫
王云光	吴锦男	肖燕玲	徐震时	杨 柳	尹广田	张 芳
王云英	吴明墀	肖燕翼	徐钟师	杨茂时	尹 然	张甫生
王泽国	吴润生	肖祖石	许长亭	杨任兰	尹文祥	张 富
王昭菱	吴淑贤	谢家璐	许东升	杨瑞芬	尹艺林	张贯杰
王振华	吴颂芬	谢玉章	许桂芹	杨四喜	尤国华	张 广
王 仲	吴庠铸	谢云芳	许 娟	杨文菊	游玉琴	张广明
王重义	吴欣华	谢宗韫	许谋清	杨先让	游允常	张桂英
王紫贤	吴依才	辛玉英	许慕懿	杨友三	于 昌	张宏森
魏雅娟	吴兆修	信裕中	许全群	杨裕民	于大武	张 桦
魏玉英	吴中明	邢化昌	许秀玉	杨旨华	于名川	张惠通
魏振国	武耀强	徐大可	许 洋	姚长虹	于秀溪	张吉年
温泉源	西 野	徐德双	许征云	姚发奎	于瀛波	张 济
温再人	奚 雷	徐 淦	薛 平	姚凤林	余彩北	张家珩
文宝昆	夏爱琴	徐桂敏	严舒黎	姚 群	俞树恒	张建中

张建忠	张文迅	章东磐	赵伟一	周 倜
张金路	张西洛	章 捷	赵希良	周 宇
张金堂	张西森	章瑞琪	赵献娥	周泽景
张金砚	张 侠	章 影	赵小来	周振业
张 京	张晓君	赵 宝	赵晓沫	朱 布
张京友	张晓林	赵成泰	赵萱华	朱岱衡
张均康	张晓英	赵大鹏	赵亚雄	朱 丹
张俊国	张孝先	赵 丹	赵 域	朱德之
张克让	张秀雯	赵 东	赵 元	朱光玉
张立辰	张学廉	赵朵朵	赵 越	朱建辉
张立明	张 阳	赵福来	赵运昌	朱 抗
张莉萍	张宜健	赵福泉	赵章铎	朱申之
张琳琳	张以凡	赵改名	赵之英	朱 天
张满红	张友元	赵桂江	赵志红	朱 薇
张 煤	张玉华	赵国镜	甄玉琴	朱 焱
张乃发	张玉敏	赵国瑞	郑锦甫	朱毅之
张 平	张玉双	赵国英	郑 洵	朱玉英
张平良	张韵芳	赵海玲	郑 涌	朱章超
张 萍	张增堂	赵海泉	钟其林	竹彩微
张 青	张振春	赵怀岭	钟攸蓉	邹 芳
张 荣	张震英	赵建明	周存绪	邹家敏
张汝济	张争平	赵洁文	周道银	邹琳桂
张胜彬	张志军	赵 进	周殿宝	邹 雅
张书林	张忠远	赵 筠	周东爱	邹依庆
张通慧	张子华	赵 力	周林生	祖友义
张文斌	张子贤	赵隆义	周令飞	左光济
张文华	张宗运	赵士民	周 宁	左筱榛

1951 1952 1953 1954 1955 1956 1957 1958 1959 1960 1961 1962 1963 1964 1965 1966 1967 1968 1969 1970 1971 1972 1973 1974 1975 1976 1977 1978 1979 1980

1951 1952 1953 1954 1955 1956 1957 1958 1959 1960 1961 1962 1963 1964 1965 1966 1967 1968 1969 1970 1971 1972 1973 1974 1975 1976 1977 1978 1979 1980

附录5　披荆斩棘　胆魄舵手——历任社领导

人民美术出版社历任社长、党委书记、副社长、总编辑、副总编辑名单

社长

萨空了
1951年—1966年
邵　宇
1977年—1983年
田郁文
1983年—1989年
孟伟哉
1989年—1990年
陈允鹤
1990年—1997年
郜宗远
1997年—2005年10月
常汝吉
2007年12月—2012年9月
汪家明
2012年9月至今

党委书记

邵　宇
1972年—1986年8月
顾同奋
1986年—1998年
迟乃义
1998年4月—2005年5月
程大利
2005年4月—2007年12月
马五一
2007年12月—2009年1月
张胜彬
2009年1月—2011年3月
汪家明
2011年3月至今

总编辑

朱　丹
1951年—1952年
邵　宇
1952年—1985年
刘玉山
1985年—2000年12月
程大利
2001年8月—2007年12月
王铁全
2007年12月—2009年1月
林　阳
2011年3月至今

副社长

朱 丹
1951年—1952年
邵 宇
1952年—1973年
邹 雅
1960年—1974年
刘近村
1963年—1983年
燕 生
1977年—1980年
张友元
1990年—2005年10月
程大利
2001年8月—2007年12月
马五一
2001年8月—2009年1月
迟乃义
2001年8月—2005年5月
常汝吉
2005年9月—2007年12月
杨辉
2005年8月—2009年1月
肖启明
2008年3月—2010年4月
张胜彬
2009年1月—2011年3月
汪家明
2011年3月—2012年9月

副总编辑

力 群
1953年—1955年
牛 犇
1955年—1963年
邹 雅
1958年—1974年
洪 藏
1974年—1978年
燕 生
1977年—1980年
姜维朴
1977年—1985年
田郁文
1979年—1983年
沈 鹏
1979年—1993年6月
陈允鹤
1983年—1990年
李文昭
1992年5月—1998年5月
孟庆江
1993年6月—1998年5月
程大利
1998年6月—2007年12月
王铁全
2001年9月—2007年12月
林 阳
2005年8月—2011年3月

欧京海
2005年8月至今
肖启明
2008年3月—2010年4月
胡建斌
2010年9月至今

图书在版编目（ＣＩＰ）数据

至真至美 : 人民美术出版社60年 : 1951~2011 /
本书编委会编. -- 北京 : 人民美术出版社, 2011.7
ISBN 978-7-102-05667-8

Ⅰ.①至… Ⅱ.①人… Ⅲ.①人民美术出版社—概况
—1951~2011—画册 Ⅳ.①G239.22-64

中国版本图书馆CIP数据核字(2011)第140373号

至真至美——人民美术出版社60年
本书编委会 编 张曼玲 金 玲 执笔

编辑出版 人民美术出版社
（北京北总布胡同32号 100735）
http://www.renmei.com.cn
编辑部： (010) 56692082
发行部： (010) 56692181

责任编辑 霍静宇 徐 洁 张 冰
审 读 陈允鹤 郜宗远 李文昭
摄 影 郭 青 邵小宁 田传俊
装帧设计 徐 洁
版 式 张俊岭
责任校对 马晓婷
责任印制 文燕军
制版印刷 浙江影天印业有限公司
经 销 新华书店总店北京发行所

版 次 2013年1月 第1版 第1次印刷
开 本 889mm×1194mm 1/16 印张：21
印 数 0001—1500
ISBN 978-7-102-05667-8
定 价 158.00元
如有印装质量问题影响阅读，请与我社联系调换。

荣宝斋木版水印《八十七神仙卷》　1955年